# 大学历史教学
## History Teaching in Universities

张詠 著

图书在版编目(CIP)数据

大学历史教学 / 张詠著. —银川：宁夏人民出版社，2018.8

ISBN 978-7-227-06938-6

Ⅰ.①大… Ⅱ.①张… Ⅲ.①历史教学—教学研究—高等学校 Ⅳ.①K-4

中国版本图书馆 CIP 数据核字（2018）第 200424 号

## 大学历史教学

张詠 著

| | |
|---|---|
| **责任编辑** | 丁丽萍 |
| **责任校对** | 杨 皎 |
| **封面设计** | 魏 佳 |
| **责任印制** | 肖 艳 |

黄河出版传媒集团
宁夏人民出版社 出版发行

| | |
|---|---|
| 地　　址 | 宁夏银川市北京东路 139 号出版大厦（750001） |
| 网　　址 | http://www.yrpubm.com |
| 网上书店 | http://www.hh-book.com |
| 电子信箱 | nxrmcbs@126.com |
| 邮购电话 | 0951-5052104　5052106 |
| 经　　销 | 全国新华书店 |
| 印刷装订 | 宁夏银报智能印刷科技有限公司 |
| 印刷委托书号 | （宁）0011148 |

| | |
|---|---|
| 开　　本 | 720 mm×980 mm　1/16 |
| 印　　张 | 20.75　字　数　300 千字 |
| 版　　次 | 2018 年 10 月第 1 版 |
| 印　　次 | 2018 年 10 月第 1 次印刷 |
| 书　　号 | ISBN 978-7-227-06938-6 |
| 定　　价 | 45.00 元 |

版权所有　侵权必究

# 自 序

拙著《中国文化史论略》面世已有一段时间了,评论褒贬不一,可是翻阅过的人都不约而同地对开篇的《自序》产生了兴趣,尤其是其中的一段文字:"我忘不了那个并不寒冷的冬天,因为我的忙碌与麻木使我期待春天的温暖,而忘却了眼前刺骨的寒冷。"虽然事隔两年,我承认,这句话是有深意的,也是有所指的,只不过已成为往事,相信过不了多久,往事就会成为故事,但是故事的结局远远没有出现。

每本书的写作都是有一定的原因的,或者说是因一事促成的,就如上文中提到的一样。而现在的这本关于大学历史教学的小册子,却是完全自愿的产物。在高校任教这么久了,不免要填写一些表格,事关教学、科研等,但是有一栏却一直是我心中的痛,那就是教学成果,这对于我来讲,是完全没有的。为了将源源不断的表格中的"空缺"填上些许,于是就认真写了几篇关于大学历史教学与教学改革的小文章,也及时地投递了出去(有的杂志要求纸质稿件,需要去邮局邮寄,而有的需要投递在投稿系统中)。尽管很认真地写、寄,但均石沉大海,只落得无时无尽的中介邮件拜访。有一天信手翻看美国一本教学论著《掌握教学技巧》,作者约瑟夫·罗曼(Joseph Lowman)在撰写此书时在大学任教只有13年(1971—1984)。与罗曼教授相比,我在大学任教已21年了(1996—2017),于是我产生了一个大胆的想法,能不能也写一本类似的书呢?接下来的时日,这一念头时不时地冒出来,摁也摁不下去。在一个风和日丽的下午,我开始了此书的撰写。

依然承袭了以前的模式,宝湖湾到宁大,宁大到宝湖湾,只不过这一年塞上古城的街道建设使我的路途更为颠簸,费时更长。在长时间的写作中,最需要的就是激情,而激情来自于鼓励,或者是生活细枝末节不经意的调拨。有一天中午照例出去吃饭,在附近的一家面馆中,听到了面馆经营者两姐妹的对话,在讨论外卖应不应该凉水过面。如果用凉水过了,面口味就会凉一些,有些人不喜欢;而如果不过的话,面就不精,会坨住。姐妹俩在反复讨论,且时有细节出现。在初中同学微信群中,有同学问到时下羊肉的价钱,有一名女同学回复道:"山羊羔肉23元,绵羊羔肉20元,大羊肉23元。"一会儿有一男同学回复道:"山羯羊肉23元,山母羊肉21元,迷池羔子(绵羊)20~21元,二毛羔子18元,绵母羊肉16元,骚胡肉14.5元。"这名女同学叫张珍芬,男同学叫冯学金,时间是2017年5月8日。与面馆姐妹一样,这两位同学也给了我完全不同的感觉,使我领受了另外一种认真,而这一认真与我的专业竟有殊途同归的精神诉求。虽然职业、专业不同,但认真却是共同、共通的东西。记得在看《欢乐喜剧人》时,主持人吴秀波的一句话亦是如此——搞笑,我们是认真的。

认真固然得有,但是只有认真却万万不行。在写作中,曾经有几天是我极度落寞、无精打采的时候,大约写了10万字后,竟然没有了动力,看着文字全无激动之情,看着材料也毫无下笔之意,于是就在网络上徘徊消遣。在无聊的网络翻阅中,很偶然的情况下,听到了小沈阳的《我只是个传说》,精神竟然为之一振,心情也一下子好了起来。按图索骥,我又找出了同一风格的歌曲,谭维维的《华阴老腔一声喊》,还有罗琦的《随心所欲》等。听着这些以前我从未注意到的旋律,渐渐地,我从落寞中走了出来,重新投入到写作中。没有学术是单一的,离开了生活的印染,或者远离了艺术的点缀,一切将会无趣,抑或难以成功。就这样,这几首歌一直陪伴着我的写作过程。其实对于我来说,专门撰写一部讨论大学历史教学的专著确实有些困难,不仅在于我任教的时间毕竟有限,而且也与我在任教过程中的自我认识与素质的局限有关。

我在本书中设计了九个部分,第一部分是引言,专门探讨当代中国大学面貌的形成,这对于目前大学教育是必要的追寻,要清楚地知道,失去了什么,留下了什么,也就更清晰地知道,需要什么,不喜欢什么。余下的八个部分是有明确标题的章节,依次为做大学教师的一般条件,备课与讲义,课堂教学、答疑、课程论文及考试,史学专业本科毕业生论文指导,史学专业本科教育实习,最后一部分是如何成为一名优秀的大学教师。这八章探讨的是大学教师任职的基本条件与必备素质,更进一步探究了作为大学历史教师,如何才能上好课,以及上好课的表现是什么。

我在讨论这些问题时特别注意到了以下几个方面:一是大学课堂与大学历史课堂的共同之处与区别。大学课堂是具有共性的,有的时候只有在讨论清了共性之后才有可能涉及历史课堂的特色,这不仅仅是个性与特色的区别,还存在次序的先后。二是大学教师与大学历史教师的关联。大学教师有别于小学教师、中学教师,具有完全不同的教学规律与教学特色,而大学历史教师作为一个特色专业群,有自己的学科门类与知识体系,讨论大学历史教学一定要说明这一专业群的特色不可。三是在讨论中,似乎更凸显了大学作为社会象牙塔的作用,而大学历史教师的作用也就不言而喻。在此需要声明的是,本文只就自己熟悉的专业进行讨论,无意贬低哪个专业,抬高哪个专业,这一点,相信读者会从行文的基调中看出。

其实在写最后一章时,我还是有些力不从心,至少从内心来讲,自己还是感觉有点不够格。如果写作者自身都不是优秀的大学教师,那他或她又怎能知道优秀的标准,又是如何展开话题的讨论呢?似乎只能用目前很流行的一句话来为自己解除尴尬——"虽不能至,心向往之。"

张　詠

2017 年 9 月 24 日

# 目 录

引 言 / 001
    一、寻找当代中国大学的历史渊源 / 001
    二、当代中国大学老师形象分析 / 017

第一章 做大学教师的一般条件 / 034
    一、语言与书写 / 035
    二、现代教育信息技术 / 043
    三、培训与练习 / 055
    四、读书 / 064

第二章 备课与讲义 / 076
    一、讲义的重要性及相关问题 / 076
    二、读书与备课 / 084
    三、讲义的特征及撰写 / 098

第三章 课堂教学（上）/ 118
    一、表达 / 122
    二、内容 / 133
    三、掌控 / 147

## 第四章　课堂教学（下）/ 158

四、大一新生与课堂讲授 / 158

五、大学历史课堂的多媒体运用——以"中国古代史"为例 / 171

六、大学历史课堂教学的评价 / 183

## 第五章　答疑、课程论文及考试 / 190

一、辅导答疑 / 191

二、课程论文 / 204

三、考试 / 218

## 第六章　史学专业本科生毕业论文指导 / 226

一、本科论文存废问题 / 228

二、史学本科论文的写作与指导 / 234

三、史学本科论文答辩 / 246

四、相关问题 / 251

## 第七章　史学专业本科教育实习 / 260

一、教育实习的意义 / 261

二、实习任务与环节 / 266

三、教育实习总结及相关问题 / 281

## 第八章　如何成为一名优秀的大学教师 / 290

一、大学优秀教师的特征 / 291

二、基于评教的大学优秀教师特征分析——以美国为例 / 302

三、如何成为一名优秀的大学教师 / 311

后　记 / 322

# 引 言

在一个国家或者一个民族里,有这样一群人,担负着文化传承、历史延续、精神塑造以及灵魂重建的重任,是民族的脊梁和膝盖,这些人就是老师。老师与法官、医生一同担起了社会前进的希望,成为了精神与道德的仰望,正如梁漱溟所言:"教员是一个顶妙的人,他是不高不低,不大不小,不他不自的一个人。"①所以,这也就形成了对老师以及教育的苛责与重视,而对于教师中最重要的一群人——大学老师,要求则更为严格,也寄托更多期盼。

与其他老师相比,大学老师更多地被赋予了不同的含义。大学是文化学术至高之地,是一民族国家知识传承、思想孕育的圣地,也是文化生命之根延续之地。如果一民族的大学出了问题,那社会一定会偏离,如果没有了大学,那么文化亦将不再存在,民族亦随之发生变化。所以,在各种教育类别中,大学教育显得异常重要,讲究历史渊源,讲究学脉传承,更讲究民族文化的贡献。

## 一、寻找当代中国大学的历史渊源

陈平原在《中国大学十讲》里谈到了一个重要问题,就是中国当代大学应该从何时算起?据他分析,目前学术界对此问题大致有两种看法,一种是百年论,另一种则是四千年论。当然,他也举出了诸家之说的证据。②最后,他明确提出了自

---

① 梁漱溟:《乡村建设理论》,上海人民出版社2006年版,第180页。
② 陈平原:《中国大学十讲》,复旦大学出版社2002年版,第2~4页。

己的主张:

> 回到本文开篇提出的问题:到底是在"百年"还是在"四千年"的历史时段中讨论中国的大学。倘若承认"兼采泰西"与"上法三代"之间的张力,构成了本世纪中国大学发展的主线,那么,其与汉唐太学、明清书院的差距,便不言而喻。
>
> 也只有在百年中国的叙事框架中,有些长久困扰学界的问题,才能得到比较合理的解释。比如,晚清以降教育的急功近利与缺乏长远打算、要求教育为现实政治乃至党派利益服务、教育经费在国民生产总值中所占比重低下等,都不是传统中国的特色。①

陈平原是从历史演变的轨迹以及观照当代大学的性质而作此结论的。当代中国大学面貌的形成应从三方面探源追溯:一是古代社会的教育,可以是三代,也可以是汉唐的太学;二是近代巨变中新式学校的建立;三是新中国成立后教育的若干变化。

(一)三代:慕古的习惯

中国人养成的思维习惯,就是向后看,也就是"慕古",这与中国悠久的历史有着密切的关系,也是中国人善于向历史汲取养分所致。大学的追根溯源亦是如此,需要向三代寻求根本,意为证明大学某些方面的历史合理性。德国史学家德罗伊森说过:

> 在人类历史向前迈进中,在人类不断活动的有限现象中,有与至善状态相类似的现象。人们追求对历史事实的认识,其原因是,人们可以在其中认识到真理,同时可以在其中了解到自己追求真理的热切……
>
> 要是我们不甘于只有此时此刻,我们就应该把蕴涵在目前各种状况条

---

① 陈平原:《中国大学十讲》,复旦大学出版社2002年版,第37页。

件中的过去事情呼唤出来,把过去的事情现实化。我们这个有时而尽的人,我们的精神——只有我们的精神,才有能力将深刻(——神的永恒性)——赋予刹那即逝的瞬间。我们人,能够借着这一刹那的瞬息,把我们生命最核心的部分,把我们的记忆及期望都投映到我们身后漆暗的既往之中。而期望实际上也只能反映在我们对过去的理解之中。①

王汎森较为推崇德罗伊森的理论,他这样解释:"也就是说只有过去事件中,还留存到现在的才不是真正逝去了的过去,过去发生的并持续影响现在的,我们才将它写成历史。"②这样的历史主义思维其实是向历史寻求合理的解释,希望解释当下的社会现象,解释何以形成。中国人从小被教诲的"观今宜鉴古,无古不成今"③,即是这样一种历史主义的教育。所以,在探寻大学历史渊源的这一领域,也适用如此的眼光和研究视野。

1.三代说

在毛礼锐、沈灌群主编的《中国教育通史》里就谈道:

> 夏代是否已建立大学,显然文献尚不足征,但也不能排除这个可能性。④
> 远在三千年前,我国大学就有五学的规模以及上述铭文记写的种种设置,这在世界教育史上是罕见的。⑤

以毛礼锐为代表的研究是从"大学"的名称以及三代的学制、学校的建立入手的,特别是对教育制度的研究。其运用通史的研究方法,认为古代中国的制度是承袭的,所以大学也是渊源有自。此说法的时间点不太明确,但大致应在三代

---

① [德]德罗伊森著,耶尔恩·吕森、胡昌智编选:《历史知识理论》,胡昌智译,北京大学出版社2006年版,第2、3页。
② 王汎森:《执拗的低音:一些历史思考方式的反思》,生活·读书·新知三联书店2014年版,第134页。
③ 《增广贤文》,载徐梓、王雪梅编《蒙学便读》,山西教育出版社1991年版,第43页。
④ 毛礼锐、沈灌群主编:《中国教育通史》(第一卷),山东教育出版社1995年版,第61~62页。
⑤ 这是指西周时期。毛礼锐、沈灌群主编:《中国教育通史》(第一卷),山东教育出版社1995年版,第72页。

范围以内。

其实不只是教育史的研究者有这样的看法,史学家持此种认识的亦不少。如最新的通史就这样说:

> 夏商西周是我国学校教育的开创时期。《孟子·滕文公上》记载:"夏曰校、殷曰序、周曰庠,学,则三代共之。"就是说名称虽不同,但同样都是学校。相传夏朝学校以军事教育为主。商朝学校在甲骨卜辞上也有记录,出现了"学"和"大学",我国古代最早的大学教育可能从这一时期开始。[1]

请注意,《简明中国历史读本》的用法是"我国古代最早的大学教育",似乎有两种含义:一是将中国的大学教育划分为几个时期,如古代大学教育、近代大学教育等。这样的划分还有另外一种含义,就是有古代的大学、近代的大学等,大学是不连贯的,没有脉络的承袭。二是将商朝甲骨卜辞记录的"大学"直接等同于如今普遍概念的"大学"。这样的研究方法较为危险。

2.西汉太学说

熊明安认为中国的大学起源于汉代的太学,"汉代是我国中央政府明令设置高等教育机制的创始时期,它为中国官立高等教育奠定了基础"[2]。他认为汉代的太学就是当时的高等学校,同时还将视野投放到了太学的社会影响、教育地位以及学术自由。

关于大学起于西汉论,王子今也有同样的认识,他说:"汉武帝元朔五年(前124年)创建太学。国家培养政治管理人才的正式官设大学于是出现。"[3]他进一步论述道:"太学的兴立,进一步有效地助长了民间积极向学的风气,对于文化的传播起到了重大的推动作用,同时使大官僚和大富豪子嗣垄断官位的情形有所

---

[1]中国社会科学院历史研究所《简明中国历史读本》编写组:《简明中国历史读本》,中国社会科学出版社2012年版,第70页。
[2]熊明安:《中国古代高等教育散论》,《教育研究》,2002年第3期。
[3]王子今:《秦汉史——帝国的成立》,三民书局股份有限公司2009年版,第134页。

改变,一般中家子弟入仕的门径得以拓宽,一些出身社会下层的'英俊'之士,也得到入仕的机会。"①但与教育史的研究结论相比,也有不同点:一是大学与高等教育两个概念的不同,二是汉代太学设立的功能不同。

(二)百年说:大学自近代开始

认为中国的大学起源于20世纪初,也就是晚清巨变时期。董宝良主编的《中国近现代高等教育史》认为:"中国近现代高等教育属于近现代教育的范畴,虽然与中国古代大学有传承关系,但却有质的不同,既在时间上有古与今的区别,也在性质上存在专制与民主、古典与现代化的差异。"②紧接着,此书从教育性质、教育内容、教学方法三方面进行了论述,认为古代大学有别于近代高等教育,最后作出了较为全面的结论:

> 这里强调中国近代高等教育与古代大学不同之处,是为了认识中国近代高等教育的性质和内容,而不是要因此忽视中国古代大学教育对中国近代高等教育的传承和影响。古代大学传授的文化艺术,内容既丰富又有民族特色,已为近代高等教育所吸收;古代大学,尤其是书院,其治学精神和方法,也被近代高等学校有选择地广泛应用;像孔子等古代教育家,仍为广大教师和学生所尊崇。中国近现代高等教育与中国古代大学教育既有不能分离的传承关系,但又因时代不同,产生的社会条件有别,其性质和内容有着很大的差异。③

此书的论述可以视为百年说的代表意见,虽然得出的最终结论可以被"四千年说"和"百年说"两方都接受,但是其论有难以自圆的破绽。

第一,近代高等学校并没有吸收古代大学所谓的文化艺术,这一点可以从光绪二十八年七月十二日(1902年8月15日)颁发的《钦定京师大学堂章程》中所

---

① 王子今:《秦汉史——帝国的成立》,三民书局股份有限公司2009年版,第135页。
②③ 董宝良主编:《中国近现代高等教育史》,华中科技大学出版社2007年版,第1、3页。

列大学功课看出,其中并没有国画(其中的图画课是由外国人教授,可见并非中国的艺术)、书法以及京剧等艺术。①

第二,尊孔是大学教育宗旨及思想先进与否的重要风向标,在近代尤其如此。上面引文所谈及的尊崇孔子,语焉不详。尊崇有两种表现:一种是思想上的尊崇,肯定孔子在中国历史上的地位,但并不是承认孔子的所有主张,也不否认孔子是中国进步的阻碍;另一种是从内心到精神的尊崇,把孔子当作思想、言行的指归,对其不能有丝毫的怀疑。《钦定京师大学堂章程》第一章"全学纲领"第三节说:

> 欧、美、日本所以立国,国各不同,中国政教风俗亦自有所以立国之本;所有学堂人等,自教习、总办、提调、学生诸人,有明倡异说、干犯国宪及与名教纲常显相违背者,查有实据,轻则斥退,重则究办。②

其第七章"堂规"中有更为具体的规定:

> 第二节　凡开学散学及每月朔,由总教习、副总教习、总办各员,率学生诣至圣先师位前行礼。礼毕,学生向总教习、副总教习、总办各员各三诣退班。
>
> 第三节　每岁恭逢皇太后、皇上万寿圣节,皇后千秋节,至圣先师诞日,仲春、仲秋上丁释奠日,皆由总教习、副总教习、总办各员率学生至礼堂行礼如仪。③

《钦定京师大学堂章程》里的这些规定,实际上是实行了的,邹树文(京师大学堂壬寅年入学的学生,1902年)回忆说:

---

①②③璩鑫圭、唐良炎编:《中国近代教育史资料汇编·学制演变》,上海教育出版社1991年版,第236~244、235、250页。

> 我还记得第一任监督张亨嘉就职的时候,监督与学生均朝衣朝冠,先向至圣先师孔子的神位三跪九叩首礼,然后学生向监督三个大揖,行谒见礼。①

到蔡元培任北京大学校长的时候,采取了自由教育思想治校,使得北京大学以及其影响下的中国高等教育发生了巨大改变。就目前发现的资料而言,无法找到确凿的证据证明蔡元培治理下的北大废除了尊孔读经,但同时也无法找到仍然尊孔读经的证据。在《蔡元培自述》中有这样的记载:

> 四十六年(民国元年),我任教育总长,发表《对于教育方针之意见》,据清季学部忠君、尊孔、尚公、尚武、尚实的五项宗旨而加以修正,改为军国民教育、实利主义、公民道德、世界观、美育五项。前三项与尚武、尚实相等,而第四、第五项却完全不同,以忠君与共和政体不合,尊孔与信仰自由相违,所以删去。②

第三,根据以上分析,我们可以得出结论,近代中国高等教育是一种全新的教育体制、教育模式,与所谓的中国古代的大学在精神与宗旨上毫无承袭关系。其实不只是中国,很多国家在社会发生变化之后,大学教育亦随之变化,与过去告别。如美国就是如此,美国教育家劳伦斯·维赛说过:"对于经历了1870年的人来说,1870年前后可以看作'美国教育史的新纪元'。"③他进一步论述到:

> 然而也存在这一事实:与1860年的学院相比,1900年的大学已经是

---

① 邹树文:《北京大学最早期的回忆》,载陈平原、夏晓虹编《北大旧事》,生活·读书·新知三联书店1998年版,第6页。
② 崔志海编:《蔡元培自述》,河南人民出版社2004年版,第87页。
③ [美]劳伦斯·维赛:《美国现代大学的崛起》,栾鸾译,北京大学出版社2011年版,第1页。

面目全非了。无论从何种指标来看,美国高等教育的根本性质都改变了。学术方面,大学的目标正在孕育,而19世纪中期的学术管理者们对于这些目标仅仅有所警觉。与大学的复杂性相比,过去的学院就像是中小学。这一过渡时期也形成了非常看重自身地位的专职人员,取代了原先绅士化的业余人群。1865年之后的几十年间,美国生活中历史悠久的部分也在很多层面上发生了明显的变化。尽管这一变化有着明显的连续因素,但是与学术改革新生并且快速生效的影响力相比,1865年的学院就显得陈旧过时了。①

可以看出美国大学在20世纪初发生了性质上的变化,其中引领风潮的标志性大学就是约翰·霍普金斯大学。"首先,它脱离了宗教的不恰当干扰,把学术自由作为高等教育的目标追求。约翰·霍普金斯大学保持了自身的相对独立性,成功营造了自由的学术环境……其次,它重视科研的引领作用,努力平衡教学与科研的关系。"②

这样看来,京师大学堂就是随着时代的巨变产生的新型大学,与古代的太学、国子监完全不同。

(三)当代中国大学气质形象技成的历史追溯

我们探究过去,是基于现在的追溯。现在是由历史形成的,当下的任何社会现象都无法隔断与过去的联系。经过以上分析,其实不论哪种说法,四千年论还是百年论,在时间的演进和学脉传承上,都共同形成了当代中国大学的气质形象。

1. 太学

已有研究成果多有从汉代太学探究中国大学气质形象的,如周谷平、张雁共同撰写的《中国古代太学与欧洲中世纪大学之比较——兼论我国现代大学的起源》,刘广明、朱新荣的《浅析中国当代大学的遗传基因——兼谈中国太学和中世

---

① [美]劳伦斯·维赛:《美国现代大学的崛起》,栾鸾译,北京大学出版社2011年版,第2页。
② 彭拥军、沈一丁:《约翰·霍普金斯大学:美国高等教育近现代转型的引领者》,《西南交通大学学报(社会科学版)》,2015年第6期。

纪大学的差异》，周益斌的《论我国现代大学的起源——从太学、大学和书院的关系说起》。①还有从古代国子监的角度来探究的，如黄新宪《明代大学(国子监)的若干特点》。②

汉代设置太学的建议是由董仲舒提出的，后经过汉武帝的认可与朝臣的讨论，决定设立太学。《汉书·武帝纪》说：

> 元朔五年，夏六月，诏曰："盖闻导民以礼，风之以乐，今礼坏乐崩，朕甚闵焉。故详延天下方闻之士，咸荐诸朝。其令礼官劝学，讲议洽闻，举遗兴礼，以为天下先。"太常其议予博士弟子，崇乡党之化，以厉贤材焉。丞相弘请为博士置弟子员，学者益广。③

可以看出，汉武帝设太学的目的特别明确，就是重新恢复礼乐，也就是接续先秦的礼乐传统。关于这一点，中山大学张荣芳教授进行了详细的探究，他认为：

> 太学的历史作用主要表现在：太学使儒学成为社会上"占统治地位的思想"；太学为地主阶级培养了各级官吏及其接班人；太学使统治阶级进行自我调节，不断清理本阶级队伍，更新政治等三个方面。秦始皇用焚书坑儒的办法，想使自己的统治历"千万世，传之无穷"，但没有成功，结果是二世而亡。汉武帝用独尊儒术的办法，使封建地主阶级的统治世世代代地延续下去。尽管两千多年的中国封建社会各个朝代的统治思想在形式上有所不同，但都是在儒家思想轨道上变化。汉武帝这一招，对于地主阶级来

---

① 分别见《高等教育研究》2006 年第 5 期、《河南师范大学学报(哲学社会科学版)》2010 年第 1 期、《高等理科教育》2014 年第 1 期。
② 载《湖北大学学报(哲学社会科学版)》，1987 年第 6 期。
③ (汉)班固：《汉书》卷六《武帝纪六》，中华书局 1962 年版，第 171~172 页。

说是成功的。①

从上述引文可以看出,汉代的太学极具现实意义,设立太学的直接目的是为了培养官吏,培养国家的管理者,所以我们可以想见太学的教学内容。并且,太学有引领风化的功能与职责,"讲""劝"礼仪,力推教化,所以张荣芳教授特别肯定了汉武帝这极其聪明的一招,规避了秦始皇施政的弊端。从汉武帝开始,封建社会才走上了"延续"的轨道。从这一角度出发,也可以重新认识秦始皇的"三同"以及统一政策。可以说,秦始皇形成了古代中国的制度模式,但是思维模式的塑造是由汉武帝完成的。更为重要的是,太学的建立延续了中国的文脉。

2.古代私塾与现代大学的关系

私塾,可以称为私学、学馆、散馆等。私塾在中国古代非常重要,与官办教育、考试相辅相成,成为古代社会教育重要的组成部分。私塾的起源,可以从春秋算起,所以有研究者认为:

> 中国的私学始于何年,创于何人,至今尚无定论,但若以办学规模之大,成就之高,贡献之巨,影响之深远论之,将其作为私学的首创者,则非孔子莫属。②

可以这样说,孔子开启的私家教学的模式,一直到新中国成立才告一段落。现今社会,这一模式又有了复苏的迹象,这就不能不探究其存在的社会价值。这样一种"师徒"教育的模式,虽然与官办教育完全不同,但担负了与其相同的教育功能,而且还是官办教育的有力支持。具体说来,私塾教育主要有以下几项。

第一,私塾可以培养幼童一些基本的生活常识。我们以明代成书的《幼学琼林》为例看看其内容:

---

① 张荣芳:《论两汉太学的历史作用》,《中山大学学报(哲学社会科学版)》,1990年第2期。
② 金忠明、李若驰、王冠主编:《中国民办教育史》,中国社会科学出版社2003年版,第16页。

卷一 天文 地舆 岁时 朝廷 文臣 武职

卷二 祖孙父子 兄弟 夫妇 叔侄 师生 朋友宾主 婚姻 妇女 外戚 老幼寿诞 身体 衣服

卷三 人事 饮食 宫室 器用 珍宝 贫富 疾病死丧

卷四 文事 科第 制作 技艺 讼狱 释道鬼神 鸟兽 花木①

我们再来看看成书于宋代的《小学绀珠》，其主要内容有天道、律历、地理、人伦、性理、人事、艺文、历代、圣贤、名臣、氏族、职官、治道、制度、器用儆戒、动植十六类。②

通过对这两本私塾教材、蒙学读物分析，就可以知道私塾学的是什么了，其中有一点非常重要，就是认识自然世界、认识社会、认识人际关系，也就是立身、生活之本。修身、齐家、治国、平天下的内容全部包括在内。

第二，私塾教育为官学、考试输送人才。私塾教育是幼童教育，教给孩童一些生活的基本常识，如何做人、如何生活、如何处理人际关系。除此之外，当然最主要的还是发蒙，就是开启学习的窍门，如果有希望可以进一步深造，如果没有进一步学习的天资，那么学习的追求就止于私塾教育。故而私塾是学习的第一步，之后才可以逐步进阶，正如吕思勉所说：

> 古代平民，学于其所居之里之校，秀者升入其乡之庠序，自庠序升于司徒，入于大学。贵族则学于其家门侧之塾。师氏、保氏门闱之学，公宫南之左之小学，与家塾皆一物也，贵族出于此，亦入于大学。故平民登进，较之贵族，多一节级。③

---

① (明)程登吉原本,(清)邹圣脉增补,胡遐之点校:《幼学琼林》,岳麓书社1986年版。
② [日]长泽规矩也编:《事物纪原 小学绀珠》,上海古籍出版社1990年版。
③ 吕思勉:《吕思勉读史札记(增订本)》(中),上海古籍出版社2005年版,第992页。

赵翼曾论及汉代太学之盛的原因,认为秦代焚书之后,向学之人没有书籍作为教材,无法通过文献进行学习,于是涌向京师向大儒求学,口耳相传,毕业之后再回到故乡继续开馆授徒。①这其实就是吕思勉所说的"进阶"。私塾、乡学此类基层、低级的学校向更高一级的学校输送人才,以便进一步深造,成为国家的管理者以及知识的传授者。

第三,私塾的存在不但是为更高一级的学校输送可造之才,更多是为一方地域乃至民族延续了文脉,保存了读书的种子。有资料称:

> 据河北省有关资料统计,1902年景州有私塾420处,抚宁县227处,赵州200处,永平府197处,阜平县75处,望都县71处,共计1190处。1906年,《学部官报》统计直隶省高等、初等小学堂共2766所。据此推算,光绪三十三年(1908年)直隶(河北)全省共有私塾总数不少于3万所。②

由此可见,河北一省的文化学术主要凭借私塾传承、发扬,同时也是河北人才的摇篮。所以,陈寅恪曾经论述魏晋以降中国西北河陇区域在文化学术史上的地位,"惟此偏隅之地,保存汉代中原之文化学术,经历东汉末、西晋之大乱及北朝扰攘之长期,能不失坠,卒得辗转灌输,加入隋唐统一混合之文化,蔚然为独立之一源,继前启后,实吾国文化史之一大业"③。由家族而地域,由地域而民族,才有了中华文化学术的千年不绝。这其中,私塾起了决定性的作用。

3. 近代学堂

西方列强的坚船利炮迫使中国人开始改变,希望学到西方的科学技术,于是从洋务运动到维新变法,都设立了学堂。不过此时的学堂都带有临时或实用的性质,并没有列入国民教育序列。清政府于1902年颁布了《钦定京师大学堂章程》

---

① (清)赵翼:《陔余丛考》卷十六《两汉时受学者皆赴京师》,中华书局1963年版,第295~296页。
② 熊贤君:《如何正确评价私塾问题》,《河北师范大学学报(教育科学版)》,2000年第1期。
③ 陈寅恪:《隋唐制度渊源略论稿》,中华书局1963年版,第19页。

《钦定考选入学章程》《钦定高等学堂章程》《钦定中学堂章程》《钦定小学堂章程》《钦定蒙学堂章程》,①这标志着学堂完全代替了过去的教育模式,中国教育开始发生了改变。

近代学堂的设立,改变的不只是中国教育的形式,而且从根本上改变了中国教育的性质。

第一,考试形式的确立。考试是竞争机制引入后个人能力的一种体现,具有极强的筛选能力,适用于优胜劣汰的选拔。近代考试制度,完全不同于古代科举制。古代科举是一种以选官为目的的考试,而近代考试是能力提升的象征。《钦定考选入学章程》的颁布就说明了这一问题,在这一章程里提出了升学的条件以及考试的形式与内容。②确立考试制度,其实就是确立升学制度。在确立考试制度的前提下,国民教育序列开始完备了,所以有研究者认为"根据'癸卯学制'(《奏定学堂章程》)建立起来的各级各类学校统称为近代资产阶级新式学堂,以别于旧式书院和洋务派学堂、维新派学堂"③。

第二,近代学堂的建立。由于当时时局与环境的影响,所以具有了经世致用的性质。经世致用,是当时社会最主要的功能特征,任何领域都不可避免地带有这样的时代烙印。学堂本来是传授知识与开发智力的教育场地,因此也有了回应时代的痕迹,如在宗旨、课程设置以及教育目的上都可以看出这一点。在历史课程的设置上,除了理所当然要讲授中国历史之外,还设置了亚洲各国史,欧洲、美洲史,而其主要内容不仅仅是历史发展进程:

> 先就日本、朝鲜、安南、暹罗、缅甸、印度、波斯、中亚细亚诸小国,讲其事实沿革之大略、宜详于日本及朝鲜、安南、暹罗、缅甸,而略于余国;详于近代而略于远年;五十年以内之事尤宜加详,说近世事者十之九,说古事者

---

① ② 璩鑫圭、唐良炎编:《中国近代教育史资料汇编·学制演变》,上海教育出版社1991年版,第252~255页。
③ 谢青、汤德用主编:《中国考试制度史》,黄山书社1995年版,第477页。

十之一,并示以今日西方东侵东方诸国之危局。

次讲欧洲、美洲史,宜就欧美诸国讲其古今历史中之重要事宜(上古不必多讲);详于大国而略于小国,详于近代而略于远年;五十年以内之事尤宜加详;说近世事者十之九,说古事者十之一。①

第三,废除科举制,实行学堂制,彻底改变教育现状。主要还是为了向西方学习近代国人仰慕的科学技术,武装自己,使自己强大。近代学堂的设立,用实际行动证明了晚清民国初年的中国人求强,急切了解世界诸国的希望和心理。在《奏定中学堂章程》里设置了外国语课程:

外国语为中学堂必需而最重之功课,各国学堂皆同。习外国语之要义,在娴习普通之东语、英语及俄、法、德语,而英语、东语为尤要;使得临事应用,增进智能。其教法应由语学教员临时酌定,要当以精熟为主。盖中学教育,以人人知国家、知世界为主,上之则入高等专门各学堂,必使之能读西书;下之则从事各种实业,虽远适异域,不假翻译。方今世界舟车交通,履欧美若户庭,假令不能读其书,不能与之对语,即不能知其情状;故外国中学堂语学钟点,较为最多。②

所以有学者在全面考察了清末学堂的设置之后,从封建绅士的转化、资产阶级参与社会活动和联合、西学得到传播、青年知识分子的思想转向民主和革命四个方面来论述其历史意义。他讲道:"既然封建的教育制度已经开了缺口,那么西学的传入就不可避免;由于统治者希望以西学'补中学之不足',那么西学就名正言顺地登上了各校讲台。"③

---

①②璩鑫圭、唐良炎编:《中国近代教育史资料汇编·学制演变》,上海教育出版社1991年版,第321、320页。
③王笛:《清末新政与近代学堂的兴起》,《近代史研究》,1987年第3期。

### 4.当代中国大学与西方大学的关系

如果我们探究当代中国大学与西方大学的关系,该从何出入手呢?近代学堂不可以,因为是中国人自己建立的新的教育模式。据此思路,新中国建立后对大学进行了大规模的调整,主要是学习苏联。当时"学习苏联教育经验主要有两大举措,一是院系调整,二是进行系统的高校教学改革。这里教学改革包括专业设置、教学计划、教学内容、教材、教学制度和教学方法等"①。但是无论怎样学习苏联经验,教师还是中国人,教材还是中国人自己编纂的,终归还是中国人自己的教育思想。所以,中国与西方大学真正有实质性的接触,是在近代教会大学出现后。

章开沅教授曾经讲过:"无庸讳言,一些教会与教会大学曾与西方殖民主义及所谓'为基督教征服中国'的宗教狂热有过不同程度的联系,也正因为如此,教会大学曾经引起众多中国人士的反感……但是,以现在的眼光来看,这种尖锐的批判虽然不无事实依据,但却失之笼统与有所偏颇,因为它没有将教会大学作为主体的教育功能与日益疏离的宗教功能乃至政治功能区别出来,也没有将学校正常的教育工作与西方殖民主义的侵华政策区别出来。"②这样就给我们研究教会大学的历史价值指明了方向,要把着眼点放在教会大学正常的教育工作上。

美国学者杰西·格·卢茨教授撰写的《中国教会大学史(1850—1950年)》一再提及教会大学的课程设置:

> 当传教士在中国建立了教会大学时,西方正强调着语言、数学和自然科学的学习,因此教会学校也照搬着这一套。1925—1926年,文理学院所提供的教学概要表明,占学时最多的四门课程是英语、化学、中文和生物。有几所大学不是一般地强调科学和数学。山东、福建、南京、苏州、广州各大学的这几门学科的教学占全部学时40%以上,总的来说,教会大学这几门学科

---

① 董宝良主编:《中国近现代高等教育史》,华中科技大学出版社2007年版,第284页。
② 见章开沅、(美)林蔚主编:《中西文化与教会大学·序言》,湖北教育出版社1991年版,转引自吴梓明:《全球地域化:中国教会大学史研究的新视角》,《历史研究》,2007年第1期。

平均所占学时数为三分之一。①

这里需要注意的是,中国本土并没有英语、数学、自然科学、化学、生物这几门课程,这完全是西方的教育课程。同时我们可以断定,这些课程的任课教师大多由西方人担任,其教材也大多来自于西方。有学者在进行了综合的研究之后得出:

> 英语在教会大学的课程设置中仅次于宗教的地位。对于是否开设英语课程在教会大学史上曾发生过激烈争论,1910年这场争论以英语取胜而结束。这一结果对教会大学毕业生和教会教育总的历史都产生了很大影响。另外,还开设西方自然科学和社会科学课程。自然科学包括代数、几何和圆锥曲线、三角和测量法、解析几何、微积分、天文学,还有物理、化学。社会科学不很受到重视,如经济学、政治学、历史学和社会学课程分量很少,班级很小,课程的开设似乎是以西方学生为对象的。②

我们再来看教会大学的师资情况,有学者谈到了教会大学的师资结构,中西结合、专兼结合、派聘结合,阐明了教会大学的师资特点,但是太过平淡。③倒是在卢茨的《中国教会大学史(1850—1950年)》中有这样一段话特别值得注意:

> 传教士知道应该做什么,并且有创造精神、献身精神和勇气。一般的中国教师则完全两样……差不多所有的中国教师,不仅体格软弱,而且性格也懦弱。几乎都不懂教学理论。④

---

① ④ [美]杰西·格·卢茨:《中国教会大学史(1850—1950年)》,曾钜生译,浙江教育出版社1987年版,第174、179页。
② 王晋丽:《非基督教运动前后中国教会大学课程设置比较》,《中北大学学报(社会科学版)》,2007年第6期。
③ 苑青松:《20世纪初中国教会大学的特点及其现代意义》,《高等教育研究》,2009年第6期。

从这几句极平常的话语中我们读到了什么？创造、献身和勇气，这恰恰是我们国人至今所欠缺的气质，这也就是我们与欧美国家在民族气质上的差异。如果老师都如此欠缺，那么国人呢？教会大学的老师——传教士清楚地看出了这一点，不能不说近代的屈辱是历史的必然。这也就为教师的精神气质特点作了最好的注释，其实教师的学问倒在其次，最重要的还是是否敢担当、有勇气、能创新。接着看，体格弱、性格弱……为何在传教士的眼中中国教师如此"弱"呢？这也是值得深思的问题。无论如何，近代的教会大学使得中国人实实在在感受到了西方的高等教育，尤其课程、师资的西方化，无不使中国人感受到了西方文明的气息，而这样的气息对于巨变时的中国人尤为重要。不得不承认，在中国历史上存在了整整一百年的教会大学，不会因为实体的消失与中国斩断了联系，而会因其巨大的创造力与时代贡献而使精神永远溶于中国。

**二、当代中国大学老师形象分析**

前面探讨了那么多，其实是没有结论的，我们只是在分析当代中国大学的前身有哪些？说前身也好，渊源也罢，这些联系都是割不断的，当代中国大学里或多或少都有其影子。知道了的渊源，就有理由分析当代大学老师的形象了，因为大学什么最重要？老师最重要：一所大学环境固然重要，硬件设施当然必不可少，但是真正起作用的还是老师，没有好老师，一切都是空谈。还是那句老话，大学不是大楼，是大师。

老师在大学里是标杆，是旗帜，是风向标。但是中国的大学老师或许是历史悠久的缘故，也或许是前身太多的缘故，当代中国大学老师被赋予了很多被动的形象标签。为了其后的论述，我们有必要探讨一下这些形象标签的由来，并作一简单的评析。

(一)汉代太学与当代中国大学

我们之前讨论的汉代太学，距今已有两千多年历史，那么对于如今的大学老师形象有什么影响呢？请大家注意，汉代太学有一个最显著的特征，即官学。何为官学，就是学术为官家垄断，这样学术就带有了明显的象牙塔性质。《汉书·儒林传》中赞曰：

> 自武帝立五经博士，开弟子员，设科射策，劝以官禄，讫于元始，百有余年，传业者寖盛，支叶蕃滋，一经说至百余万言，大师众至千余人，盖禄利之路然也。初，书唯有欧阳，礼后，易杨，春秋公羊而已。至孝宣世，复立大小夏侯尚书，大小戴记；施、孟、梁丘易，谷梁春秋。至元帝世，复立京氏易。平帝时，又立左氏春秋、毛诗、逸礼、古文尚书，所以网罗遗失，兼而存之，是在其中矣。①

由上述引文我们可以分析得出：第一，以经为教材，以教材开学问之别；第二，设置太学，博士入学，目的就是入仕做官；第三，以传业为教学方法，对经书的不同讲解形成了学术门派。入仕、求学为古代中国读书人最大的心理纠结，这倒是孔子的学与仕关系最好的注解。但是请注意，这一影响至今在中国大学还在发挥着作用。读书为了什么？禄利之路。古代中国在发展中没有做到学与术的真正分途，这既是中国古代学问发达的原因，又是近代传统文化遭遇到的最大挑战。

毛礼锐论述了两汉太学的教学方法，认为可能分为两种班制，一种是大班授课，另一种是高级生带低级生。②但是最关键的是采用或者造成了一种更具有特色的教授形式，就是师徒式授课。这样的授课模式形成了师法与家法③，这一关系应该从两个方面理解：一是人身关系，就是授课者为师，求学者为徒，师徒关系不能弄乱；二是要永远遵从老师的讲解，不能另有解释，否则就是离经叛道。需要注意的是，这样的师徒关系与授课模式至今仍然在中国的大学中留存。

如果说太学对于现今大学还有影响的话，那就是两个方面：一是读书人与

---

① (汉)班固：《汉书》卷八十八《儒林传第五十八》，中华书局1962年版，第3620~3621页。
② 毛礼锐：《汉代太学考略》，《北京师范大学学报(社会科学版)》，1962年第4期。
③ 易法建：《两汉太学教学经验之探讨》，《高等教育研究》，1985年第3期。

做官密切相关,造就了中国读书人最根本的追求,学问有无成就,都想在仕途上一展身手。于是读书与科举制密切联系,读书为了科举,科举限定了读书人的范围与目的。再从另外一个方面讲,什么样的官才能算做得好呢?为官要"清",即是好官。清就是孝亲、忠君、爱民。①做官除为政治、政权服务外,还有一个重要的社会功能,不过这一功能是与为官无关的,是从自身学识延伸出来的,就是著书立说,最后编纂成集。既能写文章,又能做官的,于是就塑造出了"士大夫"的形象。

(二)私塾式的教育模式与当今中国大学的关系

如前文所言,私塾主要散居在各地,是由具有一定知识水平的读书人任教的启蒙学校,教育对象是蒙童,所以称之为"发蒙"。既然谓之发蒙,那么其教育特点就明显了,有点类似如今"教育从儿童抓起"的说法。教材由官方审定、颁布,而且规定了私塾教育的明确目标,就是参加科举考试。所以,无论在蒙学教材中加入了多少自然科学的知识,其最终的目的也不是为了认识世界,而是为了参加科举考试,以求榜上有名。

由此我们得出了私塾的第一个功能,即为更高的教育等级输送人才。古代科举考试呈金字塔形递减,越往上录取的人数越少。如清顺治九年(1652年)壬辰科,第一甲三名,第二甲七十七名,第三甲三百一十七名,共计三百九十七名。②这些进士会成为民族文化的储备者,为民族文化的继续发展增添力量。如此循环往复,薪火相传,才不熄灭。考上进士的都属于国家高端人才,与私塾的关系其实就远了。而那些考不上进士的人呢?有一部分会选择塾师职业,开馆授徒,进行发蒙教育。私塾的存在,为一方水土留下了读书的种子,这就是私塾的第二个功能。所以有专家如此评述私塾的历史意义:

> 私塾的历史源远流长,作为一种独特的教学组织形式,它在唐宋以后

---

① 陈旭:《清官:研究传统中国政治文化的一个独特视角》,中国社会科学出版社2010年版,第261页。
② 朱保炯、谢沛霖:《明清进士题名碑录索引》,上海古籍出版社1980年版,第2635~2638页。

便成为盛事,成为中国封建社会学校体系中的一个重要组成部分。成为古代和近现代学校体系中与官学相衔接的不可替代的部分,在中国传统文化传承过程中起着重要作用。①

那么私塾与当今大学之间的关系可以这样理解:私塾留存了中国文化读书的种子。没有古代的私塾,便没有当今大学的中国文化教育。

(三)学堂教育与当今大学的关系

我们之前讨论过一些关于近代学堂的问题,但只是罗列事实,并没有把问题说透,下面接着讨论。学者王笛讲过:

> 近代学堂大规模的兴起是在二十世纪初,对中国的政治、经济和文化等方面皆造成了深刻影响,极大地推动了中国近代化的进程。而新政的推行,为近代学堂的兴起创造了机会,清王朝利用政权的力量促成了中国教育制度的巨大变革,充当了历史"不自觉的工具"。②

如此的评价虽然较为俗套,但是点中了问题的要害。如果说晚清的巨变从外力方面讲是西方的炮火造成的,那么从内部讲,其自身的变化是从教育开始的,也可以说教育促成了晚清乃至民初社会的变化。需要注意的是,近代学堂始于洋务运动,而洋务运动的兴起是为了强大军事,可以与西方抗衡。这样,近代学堂的设立是为了救世,是为了挽救国家、民族危亡,因此具有了极强的功利目的。从这一角度我们再来考察张百熙、荣庆、张之洞《重订学堂章程折》(光绪二十九年十一月二十六日,1904年1月13日),其中说道:

> 光绪二十九年十一月二十六日,内阁奉上谕:方今时事多艰,兴学育才

---

① 熊贤君:《如何正确评价私塾问题》,《河北师范大学学报(教育科学版)》,2000年第1期。
② 王笛:《清末新政与近代学堂的兴起》,《近代史研究》,1987年第3期。

实为当务之急……使学堂科举合为一途,系为士皆实学,学皆实用起见。①

可见"实学"为主,且为当务之急,这是近代学堂最明显的特点。近代学堂面临的社会危机,虽然现在已经不存在了,但是却遇到了相同性质的问题,就是与世界接轨,融入世界大家庭,积极参与国际事务,共同谋求发展。既然当今社会有如此鲜明的时代特点,其在教育领域的表现就是要求教育为社会服务,教育就具有了明显的"实学"特色,而这一功能可上溯至近代学堂的建立。大力发展职业教育则是最有力的回应,教育部、国家发改委、财政部、人力资源和社会保障部、农业部、国务院扶贫办于2014年6月16日联合发布《现代职业教育体系建设规划(2014—2020年)》的通知,明确指出现代职业教育要"服务实现全面建成小康社会目标"。而对于大学教育更是提出了一些较为具体的要求,如产、学、研一体化,自然科学专业要服务社会,大文社科专业也要服务社会。

为社会服务是教育最基本的特性,但是由于历史的原因,导致中国对教育经世致用的功能过于强化,以至于今日的教育不可避免地受其影响。

(四)教会大学对今日大学的影响

中国在对大学溯源的时候,往往会说到京师大学堂,却没人谈及教会大学。1893年,中国第一所教会大学——岭南大学建立,而京师大学堂成立的时间是1902年,二者相距近10年。这一问题需要继续深入研究。无论如何,教会大学的历史意义不容忽略。教会大学对当今中国大学的影响大概有以下几方面。

1.现代气息的融入

对于当时的国人来讲,最重要的莫过于告别陈旧,呼吸新鲜的气息,而教会大学恰恰做到了这一点。教会大学的校长一般由外籍教育者出任,这样会带来不一样的教育理念,如办学宗旨。

---

① 璩鑫圭、唐良炎编:《中国近代教育史资料汇编·学制演变》,上海教育出版社1991年版,第290~291页。

金陵女大的"厚生"宗旨——人生的目的,不光是为了自己活着,更是要用自己的智慧和能力来帮助他人和造福社会,这样不但利于别人,自己的生命也因此而丰满。福建协大的宗旨——博爱、牺牲、服务精神,研究高深学术,养成健全人格,以应社会需求。辅仁大学的宗旨——总以辅翼道德,开拓识见,及接人应世必需之常识为目的。①

教会大学的办学宗旨,确实与清政府办的大学堂不同。大学堂是救世,而教会大学是育人,差别显而易见。在课程设置上,教会大学也独具特色。

体现出深与高、专与博的特点,既有语言和科学这样的主体课程,也有园艺、家政、农技、博物等这样的社会服务课程,这种做法不但把课程与社会生活紧密联系起来,也让学生的智力因素和非智力因素都得到充分地发挥。例如,福建协大的农技课程及其建立的服务组织,有效地提高了农业效率和民众的科技意识。②

2.现代医学教育与女子教育

除课程设置外,教会大学至少还在另外两个领域开风气之先,走在中国的前列,即现代医学及医学教育的发轫与女子教育的开始。

从1840年到1900年,从外国教会进入开放口岸至内地建立教堂、学校、医院、诊所以及孤儿院等慈善事业,在位置偏远的地区还设流动医院,由一两个医生定期去看病、传教并发展教徒,一时间医药事业成为传教士的主要工作。教会组织则把医药传教士视为传教局面的先锋……鸦片战争后,英美等国的教会组织就是遵循这个宗旨到中国发展传教事业的。教会医院先是建在沿海,然后进入内地,几十年间教会医院在各地比比皆是。基督教更重视建学校和医院,中国大

---

①②苑青松:《20世纪初中国教会大学的特点及其现代意义》,《高等教育研究》,2009年第6期。

部分教会医院都是基督教各差会办的,少数属于天主教。①

近代医学在中国的发轫体现在三个方面:一是医师、医术、医院等在中国出现;二是医学教育在中国开始,标志着医科在中国生根发芽,中国开始培养西医;三是近代药学在中国开始。与教会大学相关的只有前两个,制药不在其中,此不赘述。

> 19世纪中叶至20世纪初,在华的传教医师和专职医师日见增多,设立学校,开展系统的西医教学在客观上具备了条件。1863年9月的《华北每日新闻》刊载一篇社论,阐述在中国创建西医学校的目的和可行性。在华的各教会组织为了使西医知识的传授纳入正常轨道,开始设立医学校。②

以上引文较为职业化,是从医学的角度进行论述的。下面我们引用从历史的角度来看待这一问题的论述,其表达言简意赅。

> 中国现代医学教育发轫于教会办的广州博济医院附设的南华医学校(1866年)。孙中山曾于1886年就读该校,中国第一位医学博士、著名的外科医生黄宽当时曾参加该校的医疗与教学工作。以后上海圣约翰医学院、北京协和医学院、齐鲁大学医学院、湖南湘雅医学院相继成立。这些学校对于中国西医西药的传播和西医人才的培养起了积极作用。其中北京协和医学院以其高质量的教学和科研著称,先后培养出了一批出类拔萃的医学人才。③

### 3.女子教育

女子教育在近代中国有着举足轻重的作用,它是对封建礼教中"重男轻女"

---

①② 邓铁涛、程之范主编:《中国医学通史(近代卷)》,人民卫生出版社2000年版,第315、483页。
③ 戚洪:《近代中国教会大学的历史作用》,《徐州师范大学学报》,1997年第2期。

思想与制度的有力回击。我们特别需要注意的是女子教育与教会的关系。

近代中国教会女学的发展，大致可以划分为两个阶段：第一阶段从19世纪中叶至19世纪末，是教会女学步履蹒跚的初创时期，数量少、程度低是这一阶段的显著特征；第二阶段从20世纪初至20世纪中期，是教会女学高歌猛进的发展时期，数量增多，规模扩大，办学重心由初等教育转向中等教育和高等教育。教会学校不仅开创了中国的女子高等教育，而且当中国人自办女学兴起和发展使得教会女子初等和中等教育变得无足轻重之后，教会女子高等教育依然保持着领先地位和第一流的水平，为中国第一代知识女性的成长提供了一个重要的人才培养基地。①

这段话至少可以这样去理解，教会女学先于中国人自办女学，教会女子高等教育也先于中国人自办的女子高等教育，总而言之，中国女子教育起于教会学校。《中国女子教育通史》中，有对较早或重要的女子高校的逐一叙述，有北京协和女子大学（华北协和女子大学）、金陵女子大学、华南女子学院、北京女子师范大学、广州夏葛女子医学校等。②其实在讨论教会女学或女子大学的创办时，大家更多地关注了女学的历史意义，就是之前所讨论的反封建、反礼教的作用，认为女子独立成校，要比男女同校更进步。王奇生在肯定了女子大学的积极意义之后，非常谨慎地说出了女子大学的一个明显后果，就是晚婚和独身比例较高。③

探究教会女子大学对当今大学的影响，除了解放思想、解放女性，引入西方科学、民主的思想这些积极影响外，还应该考虑为何新中国没有大规模地设立女子大学这一举措？

---

①③王奇生：《教会女子高等教育的历史演变》，《华中师范大学学报（哲学社会科学版）》，1996年第2期。
②杜学元：《中国女子教育通史》，贵州教育出版社1995年版，第462~464页。

(五)当代大学教师形象探究

从以上分析我们可以看出,当代中国大学来源颇多,且成分复杂。这些复杂的来源构成了当今中国大学的气质特征,而这些不会因为大学实体的消失而消失,因为校舍、老师、学生、文章等留在了大学中,共同传成了大学精神与气质,而大学教师就是大学精神、气质乃至特征最集中、最直接的载体与体现者。

曾任北京大学校长的蔡元培对北大教师有两个要求。一是要有学问,且此学问须引领学术风潮,站在学术前沿。用现在的话说,要有创新精神。

> 诸君须知,大学并不是贩卖毕业的机关,也不是灌输固定知识的机关,而是研究学理的机关。所以,大学的学生并不是熬资格,也不是硬记教员讲义,是在教员指导之下自动的研究学问的。为要达上文所说的目的,所以延聘教员,不但是求有学问的,还要求于学问上很有研究的兴趣,并能引起学生的研究兴趣的,不但世界的科学取最新的学说,就是我们本国固有的材料,也要用新方法来整理他。这种标准,虽不是一时就能完全适合,但我们总是向这方面进行。①

从蔡元培的《北大第二十二年开学式演说词》(1919年9月20日)我们可以看出,蔡元培延聘遴选北大教师的标准就是学问,根本没有谈及其他,这也就是蔡元培"兼容并包"的另一表现。他不但选择有学问的老师,还解聘一些学问不好的。

> 那时候各科都有几个外国教员,都是托中国驻外使馆或外国驻华使馆介绍的,学问未必都好,而来校较久,看了中国教员的阑珊,也跟着阑珊起来。我们斟酌了一番,辞退几人,都按着合同上的条件办的。有一法国教员

---

① 蔡元培:《北大第二十二年开学式演说词》,载高平叔编《蔡元培全集》(第三卷),中华书局1984年版,第344页。

要控告我;有一英国教习竟要求英国驻华公使朱尔典来同我谈判,我不答应。朱尔典出去后,说:"蔡元培是不要再做校长的了",我也一笑置之。①

值得注意的是蔡元培对教师的另外一个主张——德。蔡元培在北大设立了进德会,其实针对的是学生,而且"这一个会以后事实证明,没有发生多大效力"②。蔡元培在《致〈公言报〉函并答林琴南函》中说了这样一段话,值得注意的是这发生在他就任北大校长三年后。

> 对于教员,以学诣为主。在校讲授,以无背于第一种之主张为界限。其在校外之言动,悉听自由,本校从不过问,亦不能代负责任。例如复辟主义,民国所排斥也,本校教员中,有拖长辫而持复辟论者,以其所授为英国文学,与政治无涉,则听之。筹安会之发起人,清议所指为罪人者也,本校教员中有其人,以其所授为古代文学,与政治无涉,则听之。嫖、赌、娶妾等事,本校进德会所戒也,教员中间有喜作侧艳之诗词,以纳妾、狎妓为韵事,以赌为消遣者,苟其功课不荒,并不诱学生而与之堕落,则姑听之。夫人才至为难得,若求全责备,则学校殆难成立。且公私之间,自有天然界限。③

似乎这样的主张不怎么被提起,也没有被大肆宣扬。随着时代的远去,这样的主张也被埋在了历史的烟尘里。但是,今日的我们如果想要讨论北大之所以盛的原因,蔡元培延聘教师的任何标准都不应该被放过,尤其是"学问"之外的标准,因为这是"兼容并包"的真实含义。只求"学问",不问其他。蔡元培何以成功?就是因为他突破了传统教师的面具化形象。传统讲究教师要"道德文章",而蔡元

---

① 蔡元培:《我在北京大学的经历》,载高平叔编《蔡元培教育论著选》,人民教育出版社1991年版,第627页。
② 田炯锦:《北大六年琐忆》,载陈平原、夏晓虹编《北大旧事》,生活·读书·新知三联书店1998年版,第230页。
③ 蔡元培:《致〈公言报〉函并答林琴南函》,载高平叔编《蔡元培教育论著选》,人民教育出版社1991年版,第190页。

培对前一标准采取了"公私分明"的态度与措施,于是教师的形象在民国年间的北大或其他大学里有了些原则性的变化。

我们以上讨论的是近代最著名、影响最深远的教育家蔡元培是如何延聘大学教师的,但是非常可惜,蔡元培的教育理念并没有延及现在,也没能影响至今。

中国教师形象的塑造主要是"一个人,一篇文章",这个人就是孔子,这篇文章就是《师说》。

钱穆在《孔子传》中讲过:

> 孔子少年出仕,可考者仅知其曾为委吏与乘田,其历时殆不久。孔子年过三十,殆即退出仕途,在家授徒设教,至是孔子乃成为一教育家。其学既非当时一般士人之所谓学,其教亦非当时一般士人之所为教,于是孔子遂成为中国历史上特立新创的第一个以教导为人大道为职业的教育家。①

这就是孔子在中国历史、文化、教育史上的地位,所以被称之为"至圣先师"。我们需要讨论的是,孔子对于老师形象的塑造有哪些影响? 高奇在《中国高等教育思想史》中谈到了孔子为师的四条主张:一是学而不厌,诲人不倦;二是有教无类,无私无隐;三是以身作则,教学相长;四是重视教容教态。②曲士培在《中国大学教育发展史》中也谈到了孔子对如何当好一名教师的主张:一是学而不厌,诲人不倦;二是以身作则,言传身教。③可见,作为一名老师,孔子的主张主要是两方面,自身以及传授。

自身讲究学习,就是"默而识之,学而不厌,诲而不倦,何有于我哉?"④其中主要的两句杨伯峻译为:努力学习而不厌弃,教导别人而不疲倦。此为孔子对于学习的自我要求,就是"持之以恒"。这极有可能只是孔子总结的学习与工作态度,

---

① 钱穆:《孔子传》,生活·读书·新知三联书店2002年版,第12页。
② 高奇:《中国高等教育思想史》,人民教育出版社1992年版,第22~24页。
③ 曲士培:《中国大学教育发展史》,山西教育出版社1993年版,第42~44页。
④ 杨伯峻译注:《论语译注》,中华书局1980年第2版,第66页。

或者仅仅是经验的总结，不能认为孔子就是这样做的，因为学习或者教导别人想要做到持之以恒，非常之难。还有教育家谈到了"身正为范"的训语，这句话来自《论语》，"其身正，不令而行；其身不正，虽令不从"①，"苟正其身矣，于从政乎何有？不能不正其身，如正人何？"②这两句说的都与教育无关，却与从政有关，也就是说孔子讲的是做官与身正的关系。这样看来，教育家讲"身正"出自于教育，想必是弄错了。

那孔子何以成为中国教师的鼻祖呢？

第一，孔子确实是中国第一位有名有姓、载入史册的教师。《史记》有《孔子世家》，亦有《仲尼弟子列传》，先秦诸子中只有孔子有这样的历史待遇。索隐说："孔子非有诸侯之位，而亦称系家者，以是圣人为教化之主，又代有贤哲，故称系家焉。"③正义说："孔子无侯伯之位，而称世家者，太史公以孔子布衣传十馀世，学者宗之，自天子王侯，中国言六艺者宗于夫子，可谓至圣，故为世家。"④唐代的司马贞、张守节道出了其中的缘由，"学者宗之""六艺宗于夫子"，这就是孔子对中国文化的贡献。另外，先秦诸子几乎都有弟子从学，墨家、法家、道家亦是如此，但所传授的知识与技艺不同。如"老子修道德，其学以自隐无名为务"⑤，庄子"其言洸洋自恣以适己，故自王公大人不能器之"⑥。法家则是治国，商鞅、韩非子、李斯皆是因此被诸侯重用。但是被统治者和学者同时重用赏识的，只有孔子，其中的缘由不仅仅是孔子的学说，他的"六艺"同样起了重要的作用。

第二，在历史事实探究之外，还有一些哲学意味的现象需要进一步讨论。在人类社会中有这样一种现象，就是每一行业中的创始人一定是这一行业的鼻祖，而且必定是无法逾越的高峰。孔子之于中国教育事业，成为教师的模范，其实就是这样的道理。

第三，孔子之所以被后世所宗奉、景仰，多有原因，但是其中非常重要的是，

---

①②杨伯峻译注：《论语译注》，中华书局1980年第2版，第136、138页。
③④（西汉）司马迁：《史记》卷四十七《孔子世家第十七》，中华书局2005年版，第1537页。
⑤⑥（西汉）司马迁：《史记》卷六十三《老子韩非列传第三》，中华书局2005年版，第1702、1704页。

孔子的学说被统治者选中,然后一步步得到统治者或者官方的支持,于是才真正成为教师的模范,教育界的创始人,也就是司马贞说的"圣人为教化之主"。孔子被官方选中,教育变为了"教化",一字之差却有天壤之别。

秦始皇统一天下,虽多有创制,却没有真正在思想上完成统一。思想上的统一是由汉武帝完成的,而提供这一学说支撑的、促使完成这一措施的就是董仲舒。《汉书·董仲舒传》里记录的特别详细,汉武帝问来问去其实就是一句话:怎样才能永远统治下去,传之无穷?而董仲舒的回答也只有一个中心,就是动用各种手段,教化老百姓,使之服从统治。

> 凡以教化不立而万民不正也。夫万民之从利也,如水之走下,不以教化堤防之,不能止也。是故教化立而奸邪皆止者,其堤防完也;教化废而奸邪并出,刑罚不能胜者,其堤防坏也。古之王者明于此,是故南面而治天下,莫不以教化为大务。立大学以教于国,设庠序以化于邑,渐民以仁,摩民以谊,节民以礼,故其刑罚甚轻而禁不犯者,教化行而习俗美也。①

于是董仲舒就选择了孔子,提出了"罢黜百家,独尊儒术"的建议,并被汉武帝采纳。董仲舒与汉武帝选择孔子,恐怕只有一个原因,就是孔子学说中的教化功能。

还有一篇文章,那就是韩愈的《师说》。这篇文章立意高古,又新意迭出,区区六百字却成为了千古奇文。从韩愈以后,凡谈及为师之道必定涉及此文。

第一,《师说》究竟谈的是什么?《古文观止》选注者一语中的,"通篇只是'吾师道也'一句。言触处皆师,无论长幼贵贱,惟人自择。因借时人不肯从师,历引童子、巫医、孔子喻之"②。论述了怎么才算是师,师应该如何?其本意是针对当时的社会情况而发的议论。

---

① (西汉)班固:《汉书》卷五十六《董仲舒传第二十六》,中华书局1962年版,第2503~2504页。
② (清)吴楚材、吴调侯选:《古文观止》,安平秋点校,中华书局1987年版,第312页。

此文虽然名为为李蟠而作,其实是借此来抨击当时所谓世禄之家(士大夫之族)。他们自恃门第高,不必要靠科举进入仕途,因此便看不起人,既不肯奖励后进,也不推崇前辈,他们自以为是最"高贵"的人,是"学道"的人,看不起艺人,不肯和艺人们讲钧礼。其实是不学无术,却自高自大,不肯从师学习。①

也就是说,是为了扭转时风、鼓吹科举而作。但是此文一出便赢得了广泛的赞誉和关注,可以说是中国第一篇系统、专门论述"为师"的文章,其中,"师者,所以传道、授业、解惑也"更是指出了为师的义务与职责所在。

关于"师道",其实是《师说》的文眼。八百年后,黄宗羲又作《续师说》,开篇就说:"嗟乎!师道之不传也,岂特弟子之过哉!"②他又作《广师说》,"自科举之学兴,而师道亡矣"③。黄宗羲的两篇文章关注的还是"师道"。又过了一百年,章学诚又作《师说》,其末尾:"嗟夫!师道失传久矣。"说的还是"师道"。④

第二,韩文还谈到了"师道"之外的意思,就是"师道"如何相传?也就是"师道"的真正内涵。吕思勉在评述章学诚的《师说》时这样说:

师之不可易者二:一学有专门。此篇所谓"竹帛之外,别有心传,口耳转授,必明所自"者也,西汉经师皆然。一学有独得。此篇所谓隐微独喻,不论学问、技艺,精者皆然;否则皆所谓人所共知、共能,彼偶得而教我者也。⑤

吕思勉的评述非常清晰地道出了何以为师的条件,就是要有专门的学问、独

---

① 童第德选注:《韩愈文选》,人民文学出版社1980年版,第56页。
②③(明)黄宗羲:《续师说》,载《黄宗羲全集》(第10册)《南雷诗文集》(上),浙江古籍出版社1985年版,第638、647页。
④⑤(清)章学诚撰,吕思勉评:《文史通义》卷三《内篇三》,上海古籍出版社2008年版,第95、94页。

得的学问,这样才会在学术上形成门派,其授徒才会"心传"。

第三,在章文中反复谈到"可易""不可易",如:

> 学问专家,文章经世,其中疾徐甘苦。可以意喻,不可言传。此亦至道所寓,必从其人而后受,不从其人即已无所受也,是不可易之师。……至于讲习经传,旨无取于别裁;斧正文辞,义未见其独立;人所共知共能,彼偶得而教我。从甲不终,不妨去而就乙;甲不告我,乙亦可询;此则不究于道,即可易之师也。①

引文中所讲的可易或不可易,就是对于师是否可以传道而言。可以传道者,就不可易,知识的传授,就可易。这是针对师者的学问、本事而言的,其实可易或不可易,还有一重要的道理,那就是师的地位与尊严。

> 《记》曰:"民生有三,事之如一,君、亲、师也。"此为传道言之也。授业解惑,则有差等矣。业有精粗,惑亦有大小,授且解者之为师,固然矣;然与传道有间也……知师之说者,其知天乎?盖人皆听命于天者也,天无声臭而俾君治之;人皆天所生也,天不物物而生而亲则生之;人皆学于天者也,天不谆谆而诲而师则教之。然则君子而思事天也,亦在谨事三者而已矣。②

章学诚将师道与尊师相联系,能传道的就是不可易之师,不能传道的就是可易之师。故吕思勉评曰:"今重平等,古重服从;今重自由,古重纪律。国无二君,家无二尊;群居五人,则长者必异席;此等风气,随处可见。"③

以上我们分析了这么多,就是为了寻找当今大学教师形象的渊源,证明当今大学教师形象的形成。有学者总结了中国大学教师的形象:

---

①②③(清)章学诚撰,吕思勉评,李永圻、张耕华导读整理:《文史通义》卷三《内篇三》,上海古籍出版社2008年版,第94页。

大学的学术水平和道德风尚，往往是一个民族文化精神的标志。大学教师的科学精神与文化精神不仅直接导引学生，而且对社会发生重要影响。一个名副其实的大学教师，应当既严谨治学，又认真做人，既有真才实学，又有道德情操。应当力避社会劣俗、官场腐败的浸染，清除浮躁、虚夸之风的影响，直道而行，做到德才兼备、德艺双馨……

　　大学教师就是要以学术、真理为重，坚决克服治学上的某种依附性，不依附于政治，不依附于权威，不依附于他人，甚至不顾迫害与打击，甘受寂寞与孤立，始终坚持学术的独立思考与研究……

　　总之，大学教师应当既是一个诚实的学者，又是一个顶天立地的公民。①

可以看出大学教师无所不能，道德要高，专业要好，要成为社会的引领者，还要推动社会进步。这里其实更多是中国民众对大学教师的美好期望，包括人格魅力、道德品质、业务素质、关爱学生。"当代大学生对大学教师的期望既保留了对传统知识分子期望的成分，也增加了许多反映当前社会经济大发展、观念大更新时期的新内涵。"②

如果说这样的大学教师形象是大学传统在起作用，那么西方社会呢？他们眼中大学教师应该是一个什么样的形象？美国社会学家爱德华·希尔斯在《教师的道与德》中这样论述：

　　发现和传授真理是大学教师的特殊职责，正如照顾病人的健康是医务人员的特殊职责，在法律许可的范围内保护当事人的权利和利益则是律师的特殊职责一样……

---

①张翼星：《大学教师的天职》，《现代大学教育》，2013年第3期。
②关桓达：《大学教师形象期望的实证分析》，《中国大学教学》，2011年第2期。

> 对于一位在现代大学里任教的教师而言，教学仅仅是其工作的一部分……此外，大学教师还是学术机构的成员，而后者不仅仅是一个为他的教学和科研提供后勤保障的机构；他不仅是一所大学里的某一系的成员，而且是这所大学里的一名教育工作者。他也是科学界、学术界以及知识界中的一员，而这些已经远远超出了他本人所在的系、大学、职业和国家的界限。他还是他自己所在的那个社会的公民，而且他要比其他的普通公民承担更多的社会责任，因为他比他们拥有更加广博的、更为详尽的、确凿可靠的知识储备……
>
> 人们相信，大学教师所拥有的知识可以被运用于他们所关心的重大实践问题，例如健康、经济、军事安全、工业生产等等，这种信念是大学教师受到尊重的原因之一。①

参看两者，就会发现完全不同的大学教师形象，或是实际，或是希望。中国大学教师更注重教师个人的品德，而西方似乎更在意对于真理的追求与运用，他们所说的"德"，更多是指学术道德而言。但是都有一个显著的共同点，那就是大学教师是社会的脊梁。

---

① [美]爱德华·希尔斯：《教师的道与德》，徐弢、李思凡、姚丹译，北京大学出版社2010年版，第1~5页。

# 第一章　做大学教师的一般条件

大学教师与教师既有共同之处,又有较为明显的不同之处。依据施教对象的不同,教师可以分为幼教、小教、中教、高教等,其中高教就是大学教师。我们这本书主要谈论大学教师,而且是在大学里从事历史学教学与研究的教师。我们谈及的有可能是教师共有的特点,更多的是大学教师的特别之处。

大学教师有着与众不同的任务与社会职责,如引言中所谈及的美国社会学家爱德华·希尔斯在《教师的道与德》中论述的那样,大学教师是最被寄予希望的那群人,也是民族的脊梁与旗帜。①大学教师能够被民众赋予众望,正是基于他们的社会职责,就是对大学生进行教学,而此类教学不单是纯粹的知识传授,更多拥有着文化接力、薪火相传、精神导引、道德规约的意味,这使得大学教学变得更加复杂,更加神秘,大学教师也因此拥有了符号性的象征。

根据研究,目前大学教师的研究领域已经出现了转变:由注重教师学科知识的训练向注重教师职业内涵的价值挖掘;由注重教师职业研究转向注重教师职业社会化、教师职业声望、教师品质、教师作用、教师素质等。②这样的转变,其实是与中国大学的发展分不开的。但是这样的研究似乎更关注大学教师外延部分的研究,而忽略了其最基本的职能,也是大学教师主要的职责——教学。教学是大学教师最主要,也是最见功夫的活动,与社会服务、学术研究相比,教学更为直

---

① [美]爱德华·希尔斯:《教师的道与德》,徐弢、李思凡、姚丹译,北京大学出版社2010年版,第1~5页。
② 张艳辉:《课程与教学视野中的大学教师研究》,中国社会科学出版社2008年版,第13页。

接、显而易见。教学是核心,而且是其他两项的促动力。这样复杂的社会职能为大学教师提出了就职的条件与要求。

**一、语言与书写**

在探讨此问题之前,我们先来看几段回忆:

> 我听了他四年课,就我记忆当中似乎没有请过一次假。他讲课只是平铺直叙,但是听者并不感到枯燥,大家都聚精会神地听讲,既没有人窃窃私语,也没有人传纸条。因为内容丰富而精彩,大家都知道机会难得,不应该轻易把它放过,每当下课铃响大家都有依依不舍,时光流逝太快之感。①

> ……他不翻书了,抬起头来滔滔不绝的开始讲下去。越讲越有趣味,听的人也越听越有趣味。对于一个问题每每反复申论,引经据典,使大家惊异于其渊博,更惊异于其记忆力之强,显而易见开讲时的翻书不过是他启触自己的一种习惯,而不是在上面找什么资料。这种充实而光辉的讲授自然而然的长期吸引了人。奇怪的是他那口无锡官话不论从东西南北来的人都听得懂。②

第一段是回忆陈寅恪先生的,第二段则是关于钱穆先生的,说的都是讲课,其实不仅仅是讲课,而是讲课的语言与表达。大学教师讲课的语言不是专业意义上的语言学,而是与讲课内容紧密相连的教学技巧,是为讲课效果服务的。从这两段回忆我们可以看出,陈、钱二人上课都不是标准的普通话,一位是义宁官话,一位是无锡官话,但为什么学生都认为丰富而且被吸引了呢?这就是大学教师上课语言表达的魅力,这也就是严耕望在谈到讲授中国通史时说的:

---

① 许世瑛:《敬悼陈寅恪老师》,载钱文忠编《陈寅恪印象》,学林出版社 1997 年版,第 50 页。
② 朱海涛:《北大与北大人》,载陈平原、夏晓虹编《北大旧事》,生活·读书·新知三联书店 1998 年版,第 351 页。

一般而言,讲"中国通史"应顾及中国历史的各方面,但极其难讲。因为若面面俱到,平铺述说,必将与高中历史课相重复,或无大差别,学生不会感到兴趣……过去大学"中国通史"课程教得最成功的,我想应数钱穆宾四先生为最,因为他学力、才气兼备,加以擅长讲演,又富于民族感情,所以他在北京大学讲"中国通史",据说极一时之盛。此外就我所知,没有一个人能兼备这四项条件,所以也就不能有他那样的卓越表现。①

从这几位已经成为大学教学楷模的身上,我们就基本能够知道大学教师应该具备什么样的条件了。

(一)普通话的要求

大学教师上课使用的语言应该是普通话,这是国家有关法律文件规定的,如《中华人民共和国宪法》第十九条、《中华人民共和国国家通用语言文字法》,教育部颁布的《教师资格条例实施办法》《普通话水平测试等级考试》都对教师及大学教师的课堂教学语言有明确的规定,就是使用标准的普通话。

"普通话是以北京语音为标准音,以北方话为基础方言,以典范的现代白话文著作为语法规范的现代汉民族共同语。"②

第一,国家如此规定自然有其道理,就是在课堂上,教师使用普通话会收到良好的效果,可以避免不必要的障碍。教师使用普通话进行课堂教学,有利于课堂讲述的顺利进行,更利于与学生进行通畅的交流。

第二,课堂教学需要使用普通话,这是就微观方面而言的,是教学效果而定的教学细节,而从大的、宏观的角度来看,也是同样的道理。在人类文化的传承中,曾经有过为时不短的"口耳相传"时期,那是没有纸张、文字记录传承情况下的一种文化接续方式。"口耳相传"就是讲什么、听什么,与文字记录无关,主要在

---

① 严耕望:《治史三书》,辽宁教育出版社1998年版,第194页。
② 段晓平主编:《普通话水平测试训练教程》,浙江大学出版社2002年版,第10页。

于讲。那怎么讲、讲什么就显得很重要了,其中有一关键点,就是用什么样的语言来讲,这就是为什么传下来的文献版本不一样了。至于用什么语言讲解还有一关涉,就是方言的使用问题,这是古代重要的文化现象。如《诗经》中的一字多音现象,就是方言使用与历史语言叠加的结果。①需要进一步指出的是,这一文化现象给传承带来了极大的不便,所以我们观今鉴古,力求避免古人的弊端,而这一弊端的避免则必须依靠推广与使用普通话。

第三,普通话尽管很重要,但是需要注意的是,普通话并不是大学教师的必要条件。换句话说,是否使用普通话并非是衡量或者决定大学教师价值的基本条件,有或者更好的确可以加分,甚至可以在形象上更加绚烂一些,但并不是大学教师的决定性因素。

(二)关于方言的使用

也有学者在回忆中谈到了一些有名大学教师在授课时使用方言。

> "中国文学史(四)",即现当代文学史,王昭琛(瑶)先生讲授。王先生的山西口音忒重,有的同学把"向科学进军"误听成"向河水进军"。我每天祈祷王先生的《中国新文学史稿》快快出版,省得大抄笔记啦!②

这是学者白化文的追忆,谈到了王瑶先生上课时方言较重。汪曾祺曾经回忆过沈从文在西南联大授课的细节。

> 沈先生的讲课,可以说是毫无系统。前已说过,他大都是看了学生的作业,就这些作业讲一些问题。他是经过一番思考的,但并不去翻阅很多参考书。沈先生读很多书,但从不引经据典,他总是凭自己的直觉说话,从来不说亚里斯多德怎么说、福楼拜怎么说、托尔斯泰怎么说、高尔基怎么说。他

---

① 周长楫:《〈诗经〉通韵合韵说疑释》,《厦门大学学报(哲学社会科学版)》,1995年第3期。
② 白化文:《负笈北京大学》,江西教育出版社2008年版,第76页。

的湘西口音很重,声音又低,有些学生听了一堂课,往往觉得不知道听了一些什么。①

还有章太炎先生也是用方言演讲。

太炎先生个子不高,双目有神,向下望一望就讲起来。满口浙江余杭的家乡话。估计大多数人听不懂,由刘半农任翻译;常引经据典,由钱玄同用粉笔写在背后的黑板上。②

第一,以上引文中的大学教师如章太炎、沈从文、王瑶等,是使用方言授课的典型代表,这样的大学教师至今仍然为数不少。问题在于,方言较重或纯粹使用方言教学,是否合适?赵家璧曾经回忆说,徐志摩在北大教书的时候,用略带方言的口音念诗,很有韵味。

第二,我们之前讲过,用普通话或者方言授课,对大学教师而言并非决定性因素,也就是说,大学教师上课时可以使用普通话,也可以使用方言,不能因为使用普通话或方言来判定其做教师是否合格。

第三,大学教师在课堂上或课下都应力求运用普通话进行教学活动,这既是国家的统一要求,也是交流通畅的必备条件。

(三)大学教师的讲课表达

表达,就是将自己所学通过语言讲解、神情、肢体传授给学生,让学生有所得。但是必须要注意,教师不是演员,不能过分活跃,也不能死气沉沉,要在适当的氛围中、环境里加强或侧重于某种表达形式,以求课堂讲授起到作用。

第一,语言流畅,表达无碍。这是对教师最本质的要求。教师最根本的任务就是讲课,最基本的形式也是讲课,那么表达就是重中之重了。在课堂表达中,最主

---

①汪曾祺:《沈从文先生在西南联大》,载《汪曾祺全集·三·散文卷》,北京师范大学出版社1998年版,第464页。
②张中行:《负暄琐话》,中华书局2006年版,第6页。

要的表达工具是语言,要求流畅而无碍。流畅,就是运用语言将内容流利、顺畅地表达出来,使听者感觉内容、逻辑连贯而不混乱。在节奏上,语言表达要稍快一些,不能过慢,过慢会成为催眠曲,致人昏睡;过快则听不清,使人失去兴趣。语言表达对于教师很关键,如果不能顺畅、准确地表达出来,纵然有高深的学问、过人的功底还是等于无。

第二,讲课表达时语调要抑扬顿挫,有较强的节奏感。抑扬顿挫该如何理解,就是要有上扬、下行的语调,还要有明显的停顿。如果实在无法做到上扬、下行,那么在讲述的过程中设计那么几次明显的停顿也可以。课堂讲授的受众是学生,是一个个鲜活的个体,会因为天气、情绪或者环境而分心、懈怠甚至打瞌睡,这对于学生来讲是再正常不过的,而想要将其减到最低,教师必须在授课技巧上多下功夫,语调是其中关键一环。

第三,大学教师上课应该充满激情,感情要充沛,表达要有力量。这里说的力量,是一种穿透力,包括语言、声调甚至词语的运用。在学生的立场上就是听得带劲,于教师而言就是讲得酣畅淋漓。但需要注意一点,那就是震耳欲聋的吼叫不代表有力量。讲课的激情实则是文采的外部表达,想要做到这样,就需要语言表达的技巧,还有就是对讲课内容的深刻理解。

第四,内容的重复使得有些教师出现了口头禅。那什么是口头禅呢?《辞源》解释:"后来指说话时经常挂在嘴上但并无多大实际意义的词句。"[①]而教师的口头禅就是:"教师在教学活动中反复使用的习惯性口语,即在每句话或每隔几句话中都会出现的话语。这些话语没有实际意义,它们对学生产生了不同程度的影响。"[②]有的教师的口头禅是"啊",有的是"如果",而笔者的是"这个问题很复杂"。[③]

---

① 《辞源》(修订本)第一册,商务印书馆1979年版,第457页。
② 李晶:《教学行为中教师口头禅现象探究》,《太原师范学院学报(社会科学版)》,2014年第5期。
③ 2016年4月13日,在给宁夏大学人文学院2012级历史学师范班讲授"中国文化史"的课上证实。2017年4月6日,在给宁夏大学人文学院2013级历史学师范班讲授"中国文化史"的课上证实。

口头禅的出现绝非偶然,尤其大学教师,多数是在教书生涯10年以后出现。当然,这有待于进一步研究。但需要注意的是,口头禅会影响课堂的表达,应该力行戒除。

### (四)板书的重要性

在大学教师的课堂教学中,主要技巧是语言讲授和板书书写(多媒体或电化教学近年也多在使用,后文会专门论述),而其中板书不仅仅是写字这么简单,其中蕴含了多种意味,有书法的艺术以及教师的魅力等。

> 教师讲授时,要用板书辅助。板书是课堂教学中不可缺少的技术。设计好的板书能提高教学效果、节约教学时间……
>
> 临堂板书是上课时帮助学生听清、弄懂教师叙述内容的一种办法。一般是在讲授每一层意思之前或结束时,用简短的板书提示、概括一下。这样做能使学生分清层次,抓住中心,做好笔记,并能让学生利用教师板书的时间进行思考或得到短暂的休整……
>
> 板书一定要规范、整齐、条理清楚、重点突出。板书要活泼、多样化,但不管形式上多美,都要突出内容的主要部分、关键部分和疑难部分,形式是为内容服务的……①

正如引文所言,板书是教学的一种辅助手段,是为了帮助学生听清、弄懂讲述的内容,所以板书不能独立存在。在大学课堂上,板书多为"临堂板书",这与大学教学的特点有关,讲课内容多为当下的感发,所以临堂板书尤为重要。就大学历史教学而言,板书主要就是人名、书名、地名以及历史名词的书写,尤其一些较为冷僻的名词更需要板书,由此可见板书之重要。板书的重要性不仅仅体现在作为讲课的辅助方面,同时还会被学生模仿。

---

① 叶澜主编:《新编教育学教程》,华东师范大学出版社1991年版,第321~322页。

教学板书还具有很强的示范性。有学者认为,好的板书对学生是一种艺术熏陶,起到潜移默化的作用。教师在板书时的字形字迹、书写笔顺、演算步骤、解题方法、制图技巧、板书态度与作风、习惯动作与语言等,往往成为学生模仿的对象,给他们留下深刻入微的影响。显然,教师板书对学生起着特殊的熏陶感染作用,具有特殊的教育意义。①

(五)练字与书写

刚才我们谈到了板书的重要性,此处只是略加提及,其详细的情况我们会在课堂教学章节中谈及。写好板书的前提是练字,所以,成为大学教师的一个基本条件就是练好字。

其一,要有一些毛笔字的功底。作为文科类大学教师,更应该多练习毛笔字,这颇有一些古代士大夫的形象要求在里面。学生如果看到老师能写一手漂亮的毛笔字,那么会大加佩服,甚至崇拜之至。教师练习毛笔字也要遵循一定的规律,只有读帖、临帖、忠诚于帖,方能做到专、精、熟、用。②

其二,练好钢笔字。如果不在毛笔字上下功夫,那么选择钢笔字也是可以的。大学教师不只是写板书,还要手写大量的作业评语和论文评语,如果教师的字丑陋难看,学生一定会笑话讥讽;如果潇洒漂亮,那教师在学生心目中一定会加分。练习钢笔字,需要选定较好的书法字帖练习,持之以恒,才能有所进步。

其三,黑板上写字与纸上写字是完全不同的。如果钢笔字写得漂亮,那么板书经过练习也一定会漂亮。板书是直立身体书写,而钢笔字是俯身书写,角度不同,自然也就用力不同。写板书特别耗费体力,所以《围城》上讲:"鸿渐最近发明一个方法,虽然不能一下子杀死时间,至少使它受些致命伤。他动不动就写黑板,黑板上写一个字要嘴里讲十个字那些时间。满脸满手白粉,胳膊酸半天,这都值

---

① 彭小明:《教学板书特征论》,《教育评论》,2007年第4期。
② 栾明知:《教师练字应忠诚于帖》,《山东教育》,2003年第17期。

得,至少以后不会早退。"①

(六)书法对于大学历史教师的重要性

历史学教师一样要练习钢笔字与毛笔字,力求写得漂亮好看。练习书法需要临习碑帖,而碑帖多为古物,其对历史研究的重要性也不言而喻。

1.书法与古籍

寇克让《书法没有秘密》里讲到了这样一则故事:

> 一次在善本室,一位老师拿着一本好像是武英殿本的古书"请教我"。原来是书后的清人题跋真迹写得又小又密又潦草,因为小而密密麻麻,老辈先生目力不济,年轻人又多不熟悉行草字。我很快把那篇题跋转写为工整的现代字的时候,那位老先生很平静地说了句写字认字还很重要之类的话。②

武英殿是清朝刻书、印书的官方机构,所出之书因选书、出版俱良,故称为"武英殿本",也称为"聚珍本"。古代读书人在看书过程中喜欢用毛笔将读书心得写在旁边或书后,这样的书写习惯导致现代人很难辨认,所以练习书法且有功底的人,读这些古书会有很多的便利。不单是阅读古籍,就是对出土碑文的识别也都会有所帮助。

2.书法与历史常识

《书法没有秘密》还记载到:

> 有一次别的专业课大家在讨论一本古代的历史书,说到书中的"一"、"壹"两个字是有区别的,汉代以前要表示统一这个意思用"一"字,而不用"壹"字。如果你是练习书法的你一定会不以为然,为什么?那段著名的秦始皇廿六年诏版哪个学书法的人不知道?铭文一共只有四十多字,"壹"字两

---

① 钱钟书:《围城》,人民文学出版社 1991 年第 2 版。
② 寇克让:《书法没有秘密》,新星出版社 2012 年版,第 17 页。

次出现,都是统一的意思,"法度量嫌不壹,则明壹之"。①

此书的"一""壹"辨析,在练习过书法的人看来就不是一道难题,只要临了此碑就迎刃而解了。

寇克让还谈到了唐代纪年的习惯,是某载,而不是某年,颜真卿《多宝塔碑》中就是"天宝十一载"②,可为明证。

3. 书法可以为古书真伪提供支撑

先秦古籍《鹖冠子》在《汉书》中有记载③,本无真伪之辨,可到了唐代,柳宗元作了一篇《辩鹖冠子》④,将其定为伪书,于是争论始起,讼而不断。但是学习过书法的都知道《九成宫》与唐人写本,这两本书法资料为证明《鹖冠子》是先秦古籍提供了直接的证据。《九成宫》全名为《九成宫醴泉铭》,其中提到:"圣人之德,上太清,下及太宁,中及万灵,则醴泉出。"⑤现藏于齐齐哈尔市图书馆的唐人写本《鹖冠子》残卷便是明证。⑥

## 二、现代教育信息技术

对于大学历史教师而言,现代教育信息技术是无法回避、不得不谈的问题。在中国大学,长期以来形成了"一支粉笔""一本讲义"上课的经典模式。如此简单的上课形式,既可以显示教师满腹经纶,又省时省力。但是随着电脑与网络的普及,信息技术在教学上的应用水到渠成。其实现代教育信息技术在大学教学中应用本应该自然而然,毫无争议,但是却出现了"传统教学"与"信息技术"的争论,其焦点主要在于哪一种方式更能取得好的教学效果?时至今日,就教学方式而言,信息技术的发明与应用犹如粉笔一样,也是对"传统教学"的一种革新与补

---

① 寇克让:《书法没有秘密》,新星出版社 2012 年版,第 17 页。
② (唐)颜真卿:《多宝塔碑》,人民美术出版社 2006 年版,第 134 页。
③ (汉)班固:《汉书》卷三十《艺文志第十》,中华书局 1962 年版,第 1730 页。
④ (唐)柳宗元:《辩鹖冠子》,载《柳宗元集》(第一册卷四),中华书局 1979 年版,第 115~116 页。
⑤ (唐)欧阳询:《欧阳询书九成宫醴泉铭》,北京出版社 1987 年版,第 22 页。
⑥ 何凤起、王洪生:《唐人写本〈鹖冠子〉残卷跋(附校勘记)》,《文献》,1987 年第 4 期。

充,其意义非常明显。

(一)对于现代教育信息技术的认识

大学教师是社会的基石,必须立在潮头,做知识的引领者。对新知识、新技术、新发明不能在不辨不问的前提下就拒绝,相反得热烈拥抱新的发明创造,为知识的更新换代创造适宜的环境。

笔者同事中就有人说过,中国人特别爱赶时髦,有点新技术就用,不管对教育合不合适。这是一种较为普遍的态度,认为只有中国人爱使用新技术,而且这种"爱"被批判为"狂热""不加识别"。有的还认为是近代以来盲目崇拜西方传统的历史延续,认为凡是西方的都是好的。各种态度不一而足。我们先来看一下美国对信息技术的使用情况。

> 美国技术评估办公室(OTA)1995年的报告指出,教师要学会使用技术,不仅应该对技术有兴趣,要去接近它,还要去发现和去实验技术所能运用的不同方式,同时有足够积极性和自信把它有效整合到课堂上。所以教师必须积极地使用技术,才能在使用技术的过程中提高自己。[1]

可见,美国对教师有信息技术使用的要求,中小学尚且如此,大学教师更不必说了。信息技术在美国大学的使用是随着时代的发展而进步的,如近年来赛博技术的应用:

> 赛博基础设施应用也给教学带来巨大的变革。2008 年 EDUCAUSE 的报告中提出院校常用的五种校园赛博基础设施的技术,其中包括:(1)高效率的计算资源(high-performance computing resources);(2)赛博基础设施的应用和工具(CI applications and tools);(3)数据存储和管理(data storage

---

[1] 孔令帅:《美国提高中小学教师信息技术使用积极性的四种培训模式及启示》,《中小学教师培训》,2005 年第 4 期。

and management resources);(4)先进的网络基础设施(advanced network infrastructure resources);(5)虚拟社区协作(resources for collaboration within virtual communities)。高等院校应该充分利用这些技术为其教学服务,如高效率的计算资源能够让我们从海量数据中对知识进行建模、模拟和抽象成为可能;各种应用和工具可以将数据分析和可视化,对学习实践中产生的海量数据进行分析和处理;虚拟组织让学习共同体可以打破时空阻隔等等,提供前所未有相互协作的学习机遇;通过数据存储与管理技术来创建和发现新的可用于正式和非正式学习等各种情境的教育资源;利用先进的网络基础设施来定制个性化的学习环境并对学习的结果进行评估,营造一个泛在学习环境;将课堂、实验室、图书馆、工作场所、家庭及其他地方整合在一起,推动我们超越传统的教师、学生、课堂、实验室的教育模式,打造一个更加开放的学习世界。①

这是美国金融危机之后大学教学方式的变化,更多是考虑成本的增加与经费的投入,但追求教学方式变化之后教学效率的提升应在其考虑之列。美国人的确会把握时机,能把握历史机遇,应是我们学习的榜样。

从数据分析来看,我们得到美国教师的信息技术价值观的总体情况,结论如下。

　　一方面,信息技术的教学价值得分明显要低于其他内容维度,这说明在美国还有很多教师在教学中并没有过多关注技术的运用,通过访谈也发现,他们更加关注的是教学内容。
　　另一方面,在美国信息技术的运用中存在一个明显的问题,就是价值判断与态度和其价值行为并没有统一起来。后来对此问题进行了专门的调

---

① 常晨、赵建民:《金融危机之后美国高等教育信息化的新特点和趋势分析——基于ECAR的系列研究报告》,《现代教育技术》,2012年第11期。

研,不少人认为,在美国,教师应用信息技术手段进行教学是一个非常自然地事情,并没有刻意的行为。①

所以,现代信息技术的应用是教育本质的要求。教育就是传授知识、思想的,以达到人类文化传承的目的,这是教育的实质,也是教育最基本的功能。值得注意的是,教育在传承的同时,必须及时汲取新的知识与发明,如此才不至于使知识陈旧,思想落后。唯有如此,才可以使社会在进步的同时,知识得以跟上脚步,因此,教育需要与时代同步,而现代信息技术的应用即是最好的证明。在教学中使用信息技术,不仅仅是专业授课方式的变化,还具有技术信息的普及与引导作用。这是教育的要求,也是学生学习的要求。但同时我们要清醒地认识到,信息技术对于教师而言是柔性的技术,是否被采用,完全取决于教师自身的认识,而不是作为硬性规定强加给教师及教学。

(二)现代教育技术的内容及特点

现代教育技术最突出的特点是信息技术的使用,想要在教学中运用信息技术,就必须了解其实际内容与基本特点,并了解各板块之间的联系与区别,如此才能将其与教学更好地结合。《大学教学论基础》中将信息技术称作教学手段革新的技术基础,其中包含网络技术、多媒体技术、数据存储技术等。②

关于现代教育技术的定义多有不同,有外国的,有中国的,还有各类学科视角的定义。何克抗与李文光编著的《教育技术学》认为:

> 教育技术(技术化教育学)是通过设计、开发、利用、管理、评价有合适技术支持的教育过程与教育资源,来促进学习并提高绩效的理论与实践。③

---

① 马俊臣、李娟、张景生:《美国教师信息技术价值观调查研究》,《当代教育科学》,2014年第13期。
② 马开剑主编:《大学教学论基础》,山东大学出版社2011年版,第59~61页。
③ 何克抗、李文光编著:《教育技术学》,北京师范大学出版社2009年版,第11页。

在形成这一定义之前,作者主要探究了教育技术学的关键问题,认为教育技术学的逻辑起点是"借助技术的教育",并由此派生出多个课程,如:

> 视觉教育、视听教育、多媒体教学、多媒体组合教学、教育软件、游戏类教育软件、网络教室、网络课程、数字化教学环境、视听教学资源、多媒体教学资源、网络教学资源、多媒体组合教学设计、教学媒体的理论与实践、视听教育技术(含录音技术、摄影技术、摄像技术、电视编导、幻灯投影等)、网络教育应用、信息技术教育、信息技术与课程整合、人工智能与教育、远程教育等。①

由此可见现代教育技术所包含的范围之广,内容之杂。这样的定义与范畴的界分,完全是从技术层面出发看待教育的,所以作者一再强调技术是手段,而教育是目的,这样的定义更为广泛一些。如果仅指学校教育或者课堂教学,那通俗的定义就是:

> 在信息时代,教学内容不再局限于书本知识,学生可以通过广播、电视、网络、书刊、报纸、杂志等各种渠道获得知识和技能……在教学媒体与工具方面,传统课堂更多地是黑板和粉笔,而在信息化环境下又增添了许多新的、智能化的教学和学习工具。②

教育技术主要在三个方面:一是学生扩大了学习的渠道,已不再只依靠课堂学习就可以获取知识;二是教师的教学手段更加多样化,不再是黑板和粉笔,会借助一些不断更新的技术进行课堂教学;三是学生的学习手段同样也发生了变化,这一变化与教学手段虽不是完全对应的,但也呈现出多样化、智能化的趋势。

---

① 何克抗、李文光编著:《教育技术学》,北京师范大学出版社2009年版,第10页。
② 张玲主编:《现代教育技术应用》,陕西师范大学出版2014年版,第42页。

现代教育技术不断创新,内容也在不断添加。从 20 世纪 90 年代开始,现代教育技术已经历了近 30 年的发展,其间亦有过多次定义,但无论定义如何改变,一直在强调其"先进性"①,而先进性就是不断创新,不断应用。有学者研究了现代教育技术课程中内容的变化:

> 时代在进步,"现代教育技术"公共课所包含的教学内容也应及时更新,如 2012 年以前的"现代教育技术"公共课中没有 MOOC、翻转课堂、微课制作等内容。2012 年以后,这些内容成为了"现代教育技术"公共课中的重要内容。而如今 SPOC、弹幕、现场统计、在线作业、师生课堂互动系统、游戏教学、创客空间、DLNA 屏幕投射等新的教学模式(工具)都应让学生知晓,让学生走上教师岗位时从容应付。②

该研究者明显觉察到了 2012 年前后教育技术的变化,应该这样说,是科技的日新月异带动了教育技术的这种变化,而 2012 年之后最大的变化就是新媒体的出现及普遍应用。那何为新媒体呢?有研究者综合了多种定义之后如此界定:

> (新媒体)是以网络技术、数字技术、移动通讯技术为技术支撑,以无线或者有线网络为传输途径,向用户提供数字化信息服务,打破了单向传播的技术壁垒,实现信息提供者与用户受众进行双向互动的媒介总和,以其数字化信息服务、互动性数据传输、高技术支撑建构了更为广阔的信息交流空间。③

---

①王菊平:《现代教育技术历次定义的解读与思考》,《中国教育技术协会 2004 年年会论文集》,2004 年 11 月 1 日。
②黄威荣、许麒麟:《基于"新能力标准体系"的师范生〈现代教育技术〉课程改革研究——以贵州师范大学本科公共课〈现代教育技术〉为例》,《高教学刊》,2017 年第 6 期。
③孙艺瑄:《新媒体时代高校现代教育技术公共课内容设计——技术促进教师专业发展的视角》,山东师范大学 2016 年硕士学位论文,第 15 页。

上引定义中突出了新媒体的特点——双向性与互动性，这两个特点是民众对新媒体较为普遍的认识。可亦有敏锐的学者发现，双向性与互动性并不是新媒体的必要要素，经过研究重新给出了定义：

> 新媒体是利用数字和现代通信技术，使信息传播可突破时间和空间的限制，同时使信息的发布者、传播者、接受者这三种角色不能再被严格区分的信息传播方式。①

既然新媒体关注的不是双向与互动，那么应用到教育领域的新媒体技术也不会改变传统教学中的师生单项关系——永远是老师教，学生学。这一点研究教育技术的人员要特别注意，改变的只是手段，只是方式，而实质性的关注永远无法改变。所以，有学者在深入探究了新媒体中流媒体技术、虚拟现实技术、Web2.0技术在教育领域应用之后，得出了技术只是教育的辅助，只起到促进教学、促进学习的结论，实乃高明之见。②

当世界处于科学技术急剧变化的时代时，教育毫不例外地被卷入其中，我们真正关注的是教育技术究竟会发展到什么程度，会不会改变教育的实质。我们曾经接受了电视教育、幻灯片教学、多媒体教学等，引起了广泛的争论，担心教育会因此而发生实质性的变化，功能会丧失，目的不再明确。但时至今日，课堂教学仍然占据着教学的主要地位，教与学的形式、教师与学生的关系仍然没有改变。虽然如此，我们的担心仍然存在。教育技术专家对今后的教学模式给出了这样的预测：

> 目前，全世界教育信息化发展趋势之一就是BYOD（自带设备），这在世界上著名的《地平线报告》2014年版中已经强调指出，学生和教师自带设备

---

① 李兴衡：《新媒体的定义及传播形式研究》，《新媒体研究》，2016年第13期。
② 李思维：《新媒体技术在现代教育中的应用》，《现代远距离教育》，2012年第6期。

学习是一个社会发展的历史趋势,这是人类社会进入移动化的全球发展趋势的一个部分。任何人只要留心一下自己的身边,就可以看到今天的一个新常态:从儿童到成人大都拥有自己的手机,中国已经进入了移动终端普及的时代。①

黎加厚教授更进一步指出了BYOD对于教育的改变,而这种改变是深层的,具有革命性。

> 目前,全国的实验学校最盛行的做法就是"翻转课堂",微课程,以学生为中心的教学改革,协作学习,参与式学习等,这些新型的教学方式让每个学生充分利用手中的终端,自主学习和小组协作学习,教师角色从过去的知识灌输到现在的辅导学生深入理解消化知识,个性教学。总之,改变课堂教学方式,重塑教师角色,追求深度教学,应该是BYOD的核心问题。②

我们可以将黎加厚教授的预测看作教育技术发展的一个方向,手机会作为学生的学习设备进入课堂,而教师也会使用手机进行教学,教学因此会发生重大变化,而其中最主要的变化是:教师角色的改变与教学方式的改变,不过黎教授并没有给出改变后的教师角色定位与新的教学方式。

在研究者的视野中,教育技术的另一变化是作为受众的学生。在传统教学中,学习一定是刻苦的,被称作"十年寒窗"。当教育技术进入了课堂教学,就改变了学生的形象,更改变了学习的性质,出现了"悦趣化学习",而认为这一改变的依据则是美国的《地平线报告》。

2011年的报告中,从学生学习的角度提出了一种新的学习方法——悦趣化学习(Game-based Learning),并指出了教育和游戏整合的两个方向:一

---

①②黎加厚:《改变课堂教学方式,才是BYOD的核心》,《文汇报》,2015年2月6日。

是支持学生的游戏行为，让学生在游戏中担任不同的角色以增强决策、创新和解决问题的能力；二是将游戏与特定的课程内容相整合，让学生以一种全新的视角对待学习材料，从而以一种更为复杂和细致的方式参与课程内容的学习。作为一种新兴的学习方式，悦趣化学习在培养学生协作能力、问题解决能力和程序思维等方面有着巨大的潜力。因此，悦趣化学习作为游戏的价值性和教育的主观性、自为性结合的结果，应当在教学策略和学习策略的平衡关系中形成、发挥和提升。①

### （三）对现代教育技术的反思

至此，我们会发现对于现代教育技术，更多是积极的接纳与倡导，而缺少的恰恰是反思。如黎加厚教授对于移动终端——手机进入课堂教学的倡导，至今未见有相左的意见；而对于依据《地平线报告》得出的悦趣化学习，亦未见否定的观点。当然，这样的态度可以说是我们对新事物、新技术拥抱的良好态度，但是态度良好并不意味我们所接纳的技术是真正有利的，也不能就此肯定其真正有益于教学。

其一，从电视教学、幻灯片教学一直到多媒体教学，必须得承认，科学技术不可避免地进入到课堂教学领域，并担任了重要的、不可或缺的角色，而这种技术一经采用便无法摒弃，会随着科学的进步而更新。但同时我们还必须清醒地认识到，教育技术的应用并非利刃神器，不会带来教育领域的革命性变化，其或许仅仅是手段上的革新而已。

如上文中谈到的移动终端（手机）进入课堂，会成为未来教学的方向。有这样一则新闻：

据《英国电讯报》2015 年 9 月 13 日报道，英国教育部的汤姆·本纳特

---

① 牟智佳、张文兰：《新媒体技术在教育中的应用趋势研究——对历年〈地平线报告〉的元分析》，《电化教育研究》，2012 年第 5 期。

(Tom Bennett)表示,近期英国政府会出台相关政策,禁止学生将智能手机和平板电脑带入课堂,导致注意力分散的现象。[1]

而这样的规定在中国的中小学以及大学中司空见惯,都是基于手机会分散学生的注意力,收不到学习效果而作出的。也有大学教师充分认识到了这一问题,在研究中只强调移动终端是教学的有力补充,而不可能替代传统教学模式。

从教育效果来讲,最有效率的教学方式依然是师生面对面教学,课堂内师问生答、师讲生问、生讲师评、生问生答等师生互动教学形式。但是由于工学矛盾,以及教育资源配置不均,学生分布分散等问题,学习者有时候难以在指定时间到达指定地点进行教学活动。现今的技术已经成功构建了"多终端视、音频同步互动"教学平台,相比传统课堂教学在空间和时间上的局限性,通过移动智能终端接入网络,学生可以从任意地方参与到课堂当中,教育者和学习者可以在合适的时间和舒适的环境中进行学习,跨越空间限制达到课堂互动教学的效果。[2]

究竟移动终端能否以新技术的代表代替传统教学,我们还不能妄下结论,只能随着时代的前进,拭目以待。

其二,关于悦趣化学习的进一步探讨。在当今中国的教育理论中,最值得注意的应该是悦趣化学习或者悦趣化教育,这是一种来自于欧美国家的学习理论,主要是以游戏或游戏软件为学习模式,所以也被称为游戏学习或游戏教育。这一学习模式否真正适用于学校教育,还在热烈的讨论中。

陕西师范大学的张文兰和牟智佳教授撰写了关于悦趣化学习的热点分析,并在分析中深入探究了悦趣化学习的适用性,其中不乏忧虑:

---

[1] 仝玉婷编译:《英国拟禁止手机和平板电脑进入课堂》,《世界教育信息》,2015年第20期。
[2] 乔军、吴瑞华、熊才平:《智能移动终端的教学应用及前景分析》,《现代远距离教学》,2013年第2期。

  在教育技术领域内,讨论数字化游戏在学习中的应用正逐渐成为一个研究热点。实证研究表明,游戏能够作为一种有效的工具来提高学生学习的参与度以及问题解决能力,尤其是在改善学生情感和动机方面有着明显的效果。然而,并不是所有的游戏都能促进学习者的学习。计算机游戏在学习中的应用往往存在着争议,并且评价工具和方法也没有统一的标准。有关教育游戏的文献综述表明,当前没有实证研究来证明游戏是所有情境中较好的教学方式,相反,电子游戏在教学中的应用效果取决于课程自身的特点以及如何将游戏融入课程中。①

  请注意引文中的这两句话:并不是所有的游戏都能促进学习者的学习;当前没有实证研究来证明游戏是所有情境中较好的教学方式。这才是对悦趣化学习最中肯的评价。任何一种学习方法或者学习模式,第一要务一定是促进学习,追求的就是学习效率,而这恰恰是悦趣化学习所没有的。这样来说,以悦趣替代实行了几千年的传统教学模式还是有点困难。悦趣化学习的中心要素是游戏,而游戏是无法代替知识积累的,只有知识积累才可能完成思想的飞跃,而这两点也是游戏无法做到的。所以,引文中"当前没有实证研究来证明游戏是所有情境中较好的教学方式"中的"较好"一词,还是较为委婉的表达,其中隐藏的含义是什么不言而喻。所以,游戏是否是一种教学方式,有待商榷。

  紧接着,文章探讨了悦趣化学习所面临的问题——"教师角色转变":

  在将游戏应用到教学时,缺乏经验的老师在实践中往往存在着抵触情绪,在应用的过程中会感到无所适从,从这一层面上看,在试验中给予教师一定的支持会促进游戏在教育中的应用……然而,尽管这些教师有着一致

---

① 张文兰、牟智佳:《悦趣化学习的研究现状与热点分析——基于国内外期刊数据库论文的分析》,《现代教育技术》,2011年第6期。

肯定的意见,很少老师决定在自己的课堂中应用游戏进行教学。对教师而言,将一款特定的游戏与课程中的一些内容联系起来是比较困难的。①

凡是新理念、新技术在教育中得到倡导并流行时,最惹人注目的就是"教师角色转变",那如何转变呢?无非就是教与学的颠倒,颠倒之后学生成为学校的中心,代替了教师教的角色。不过还好,这仅仅是理念,因为没有人看到"教师角色转变"的真正出现。笔者的这一看法绝非意气用事,因为已经有研究者觉察到了这一问题。

  教学游戏的设计除了需要教师掌握学科规律与游戏的设计理念,能够将其很好地进行融合之外,对教师的时间也是一个挑战。教学游戏的开展需要教师花费大量的时间进行设计、组织并在游戏过程中观察记录学生的表现,提供支持与反馈。此外,数字化游戏对教师的计算机能力是一项考验,游戏活动的组织则对参与人员、场地、道具等都有一定的要求。游戏化学习需要一些特定的程序和规则,所以组织起来较传统的课堂讲授困难得多。②

这样看来,教师就不仅仅是专业知识的行家里手,还需要制作游戏,会组织学生玩游戏,还需要通过游戏进行课堂教学、教学评价。这样的任务教师是否可以完成呢?如果教师可以完成,那么如何在游戏中体现教师在专业课程中的学术发现及创造呢?大学课堂中最讲究的就是教师的学术创见,而这一创见有可能体现在备课前、备课中,最可能是体现在当下的授课中。那么如何在游戏中体现呢?显然,这一切只能以"不可能"回答。游戏化教学的泡沫显而易见。

---

① 张文兰、牟智佳:《悦趣化学习的研究现状与热点分析——基于国内外期刊数据库论文的分析》,《现代教育技术》,2011年第6期。
② 张金磊、张宝辉:《游戏化学习理念在翻转课堂教学中的应用研究》,《远程教育杂志》,2013年第1期。

### 三、培训与练习

大学教师在入职前必须要经过长时间的培训方可走上讲台，在以后的教学生涯中，还得不间断地练习，才可以站稳讲台，成为一名优秀的大学教师。一名优秀的大学教师不是由职称或者学历决定的，而是学习、历练的结果。至于是否合格或者优秀，其评价权在学生的口碑中，在同行、社会的美誉度里。

每所大学在教师入职伊始，都会组织培训，培训包含的内容非常多，有教育学、心理学、教学纪律、职业道德培养等，有的学校还会根据情况设置时事政治和校本内容等。无论内容如何变化，其目的都非常明确，就是通过培训使得受训人员知道，如何才能发展成为一名合格的大学教师。所以，入职培训仅仅只是开始，如何当好大学老师，是需要用一生揣摩、思量的事情。

#### （一）入职培训的意义

大学教师是一种职业，需要特定人员通过知识与技能完成相关工作，其中会涉及付出与薪酬。既然有了职业分类，那么必须通过培训使之知晓职业的性质与特点，并能尽快进入工作状态，成为合格的工作人员，这就是培训的意义所在。长江大学人事部门就入职培训有专门的规定与策划。

> 根据学校发展对高校教师素质的基本要求，提出了新教师岗前培训的目标，就是要通过一年的岗前培训，使新教师懂得高等教育的基本理论，了解高等教育的基本规律，知道高校教师的基本行为规范，掌握高校教育教学的基本技能，具有高尚的师德，严谨的治学态度，创新的科学精神，较高的外语水平，能理论联系实际，开展教学和科学研究工作。[1]

长江大学的岗前培训是一般性要求，是依据国家教育部的规定而作出的，具有一定的普遍意义。要求主要集中于两个层面：一是要了解自己的工作性质及工作场所，也就是了解高等教育，了解高等教育的办学与教育规律；二是了解自己，

---

[1] 高迎斌：《新教师岗前培训：长江大学的实践与探索》，《当代教育论坛》，2007年第9期。

即自己所从事的是一个什么样的职业,应该具备怎样的素质与技能。相较而言,中央民族大学的岗前培训就增加了不同的内容。

> 中央民族大学少数民族教师多,各民族的风俗习惯、文化背景都不尽相同,因而我们在培训中增加了民族理论、民族问题等内容的讲座,以便于各民族教师之间能相互理解、互相帮助、友好相处,搞好团结、共同进步。教学中我们强调每个民族都是中华民族的一员,不分大小,一律平等;不利于民族团结的话不讲,不利于民族团结的事不做。①

显然,在国家规定与一般性的培训内容之外,中央民族大学的入职培训要比长江大学的更具有倾向性,民族团结是其培训的重要内容,可见培训是为大学服务的,所以培训内容由所在的大学决定。

(二)大学教师入职培训的文化意义

如果将大学教师仅看作是一职业,那就有点低估了大学存在的意义。曾任香港中文大学校长的金耀基写过一部《大学之理念》,其中谈到了"什么才是一真正大学?"他谈到了专精与通博、教学与研究、学术的独立自由、知识与德性、书院的文化生活于品性之培养、象牙塔与服务站,而其中最为重要的当是学术的独立自由。

> 的的确确,学术的独立与自由应该是大学的"最高的原则",只有在这个原则的坚持与维护下,大学才能致力于真理的探索,才能在辩难析理的过程中将错误、独断的假知识减至最低程度,而有可能一砖一石的建立起"知识的金庙"来。②

真正的"学术独立"指的是什么呢?对于入职培训的大学教师来讲,金耀基的

---

① 邬惠娟、罗树新:《中央民族大学青年教师岗前培训初探》,《民族教育研究》,2000年第2期。
② 金耀基:《大学之理念》,生活·读书·新知三联书店2001年版,第14页。

论述略显哲理化,会被听成一种原则性的、空洞的教育。有研究者如此表述:

> 学术独立,从消极的方面讲,就是主张学术不依附于宗教、政治、金钱等学术之外的东西,不受它们的随意干扰和束缚;从积极的方面讲,则是肯定学术本身具有内在的价值,保持学术自由和大学自治。①

这样的表述则更为通俗一些。大学需要的就是学术自由与学术独立,那么对于大学的主体——教师而言,其最主要的品质应如此,积极追求而且耐心保持。这既是大学本身的要求,也是教师职业的内在要求,正如张翼星教授所言:"不论是治学或做人,在要求'勤奋,严谨,求实,创新',严于律己,宽于包容的同时,最重要的,就是独立思考和独立研究的精神品格。一个真正的学者,或者一个有学者风度的大学教师,就当坚持这种学术的尊严和学者的品格。"②这里所讲的独立,并不只是个体意义上的思考与研究,而是领域意义上的。也唯有如此,大学、大学教师才可谈得上传承文化与发展知识。这才是大学教师入职培训的重点所在。

(三)教育学

大学教师入职培训首要的内容就是教育学课程,此处的教育学当为高等教育学。高等教育学是以高等教学为研究对象的一门学科,其重点在于研究高等教育的特殊性。

> 高等教育是培养高级专门人才的教育。高等教育同普通教育,都具有教育的基本属性。教育学所论述的基本原理和原则,如教育的本质、德育、智育、体育、美育的基本原则,基本上是一致的。但是,这些原理、原则在各

---

① 谢广宽:《冯友兰视域中的大学与学术独立》,《读书》,2011年第1期。同样的观点,亦可参阅谢广宽:《为"学术独立"而"办现在中国的大学"——冯友兰高等教育思想研究》,《清华大学教育研究》,2011年第1期。
② 张翼星:《大学教师的天职》,《现代大学教育》,2013年第3期。

级各类学校的体现与运用,则很不相同。高等教育还有许多特殊问题,是普通教育所没有的。①

通行的高等教育学专著,一般包括高等教育自身的特点与性质、大学生与大学教师、教学活动的组织及大学的管理等内容,尤其是其中大学生的身心状况以及如何组织教学,应作为大学教师必须了解的内容、掌握的技巧。如了解了大学生身心发育的情况,就不再像对待中小学生那样,而是采取相对比较平等的姿态进行对话,在适当的时候可以进行批评。再如对于专业学科的认识,学习高等教育学之后就会更加明了何为专业,何为学科,以及与课程之间的关系。当然,对专业、学科、课程的特点与联系的真正认识会在走上讲台多年之后才能产生,但是岗前入职培训中的理论学习,对于多年之后认识的形成会起到理论铺垫的作用。又如校本的培训,可以了解本校建校的时间、背景以及历史渊源、发展的脉络,大师级的教师以及在全国乃至世界学术界的地位及贡献,这些都有助于新任教师产生自豪感,并由此喜欢上该项工作,把职业当作事业倾心经营。

当然,入职培训并不能解决大学教师的所有问题。一是岗前培训只是个开始,很多问题只能在实践中解决;二是培训自身的限制。如有研究者发现"这个岗前培训的课程体系仅从课程的名称来看,我们就能感受到培训课程的学科气息浓厚。再看每一门课程,基本是一个相对完备的体系……不能说这些知识与高校教师任职没有关系,但对于入职期教师,如许体系化、理论化、学科化知识的集中灌输,是否是真正最急需最紧要进行的事务?"②因此,我认为目前的培训侧重于管理而非教学,侧重于共性而非教师个体能力的培养。

(四)心理学

心理学是大学教师入职培训的必修课程。经过系统的学习,我们会了解心理

---

① 潘懋元主编:《高等教育学》(上),人民教育出版社、福建教育出版社1984年版,第2页。
② 赵惠君:《"校园内的公共服务":高校教师岗前培训改革与发展研究》,湖南师范大学,2011年博士论文,第146~147页。

学的知识以及性质、特点,对于走上讲堂,与学生相处,都有莫大的帮助。我们培训的目的其实就是"实用",但是将理论化为实用,则需要长时间的积累与历练,心理学是最明显的例子。

心理学有多个分支,其中大学教师学习的是高等教育心理学。高等教育心理学在三个方面对大学教师的入职有所帮助:一是对于自身的认识及定位;二是对于授课对象的把握以及由此对高等教育规律的认识;三是对于教师的管理者的认识,也有助于自己教学、学术活动的正常开展。高等教育心理学中将教师的角色定位分为三个阶段:角色认知、角色认同、角色信念。这三个阶段是逐步递增、进阶式的,最高阶段就是角色信念,"教师将社会对教师的角色期望与要求转化为个人的心理需要,坚信自己对教师职业的认识是正确的,并视其为自己行动的指南,形成了教师职业特有的自尊心和荣誉感"①。

再就是需要了解心理学在大学教学中的实际作用,这有助于真正提高教学质量,正如一位苏联教育家谈到的那样:

> 另一条件就是对教育心理学诸原则和组织与管理高等学校教育过程的具体方法进行深入地研究。用解决众多问题的个别教学法是不可能从根本上改进教学的重要趋势的。仅仅根据改进教学计划、大纲以及完善对高等学校工作所规定的文件,也是不可能彻底解决这项任务的。只有当注意到教育心理学的观点并以此种观点来研究教育规律和有意识地在培训专家工作的统一制度中运用这些规律时,才能使这些有指导性的教学材料发挥作用并取得良好的效果。②

可见,心理学对于提高教学质量的重要性,重点在于通过心理学来把握教育规律,也可以这样讲,教育规律只有通过心理学才可以真正把握,因为教育的双

---

① 谭顶良主编:《高等教育心理学》,河海大学出版社、南京师范大学出版社2006年版,第10页。
② [苏]T.B.库德里亚夫采夫,刘祝三译:《高等学校教育心理学问题》,《辽宁高等教育研究》,1982年第4期。

方都是人,这是最关键的认识。美国教育家威廉姆·赫曼就大力倡导通过心理学改进大学教育质量。①

(五)职业道德修养

大学教师的职业道德修养,就是作为一名大学教师的职业责任与职业身份约束下的道德准则,也就是通常所讲的"师德"。大学教师的职业道德涵盖较为广泛,有学术道德、自身道德、社会责任等,所以有人将其归纳为"经济人""社会人"和"学术人"。②有的研究者觉得此三种标识不足以解读大学教师,于是又增加了一种——道德人,成为了大学教师的第四种标识。③从正面角度出发,师德有多个层面的理解,如忠诚于人民的教育事业,热爱学生,严于律己、以身作则,勤于进取、精于业务,团结协作、坚持教育工作的一致性。④正面是可以做什么,鼓励做什么;负面是不许做什么,禁止做什么。

大学教师职业道德最关键的就是两条:学术道德与个人道德。学术道德与学术不端相连,个人道德与人际(师生)关系相连,而其中起决定作用的是个人道德。爱德华·希尔斯认为,教师可以与学生有一些非正式的交往(教学之外的交往,包括课堂内、课外的请益),但是这样的交往极有可能带来危险,会干扰教师对学生成绩的评价,也会引起其他学生对师生关系的误解,所以他认为:"在与学生交往的时候,大学教师必须严格避免任何有可能在现有的学生、未来的学生和社会大众面前玷污教师职责和学校声誉的行为。"⑤他认为,大学教师的道德既与普遍意义的教师相同,也有不同:

> 每一名教师都承担着一定的道德责任,无论他是幼儿园教师还是研究

---

① [美]威廉姆·赫曼:《高等教育中优势教学的心理学联系》,《河北大学学报》,1991年第1期。
② 刁彩霞、孙冬梅:《大学教师身份的三重标识》,《现代大学教育》,2011年第5期。
③ 闫建璋、郭赟嘉:《道德人:大学教师身份的伦理旨归》,《高等教育研究》,2013年第11期。
④ 潘懋元主编:《高等教育学》(上),人民教育出版社、福建教育出版社1984年版,第125~128页。
⑤ [美]爱德华·希尔斯:《教师的道与德》,徐弢、李思凡、姚丹译,北京大学出版社2010年版,第43页。

生院的教师。各个层次的教师都不应该欺骗他们的学生,或在身体上或心理上虐待他们的学生,也不应该摧残学生的好奇心、想象力和批判能力;相反,他们应该教育、培养和发展学生的这些能力,并且鼓励学生去迎接和克服他们的困难。这些道德义务来自于师生关系的本质。当我们以大学教师的身份来履行这些责任时,我们是在一所不同于幼儿园、致力于促进和传播知识的教育机构里从事一种非常特殊的教师的工作。①

### (六)计算机能力

我们在前文中用较大篇幅探究了现代教育技术的有关问题,主要是为了廓清大学教师对教育技术的认识。虽然现代教育技术只是传统教学的有力补充,但也必须熟知其发展变化及最新技术的应用,这样才有利于某些教学环节的落实,有助于教学质量的提高。我们无法回避时代的进步,所以我们必须习得进步的技术,这样才不至于在课堂上显得落伍,不至于出现被学生诘责问难的尴尬。

根据之前的论述,我们其实已经明白计算机技术对于大学教师(非计算机相关专业)而言,仅是作为一种操作能力存在,而不是研究或开发能力。我们翻阅潘懋元主编的《高等教育学》会发现,这本编于三十余年前的书,对于计算机、网络与大学教育关系的论述,那么谨慎,但又那么到位,书中的一些预言在今天基本都实现了。②所以我们不得不感慨时代进步的飞速,也不能拒绝新技术在教学上的应用。

大学教师需要掌握的计算机技术主要有以下几项。

其一,网络资源的使用。即:基于计算机与网络,可以自主地查找备课、教学、学术研究的相关资料,如中国知网、国家哲学社会科学学术期刊数据库、中文科技期刊数据库、万方数据知识服务平台,以及一些专业的数据库,如台湾中央研

---

① [美]爱德华·希尔斯:《教师的道与德》,徐弢、李思凡、姚丹译,北京大学出版社2010年版,第86页。
② 潘懋元主编:《高等教育学》(上),人民教育出版社、福建教育出版社1984年版,第329~332页。

究院的线上资料库等。

其二，必须熟练应用 Word 软件。Word 软件是制作 PPT、批改作业、评述论文以及各种现代教育技术的文字处理基础。在使用 Word 软件时，要注意版本的不同，不同的版本其操作完全不一样。目前还有教师喜欢使用 WPS 系统，无论是 Word 还是 WPS，都是个人喜好不同，但必须做到当你去做讲座或者学术会议报告时，各系统间能做到转换。

其三，要学会制作和使用 PPT。就目前来看，单纯的课堂语言讲授已不能适应需要，尤其是在一些语言无法描述的名词、场景上，需要 PPT 甚至视频、动漫的加入，这样才能让学生更直观、更准确地学到知识。如历史教学中的甲骨卜辞，教师可以在黑板上书写，也可以写几十个，甚至上百个，但终究是手写的，如果使用 PPT，播放出甲骨卜辞的图片，学生就会看到真实的甲骨文和甲骨卜辞。

其四，大学教师还应该学会使用一些网络交流工具，如邮件的收发与处理，QQ 的使用、博客等。师生之间的交流，并不限于课堂或面对面的形式，可以通过各种网络工具进行交流，以求及时性与准确性。文字性的交流可以辅助语言交流，但是必须有一定的思想准备，就是使用网络工具处理学术交流，一定会耗费大量的时间和精力，尤其 QQ 群及博客，要定期维护，甚至还会产生一些非业务的费用，这些都是教师必须承担的。

(七)听课与观摩

新入职的大学教师在上讲台之前还必须听课，向老教师学习。当然也可以通过视频学习，但因为视频画面较为固定，现场感不强，还是推荐到真实的课堂中去。

其一，无论是真实的课堂还是视频，必须选择优秀的教师或讲座人。作为一种学习方式，尤其是岗前培训，选择学习对象尤为重要，有可能第一次听课会影响你的一生。一名优秀的大学教师，其教龄一般都在 15 年以上，也就是我们常说的"站稳了讲台"。15 年的历练与经验会在讲课的 45 分钟绽放，这就是听课、观摩要学习的地方。

其二，向高手学什么。在听课中一定要观察，看教师的衣着、教态，以及学生的反应。看教师如何进入教室,如何走上讲台,如何拿出讲义,讲桌上的物品如何摆放,这都是需要观察并默记在心的。然后需要注意的就是如何开讲,特别是第一句开场白,至关重要,说好了,顺畅、有埋伏,那么课就会讲得酣畅淋漓,否则就会适得其反。要注意如何推进教学过程,其间还要注意板书的写法与布局。如果有学生在课堂上不遵守纪律,那么要看教师是如何处理并进行课堂控制的。不一而足,这都是需要学习的地方。请注意,这样的听课零星几次根本达不到效果,只有连续听课才会有明显的效果。

其三,听课除了学习还会得到什么。听课,不是为了挑别人的毛病,而是为了学习,学习之后,就会模仿他或她上课的风格。对于新入职的大学教师而言,选择第一次听课的学习对象之所以重要,就是因为其后会模仿他或她。模仿的不是教学的组织或板书的书写,而是教态,就是教学风格。教学风格较为神秘,是一种只可意会不可言传的状态,与语言、手势,甚至与着装有关,更与读的书,自身的知识、思想有关。

当然,听课之前必须取得授课教师的同意,因为学生听课是一种权利,而教师听课则是另外一种情况,有可能不被允许,因为这涉及教师个人的知识秘密,或者会打扰课堂。已有研究者注意到了这一点。

> 虽然在我们的大学课堂,教师听课是一种司空见惯的形式,但在美国大学教师培训中,这种方法运用并不多,因为美国不管是大学还是中学都不常采用互相"听课"的方式来提高教学水平或加强管理,这也就更加能理解美国大学教师培训项目的"保密原则"了。以上几所院校中,只有瓦伦西社区学院提到了这种培训方法,当然这需要"听课"和"被听课"的教师之间达成一致共识后方能实施。①

---

① 赵惠君:《"校园内的公共服务":高校教师岗前培训改革与发展研究》,湖南师范大学,2011年博士论文,第203页。

**四、读书**

一旦选择了以大学教师作为职业或者倾心终生付出,那么读书是必不可少的,犹如茶饭般的日常之事。师鲁迅曾经讲过这样一段话:

> 这是的确的,实地经验总比看、听,空想确凿。我先前吃过干荔支,罐头荔支,陈年荔支,并且由这些推想过新鲜的好荔支。这回吃过了,和我所猜想的不同,非到广东来吃就永不会知道。但我对于萧的所说,还要加一点骑墙的议论。萧是爱尔兰人,立论也不免有些偏激的。我以为假如从广东乡下找一个没有历练的人,叫他从上海到北京或者什么地方,然后问他观察所得,我恐怕是很有限的,因为他没有练习过观察力。所以要观察,还是要经过思索和读书。①

鲁迅的这番话是针对萧伯纳说的,不过是在萧伯纳访华之前。萧伯约访华是在 1933 年,而演讲是在 1927 年。萧伯纳的原意是,读书远没有实地观察得到的经验多,所以世上最不行的是读书人。鲁迅做了反驳,他认为必须得通过读书,通过思索,然后观察,方可以成就见识。这番话与平常我们所说的"读万卷书,行万里路"②颇为相似。

(一)为什么要读书

鲁迅认为,读书是为了练就观察力。那进一步追问,为何要练就观察力呢?这就是生存或者生活的凭借。人类生活的经验一代代得出,并且通过知识的形式传承下去,读书就是为了获取人类的生活经验,这是读书的最终目的,也是人类知识得以相传的途径所在。经验不都是负面的,也有教人回避负面,积极生活的经验。人为什么要读书?这其实是一个较为困惑的问题,尤其具体到每一个人来说,

---

① 鲁迅:《读书杂谈——七月十六日在广州知用中学讲》,《鲁迅全集》第三卷《而已集》,人民文学出版社 2005 年版,第 462 页。
② (明)董其昌撰:《画禅室随笔》卷二《画诀》,印晓峰点校,华东师范大学出版社 2012 年版,第 61 页。

难以说清,就如鲁迅说的:"我们习惯了,一说起读书,就觉得是高尚的事情,其实这样的读书,和木匠的磨斧头,裁缝的理针线并没有什么分别,并不见得高尚,有时还很苦痛,很可怜。"①在鲁迅的笔下,似乎读书是为了谋生,迫不得已的事,极有可能这就是何以读书的真正原因。但笔者认为,读书的意义主要在以下几个方面。

1. 增长知识

读书的第一原因就是增长知识。增长知识有三大途径:一是向别人请教;二是向书本请益;三是自我反省获得知识或经验。在这三种途径中,最方便、最经济的就是读书了,其实也是向另一种别人请益,不过这种请益不是面对面的交流,而是与古人或今人的一种对话,也就是孔子所说的:"诵诗读书,与古人居。"②所以要想获取知识或者增长知识,读书是较为便捷的途径。

离笔者所居不远的怀远市场有一卖菜男子,常常手捧一本《论语心得》,有空就看。与其攀谈,知晓他读书的目的就是为了和同行不一样。再询问他的同行对他读书的看法,有人回答,是个读书的料,就是入错行了,惋惜之情自然流露。不一样的意思是什么呢?就是比同行知道的多一些,多一些菜品、进菜、卖菜、菜价以外的知识。而这多出的知识会让他与众不同,更多了同行的羡慕、佩服,还有一些尊敬。我还遇到过一位出租车司机,当时电台正在播单田芳的《三国演义》,当他知道我是一位历史教师的时候,就问我评书三国和历史上的三国有什么不一样,好在我坐的是近一个小时的路程,于是就从吕思勉的《三国史话》讲起,详细地进行了讲述。于出租司机而言,这也是一种增长知识的方法。为什么要读《论语心得》《三国史话》呢?这就是增长知识的方式,就是刻意了解自己所不知道的事情。

2. 廓清疑惑

廓清疑惑,是指解决人生历程中的一些迷惑不解的问题,如亲情、失恋、朋友

---

① 鲁迅:《读书杂谈——七月十六日在广州知用中学讲》,《鲁迅全集》第三卷《而已集》,人民文学出版社 2005 年版,第 457 页。
② (宋)王应麟著、(清)翁元圻等注:《困学纪闻》卷八《孟子》,栾保群、田松青、吕宗力校点,上海古籍出版社 2008 年版,第 995 页。

出卖、同事陷害等。当遇到这些类似的人生疑惑时,寻求解决的办法只有两个:一是向他人倾诉,听取意见或解决办法;二是在书本里寻求解决办法,看别人如何处理类似事情。在世俗事务中,第一种办法往往被采用,而在求知过程中遇到了疑惑、不解,则求助于书本的较多。

有一次我上课讲到了蜀汉的后主,有学生提问,为什么念刘禅(shàn),而不念刘禅(chán),一下就把我给问住了。之后我查了书,基本解决了这一问题,并给学生以满意的答复。《三国志》记载:"后主讳禅,字公嗣,先主子也。"①根据古代中国人起名的惯例,名与字同义相近的原则,如诸葛亮,字孔明,那么禅与公嗣同义,有禅让嗣立的意思。那么同时代的人是如何读的呢?谯周认为:"先主讳备,其训具也,后主讳禅,其训授也,如言刘已具矣,当授与人也。"②当然,这只是字义上的解释,读音还未考虑。王力曾经考证过佛教用语输入汉语词汇中的情况,认为"禅"就是其中一个,等于"禅那",静虑。③由此可知,禅如作佛教传入词讲,那就念作 chán,但却是佛教传入之后的事了。东汉末年,佛教传入中土时间并不长,史书未见刘备信仰佛教的记载,所以刘禅之禅,当作 shàn 读,亦作 shàn 解。

类似的问题在大学历史课堂中当在不少,如先秦时期的曾子该如何读?这都需要专门的知识去解答,所以韩愈认为教师的职责就是解惑,但如果在求教老师不方便抑或教师亦不知的情况下,向书本问道是合适的。

3.加深见识

培根认为:

> 读书之用有三:一为怡神旷心,二为增趣添雅,三为长才益智。怡神旷心最见于蛰伏幽居,增趣添雅最见于高谈雄辩,而长才益智则最见于处事辨理。虽说有经验者能就一事一理进行处置或分辨,但若要通观全局并运

---

① (晋)陈寿:《三国志》卷三十三《后主传第三》,中华书局1959年版,第893页。
② (晋)陈寿:《三国志》卷四十二《杜琼传》,中华书局1959年版,第1022页。
③ 王力:《汉语史稿》,中华书局2004年版,第519页。

筹帷幄,则还是博览群书者最能胜任。①

显然第一用是读书对于生活状态、心境的改变,也就是读书的"物用"功能。后两用说的是读书对于读书人知识、见识方面的增长,这样才可能增添雅趣,才会处理事情。加深见识,最主要在于对事情的把握,对事情的来龙去脉及其中的细节、预示要有充分的认识,再就是对人或事性质的认定,或进行价值判断。而见识的加深,如培根所言,必须博览群书。那么读哪一类的书可以使见识加深呢?主要是两类,一是哲学书,二是历史书。黑格尔认为:

> 首先必须指出的,即一个民族的精神文明必须达到某种阶段,一般地才会有哲学。亚里士多德曾说过:"首先要生活上的需要得到了满足,人们才开始有哲学思想。"因为哲学既是自由的与私人利益无关的工作,所以首先必俟欲求的逼迫消散了,精神的壮健、提高和坚定出现了,欲望驱走了,意识也高度地前进了,我们才能思维那些普遍性的对象。②

可见哲学的高度,也是一切科学、学问的开始与总和,具有普遍的指导意义。叶秀山认为哲学可以讲是非、讲深浅,③所以,学哲学,读哲学书,可以训练思维能力,训练如何思考,这才是哲学最根本的目的。我们知道了哲学的重要性,就可以选取一些哲学书籍阅读,如苏格拉底、柏拉图、亚里士多德以及黑格尔、康德等,当然,开始入门的时候,直接读哲学经典有点困难,可以先读一些讲评哲学的书,如李泽厚的《批判哲学的批判》、如冯友兰的《中国哲学简史》,以及"贞元六书"等。

(二)书的分类

这里关于书的分类,不是中国图书馆里使用的图书分类法,而是基于普通读

---

① [英]培根:《培根随笔集》,曹明伦译,北京燕山出版社2000年版,第197页。
② [德]黑格尔:《哲学史讲演录》(第一卷),贺麟、王太庆等译,商务印书馆2014年版,第60页。
③ 叶秀山:《哲学要义》,世界图书出版公司2006年版,第25页。

者需要的一种阅读分类。香港科技大学丁学良教授将读书分为三种：一是专业的阅读、实用的阅读；二是为了好奇心、为了情感的阅读；三是为了寻求意义和寻求榜样的阅读。①就大学教师而言，其眼中的书籍可以分为两类，一种是消遣类，另外一种则是学术专著类。

1.消遣类的书

有这样一则报道是如此说明何为消遣的，只不过是以英国人为例的：

> 根据英国出版家协会出版的"1989年书业年鉴"的统计数字，英国人把读书作为消遣的人数正在逐年增加……
>
> 以读书作为消遣的英国男人和妇女所读的书的种类是不同的。总的来说，他们看小说多过看小说以外的刊物……英国妇女最喜爱看的是爱情故事、历险记、天下奇谈之类的带有浪漫色彩的小说。被采访的英国妇女之中，有一半以上在被采访的那个时刻正在读的书就是这种带着浪漫色彩的小说、犯罪小说或是十九世纪末廿世纪初的近代资产阶级文学著作。英国男人所阅读的小说，主要是描写犯罪的小说。但是他们所读的犯罪小说的种类是五花八门的，其种类大大地超过妇女们所读的犯罪小说的种类。②

这是一条26年前英国的材料，但是可以说明什么样的书是消遣类的。辽宁师范大学有一份关于大学生读书情况的调查问卷，其中关于消遣类的有：

> 在问卷调查及个别访谈中，当被问及是否看社会上流行的武侠小说、卡通书、都市言情、科幻等通俗读物时，23.15%以上的大学生（主要是本科

---

① 丁学良：《读书的六种目的取向》，《中华读书报》，2007年5月19日。
② [英]迪博拉·沙尔斯基著、王志和译，《喜爱读书消遣的英国人逐年增加》，《图书馆论坛》，1991年第4期。

生)表示对此情有独钟,更有甚者,在复习考研、生病期间也对这类图书爱不释手。①

由此可见,我们还必须要承认消遣类图书在阅读中的必需地位,读书不能永远选择有思想、有内涵、有深度的书,即使是小说,也不能总是《卡拉马佐夫兄弟》一类的,还需要选择一些通俗类的小说调节阅读,有时候连著名学者也是如此。

我只有一次见到他苦学。那是在牛津,论文预试得考"版本和校勘"那一门课,要能辨认十五世纪以来的手稿。他毫无兴趣,因此每天读一本侦探小说"休养脑筋","休养"得睡梦中手舞脚踢,不知是捉拿凶手,还是自己做了凶手和警察打架。②

其实有时候消遣类的文学会起到别的思想深刻的书籍无法起到的效果,等到了这个程度,消遣类的图书也就变成了思想深刻的作品。值得一提的是寓言故事,如《伊索寓言》《阿凡提》等,小文章大智慧,发人深省,启迪人生。在中国有这样两本书《水浒传》和《三国演义》,刘再复一语道破天机:

《水浒传》、《三国演义》大约产生于明代永乐之后、嘉靖之前,即公元1522年前后。500年来,危害中国世道人心最大最广泛的文学作品,就是这两部经典。可怕的是,不仅过去,而且现在仍然在影响和破坏中国的人心并化作中国人的潜意识继续塑造着中国的民族性格。现在不乏见"三国中人"和"水浒中人",即到处是具有三国文化心理和水浒文化心理的人。可以说,这两部小说,正是中国人的地狱之门。③

---

① 王维:《基于调查问卷的大学生读书现状调查分析》,《辽宁师范大学学报(自然科学版)》,2009年第2期。
② 杨绛:《记钱钟书与〈围城〉》,载《围城·附录》,人民出版社1991年第2版,第356页。
③ 刘再复著、沈志佳编:《文学十八题》,中信出版社2011年版,第183页。

刘再复进一步明确他的观点：

> 自从《水浒传》、《三国演义》诞生后,我们中国的统治表面上看好像是属于帝王将相在统治,是总统元首在统治。其实不是。因为这些帝王将相总统元首,又被这两本书所统治,所以真正在统治中国人心的,是这两部书。①

对于大学教师而言,消遣类的书籍也是必需的,可以作为学术研读的调节与补充。另外,刘再复所说的《水浒传》《三国演义》,其实还不完全,应该还有《西游记》《红楼梦》,这几本书在官方与学界的大力举荐下,一同成为了"统治"中国人心的书。

2.学术专著

这类书对于大学教师而言应是常置案头之书。此类书籍可以分为三类:一类是原典,就是经年累月沉淀下的精华,被大家共同认可、认同的作者和作品,如中国的《论语》《史记》《资治通鉴》等,李白的诗、韩愈的文章等,莎士比亚的喜剧、但丁的诗等。第二类是距今 100 年左右,世界各地出现了较多的文化名人与文化作品。中国有王国维、梁启超、胡适、陈寅恪等人,欧洲有《鲁滨孙漂流记》《十日谈》《老人与海》等。第三类就是今人的作品。今人的学术专著较为新鲜,但是大多有一弱点,就是没有经过沉淀,所以无法断定是否可以真正传承。

对于学术专著的阅读,其最明显的特点就是反复阅读,常置案头,尤其对于经典的阅读更是如此。《论语》流传了两千多年,在流传的过程中被多少人读过、注解过、宣讲过,当然也篡改过,有记录的注解《论语》的就有 3000 种之多②,这就是对经典反复阅读、反复咀嚼的典型。《论语》传承和注解的过程,其实就是中国

---

① 刘再复著、沈志佳编:《文学十八题》,中信出版社 2011 年版,第 186 页。
② 杨伯峻译注:《论语译注·例言》,中华书局 1980 年第 2 版,第 37 页。

文化经典的典型模式。现代著名学者刘梦溪将阅读经典与民族文化传承、个人素养习得联系起来叙述,很值得一读。

> 至于今天为什么还要读中国的这些经典?我想主要是为了文化传承的需要。如果你不想完全抛弃自己的民族文化传统,那么阅读代表自己文化传统的典范性文本,是承继传统的一种必要的方式,其意义又不止于此。就个人的修养而言,阅读经典文本是使阅读者经历一番文化濡化的过程,它可以改变人的气质,受传统文化资源熏陶得比较多的人和受熏陶比较少的人,其气质风度是截然不同的。①

### (三)怎样读书

怎样读书,说的是读书的方法。读书一定要讲究方式方法。俞大维在一篇回忆文章里谈到了陈寅恪读书和治学的方法。

> 寅恪先生由他念书起,到他第一次由德、法留学回国止,在这段时间内,他除研究一般的欧洲文字以外,关于国学方面,他常说:"读书须先识字。"②

读书须先识字,就是陈寅恪的读书方法。季羡林在整理了陈寅恪的学习笔记之后大加感慨,深深佩服其师治学之深。这些读书笔记里最多的就是文字类的,如藏文、蒙古文、突厥回鹘文、吐火罗文、西夏文、满文、朝鲜文、佉卢文、梵文、巴利文、印地文、俄文、伊朗文、东土耳其文等③,同时也印证了俞大维的说法,陈氏读书方法就是须先识字。

---

① 刘梦溪:《今天为什么还要阅读经典》,《中国大学教学》,2004年第3期。
② 俞大维:《怀念陈寅恪先生》,载钱文忠编《陈寅恪印象》,学林出版社1997年版,第8~9页。
③ 季羡林:《从学习笔记本看陈寅恪先生的治学范围和途径》,载钱文忠编《陈寅恪印象》,学林出版社1997年版,第25~26页。

1.读书的态度

读书要做到认真二字。在读书的时候,要看清作者、出版社、出版年代以及版次。要逐字、逐句,不能跳行;要头脑清醒,平心静气,不能浮躁;也不能总想着别的事情,或者边看书边听音乐、看电视。同时,我们还要杜绝装模作样地读书,就是不能矫作。宋代士人在读书之时,一定要焚香,弹琴,还要啜茶,以增添雅趣。①但是,对于真正读书的人来讲,读书就是读书,没有其他的掺杂,也与雅趣无涉。

2.读书要有选择

读书应该有选择么?仁者见仁。胡适说过:"什么书都要读,就是博。古人说:'开卷有益',我也主张这个意思,所以说读书第一要精,第二要博。"②胡适是站在已经读了很多年书,且有一定的文化积累的高度上说的这番话,此法对于一般人并不适合。从事史学研究的大学教师,读书一定要有选择。要选择有一定文史类出版经验的出版社,如中华书局、三联书店、商务印书馆、上海古籍出版社、岳麓书社、黄山书社等,尤其是古籍类图书更应该选择以上的出版社。还应该选择名家名作,如傅斯年的《夷夏东西说》、黄仁宇的《万历十五年》、李学勤的《东周与秦代文明》等。读书的目的就是为了获取知识,炼就思想,所以要尽量选择高质量的书来读。

3.读书要循序渐进

读书不可能一蹴而就,也不能拖沓懒散。南宋大儒朱熹曾论读书之要:

> 以二书言之,则先《论》而后《孟》,通一书,而后及一书;以一书言之,则其篇文句、首尾次第,亦各有序而不可乱也。量力所至,约其课程而谨守之。字求其训,句索其旨,未得乎前,则不敢求其后;未通乎此,则不敢志乎彼。如是循序而渐进焉,则意定理明,而无疏易凌躐之患矣。是不惟读书之法,

---

① 扬之水:《古诗文名物新证》,紫禁城出版社2004年版,第390页。
② 胡适:《读史》,载其著《中国文化的反省》,华东师范大学出版社2013年版,第56~57页。

是乃操心之要,尤始学者之不可不知也。①

朱熹认为读书要讲究先后,不仅仅是简单的次序问题,其包含三层意思。

第一,从一本书到另外一本书的递进。如只有读完《论语》,才可以读《孟子》,这就是读书的规矩。其中包含着学习层次的递进,或者是基础的奠基。也可以这样理解,只有读了《论语》,再读《孟子》相对而言就较为容易了。《三字经》中说"经既明,方读子"②也是这个意思,就是经书读完了,才可以读子部的书。

第二,循序渐进。是说书要一本一本地读,不能同时读好几种、好几类、好几本书,而是读完一本,再读一本,这样才可能精读、熟读、读熟。书只有一本一本地熟读,方可以显出读书的意义。

第三,由易到难。这不仅指在知识获取、层次递进上的难易,更指就一本书而言,反复阅读、精益求精之后,从概略意思、章句大意到训诂字义,再考证版本、校勘版本等,这就是由易到难的过程。

4.读书要做笔记

杨绛曾谈到过钱钟书先生做笔记的事情:

> 许多人说,钱钟书记忆力特强,过目不忘。他本人却并不以为自己有那么"神"。他只是好读书,肯下功夫,不仅读,还做笔记;不仅读一遍两遍,还会读三遍四遍,笔记上不断地添补。所以他读的书很多,也不易遗忘。
>
> ……………
>
> 做笔记很费时间。钟书做一遍笔记的时间,约莫是读这本书的一倍。他说,一本书,第二遍再读,总会发现读第一遍时会有很多疏忽。最精彩的句子,要读几遍之后才发现。③

---

① (宋)朱熹:《读书之要》,《晦庵先生朱文公文集》(卷七十四),载《朱子全书》,上海古籍出版社、安徽教育出版社 2002 年版,第 3583 页。
② 《三字经》,北岳文艺出版社 1996 年版,第 11 页。
③ 杨绛:《钱钟书是怎样做读书笔记的》,《出版参考》,2005 年第 26 期。

这说的不只是读书的方法,更是做学问的门径,可见做笔记的重要性。曾国藩对此有过高论:

> 尔治经之时,无论看注疏,看宋传,总宜虚心求之。其惬意者,则以朱笔识出;其怀疑者,则以另册写一小条,或多为辨论,或仅著数字,将来疑者渐晰,又记于此条之下,久久渐成卷帙,则自然日进。高邮王怀祖先生父子,经学为本朝之冠,皆自札记得来。①

只读书,不做笔记,没有笔墨的帮助,读书的效果就不会显现。

第一,读书的过程,其实就是分辨知识的过程。书中的内容,有一些精解之见,也有一些妄论。我们读书的过程就是将真正的知识与高明的见解分辨、剥离出来,这其实就是读书的目的所在,也是读书的最终结果。书读得多了,见解积累得多了,才会积淀成自己的知识、见识,才会有思想的精进。

第二,杨绛说钱钟书做笔记,其实是说记忆力与做笔记之间的关系。钱钟书及杨绛都认为,记忆力再好也比不过做笔记。而曾国藩将做笔记看作做学问的基本,读书有了疑问,记忆力靠不住,只好用笔记的形式记录下来,再有想法再记,日积月累,就积累出了自己的看法,而这样的看法是层次递进的,形成了体系。

5.读书一定要切磋

此处所讨论的读书是为了获取知识,提高见识,但是仅仅靠死读书达不到这样的效果。读书要切磋,就是要与他人论辩,论辩是为了验证自己的知识,开阔自己的思维,发展自己思考问题的能力。王阳明有过这样的论述:

> 盖学之不能以无疑,则有问,问即学也,即行也。又不能无疑,则有思,思即学也,即行也。又不能无疑,则有辨,辨即学也,即行也。辨即明矣,思既

---

① (清)曾国藩:《曾国藩家训》,王澧华、向志柱注释,岳麓书社1999年版,第11页。

慎矣,问既审也,学既能矣,又从而不息其功焉,斯之谓笃行。非谓学问思辨之后,而始措之于行也。①

王阳明将"辨"归于与"学、问、思"一类的"知",之后就是"行"了,他讲的是知行。但对于大学教师而言,学问当在切磋之中才能见出真假,才能辨出高低,这样才能认识到自己的不足,才会查缺补漏,弥补自己。北宋思想家张载说过:

> 义理有疑,则濯去旧见以来新意。心中苟有所开,即便劄记,不思则还塞之矣。更须得朋友之助。日间朋友论着,则一日间意思差别,须日日如此讲论,久则自觉进也。②

所以从某种角度讲,当有了一定的知识积累、思想基础的时候,想要精进,或者只有一个方法,那就是切磋,与高手大家论说,不自觉中便会有所进步。

---

① 于民雄注、顾久译,《传习录全译》,贵州人民出版社1998年版,第125页。
② (宋)张载:《经学理窟·学大原下》,载《张载集》,中华书局1978年版,第286页。

# 第二章  备课与讲义

对于大学历史教师而言，在具备了前述一些基本条件之后，在走上课堂之前，就该做些与其他大学教师不一样的工作。如第一章最后所讲的读书，其实就凸显了一些专业特点。读书有两种，一种是纯粹的知识储备，是为了上讲台做准备。读各种类别的书籍，各种领域的书籍，尽可能广，尽可能多，天文、地理、哲学、生物、物理、法律、金融等，这样会使你有足够的知识储备，上课才不至于卡壳，才不至于被学生问倒，也会让你上课更潇洒自如一些。另外一种就是为了备课、写讲义用，这样就真正进入了专业领域。

**一、讲义的重要性及相关问题**

上讲台之前必须得经过写讲义这一步，没有讲义就上不了讲台，没有讲义大学教师就名不副实。

（一）讲义的重要性

蔡元培就任北京大学校长时，于1917年1月9日发表就职演说，很短的演讲词中竟然提到了讲义之事，他说：

> 余到校视事仅数日，校事多未详悉，兹所计划者二事：一曰改良讲义。诸君既研究高深学问，自与中学、高等不同，不惟恃教员讲授，尤赖一己潜修。此后所印讲义，只列纲要，细微末节，以及精旨奥义，或讲师口授，或自

行参考,以期学有所得,能裨实用……①

其实对于蔡元培而言,计划之内的讲义之事仅仅只是口头承诺,之后根本无暇顾及,要不然也不会有 1922 年的"讲义费"风潮了。②无论从蔡校长的口头承诺,还是其后讲义所引发的事件,都足以证明讲义在大学的重要性。讲义是教师上课的基本凭借,也是学生听讲进阶的文字依赖。曾在北京大学做过教师的周作人在日记中多次提到讲义的事:

> 1918 年 1 月 7 日,晚起草罗马文学史。
>
> 1 月 9 日,借去《古埃及传说集》一本。晚起草。
>
> 1 月 15 日,晴。下午风。起草。晚录讫。
>
> 2 月 18 日,晴。上午往校。因无讲义未上课。
>
> 2 月 27 日,晚起草。以左拇稍酸痛遂止。洗足早睡。
>
> 3 月 31 日,晴。上午订许、胡二君哲学讲义。下午许诗荃、范云台二君来,交予《新青年》一本。校正罗马史讲义等寄季茀。③

从周作人的日记中可以看出讲义的较多信息,而最主要的是有讲义才能上课,讲义没有写出来就不能上课,可见上课必须要有讲义,讲义是上课的必备之需。在其兄鲁迅的作品中也多次出现讲义,如《呐喊·自序》中:

> 我已不知道教授微生物学的方法,现在又有了怎样的进步了,总之那时是用了电影,来显示微生物的形状的,因此有时讲义的一段落已完,而

---

① 蔡元培:《就任北京大学校长之演说》,载高平叔编《蔡元培教育论著选》,人民教育出版社 1991 年版,第 74 页。
② 散木:《也说"北大讲义费风潮"——兼说蔡元培的"小题大做"和鲁迅的"即小见大"以及冯省三其人》,《鲁迅研究月刊》,2006 年第 12 期;张文禄:《蔡元培在北京大学讲义费风潮中的是与非》,《文史天地》,2015 年第 2 期。
③《周作人日记》(1918 年 1 月 1 日—12 月 31 日),《新文学史料》,1983 年第 4 期。

时间还没有到,教师便映些风景或时事的画片给学生看,以用去这多余的光阴。①

将周作人的日记和鲁迅的这段话结合起来看,关于讲义有一个共同点是什么呢?那就是写一段讲义,讲一堂课。不是一下子写完一学期的讲义,然后整本地拿去上课。所以就出现了周作人所写的没有讲义就上不了课的现象,也才会出现鲁迅所说的讲完之后没讲义,只好放幻灯片的事情。我们这样的引用,只是为了说明讲义在大学里的重要性,校长蔡元培、教师周作人、兼职教师鲁迅都是如此地看重讲义。

(二)讲义的相关问题

在明晰了讲义的重要性之后,我们需要进一步了解讲义的相关问题,如讲义与教案的区别、撰写讲义的不同方式之间的联系等。

1.讲义与教案

教案与讲义有相同之处,也有不同之处,但更多的在于不同。教学专家这样定位教案:

> 课时计划是备课中最重要的一环,也是与上课关系最直接的一环。课时计划是以教案的形式表现的。写教案的一般程序如下:确定教学的章、节、目;明确具体的、可检验的教学目标,目标不仅有知识掌握方面,而且包括技能培养、方法的掌握、态度的养成、情感和意志活动以及身体和卫生等方面的项目;明确中心内容,确定重点、难点和关键点;确定课的类型;选定教学方法;教具准备;教学过程——一堂课的结构以及教学内容的详细安排和时间上的分配,还有板书设计。这些是课时计划的主体部分。②

---

① 鲁迅:《呐喊·自序》,人民文学出版社1979年版,第2页。
② 叶澜主编:《新编教育学教程》,华东师范大学出版社1991年版,第303~304页。

上课的一切都在教案之中,教学目标、难点、重点以及教学方法、教学过程无不收纳其中,可见教案是上课的必备法宝,所以专家说其是备课最重要的一环。我们还会发现教案的另外一个特点,就是全与完备。这样的特点有特别的好处,那就是教师在上课的时候不会出现卡壳,也不会讲不下去,只要情绪允许,按照教案就会一步一步直至讲完,因为所有的内容和步骤都是提前安排好的。这样看来,课程计划由课堂教学实施,而其中教师与教案都起着重要的作用,正如专家所言:"在课程实施过程中教师扮演着一个很重要的角色。从某种意义上说,课程计划最终都是通过教师的教案而得到实施的。"①这样,教案的特点就非常明显了,我们也可以就此探究教案与讲义的不同。

第一,完备、周全。教案的特点就是环节完备,内容齐全,就连课堂上的情感意志活动都在其中,但是这样的完整是必须而且是合理的。问题在于每堂课都如此齐备,其目的是为了什么呢?是为了将知识准确无误地传授给学生。请注意,传授知识是其最主要的目的。知识讲究准确性,同时也在意完整性,所以每堂课都得有详细而完备的计划。教案的齐备、周全,在中学是最适合的教学方式,而进入大学,如果继续使用教案这样一种课时计划,无疑会将知识人为地割裂,反而成为了质疑与思考的束缚,从而阻碍知识的会通融合。

第二,教案作为讲课的一种计划,一切都在预计之中,是对教材解读的呈现,而这种解读被限定在一定的范围之内,没有教师会突破这种限制。所以从某种意义上讲,教案就是一种限制,而这种限制是必然存在的。大学与中学的教育规律不一样,在于其复杂性,更在于对教材的重新诠释与深入挖掘,即知识的思想性与创新性,也就是我们常说的发展知识。

第三,教案与讲义的不同之处。教案在于传授,也就是将教材上的知识通过课堂讲解教给学生,使学生知晓、领会即可,这是知识学习储备的需要。讲义则不同,其在于知识的思考与提高,不但是中学所学知识的提高,更在于对一般知识的创新。教案的积累最终成为教学案例的汇集,而讲义的积累就是著作的出版,

---

① 施良方:《课程理论——课程的基础、原理与问题》,教育科学出版社 1996 年版,第 130 页。

这是人类知识结晶以及传承的一种形式。

2.讲义的撰写

讲义的撰写有两种：一是第一次讲这门课之前一次性将讲义写完，然后逐渐地讲；二是写一次讲义讲一次课，也可以称作成长期写讲义，就如周作人日记中记的那样，头天晚上写、修改、誊录，但是如果没有写出来，那第二天只好停课了。这两种形式其实都可以，要看哪一种适合自己了。

第一，一次性写完。这对于课程总体的把握有较高的要求，要求教师必须知晓该课程的内容以及线索、知名的研究者以及相关著作。如本人所带的"中国古代史"先秦至魏晋南北朝段就是提前一次性写完，有连贯性，而且叙述、文笔，包括口吻都一样，但同时留下了较多的问题。如果没有上过讲台，连一次实践的经验都没有就开始写讲义，这是名副其实的"纸上谈兵"。讲义是为讲课而准备的，没有讲过课而写的讲义，近乎一堆有文字的纸而已。课堂中的一些细节需要在讲义中加以提示，或以红笔标出，或以符号醒目，讲义的功能才会在讲课中得到更好的发挥，但如果没有上台经验，那讲义就形同虚设了。

其实就笔者的经验而言，一次写完的讲义与成长期写讲义（写一次讲一次）相比，前者修改的幅度更大一些，而后者因为有充分的调整空间，修改会越来越少，最后修改的只会是史料地选择了，而遣词造句之类经过前期的锤炼已经融入语言习惯中，不会有大的改动。另外，对于时间的把握也是重要问题，成熟的大学教师上一次课大约需要讲稿10页，文字也在2000字左右，而成长期的讲义就没有这么规律，如果讲得顺畅那么一次会用掉20页左右的讲稿，这里的数字当然与个人的语速、表达，甚至讲义如何书写都有关系，这是从本人的经验角度出发的。

第二，讲一次写一次，这样撰写讲义的方式较好。大学讲课主要在于思维的推进，对问题认识的全面与深化，而想要做到这一点，其根本在于读书，在于将读书的所得讲给学生，从而在课堂的当下反馈中激发灵感，以达到认识的进一步提高。而这样的进步，只有反映在讲义中，才可以作为提高的真实记录。另外这样撰写讲义，还可以总结教学方法以求不断地进步。如在上课时教师总会提问学

生,那提什么问题最有效果呢?在本人的讲义"读书的一些问题"部分有这样一条记录:

> 提问:有没有同学见过假书?
> 学生:假书?是不是盗版书?有些书摊经常可以见到。

这样的提问没有效果,也没有得到答案,在于提问本身就有问题。下课之后将提问与回答的真实情况记录在讲义上,然后查阅资料发现,不应该以"假书"来问,而应该问"图书含有虚假信息",或者称之为"伪书",这是国家新闻出版署公布有关信息时用的名称。再次上课提问的时候就将以上信息先讲给学生,然后进行提问:

> 提问:含有虚假信息的书有同学见过了吗?
> 回答:有啊,老师,就是什么金牌推销员啊,最伟大的管理思想啊!

这就是讲义的好处,可以边讲课边改进,改动其实就是教师思想的不断深入以及对于课程的认识。上课、做学问是相辅相成的,只有充分理解了这一对立统一的关系,才会体会到写讲义、上课、做学问三位一体的感觉。

3.讲义的写作方式

20世纪90年代之前的讲义一定以手写的形式出现,这之前绝没有其他的书写工具。天津古籍出版社整理出版了一套学术大师的授课讲义,其中就有闻一多《诗经讲义》、金景芳《先秦思想史讲义》、吕思勉《中国文化史 中国政治思想史讲义》、傅斯年《"战国子家"与〈史记〉讲义》、童书业《中国疆域地理讲义》、杨翼骧《中国史学史讲义》、蒙文通《中国古代民族史讲义》、齐思和《史学概论讲义》等,而且皆为手稿本,有新闻如此报道:

> 最近,一套被学者赞誉为"抢救学术遗产"的图书吸引了读者的眼球,

在丛书的作者栏中,人们看到了朱自清、闻一多、游国恩、施廷镛、傅斯年等诸多耳熟能详的名字。通过阅读丛书的序言与目录,记者了解到丛书收入的全部是这些学术名师当年在国内知名大学中讲课的讲义,并且是从未发表过的珍贵手稿。①

手写讲义的意义在目前特别突出,就在于它有别于出版的著作与电脑版的讲义。下面我们将分三方面论述三者之间的区别以及手写讲义的意义所在。

第一,手写讲义之所以被大家、被学者所关注,一部分原因在于其字里行间所保留的时代烙印。手写是当下的作品,可以完整留下写作者当时的心境、情绪、字迹的好坏,更多的是对当下的反映。学者之所以能够引领学术风尚,其原因在于对当时学术问题及学人的评判,还有对时局的看法等等,而这些都会在讲义中留下痕迹。

金景芳先生生前多有先秦历史、文化、思想的著述,但是直到他的讲义《先秦思想史》(应为《先秦思想史讲授提纲》)被发现后,人们才惊喜地发现其撰写的讲义竟然与著作如此不同。这部讲义正如金老在序言中所讲,实际上是《先秦思想史讲授提纲》,内容比较简略、概括,先秦思想史中的许多重大问题无法在提纲中展开做细致探讨,只能在讲授过程中再深入发挥。但这个讲授提纲却反映了金老在先秦思想史领域里的开拓性研究和许多真知灼见。因此,这部讲义虽然简略,却有很高的学术价值。②

第二,讲义中首先被关注的一定是学者的真知灼见,这也是成为著作之前的讲义与著作最大的不同。著作流传较广,肩负文化传承的使命,所以作者会在文字上、观点上较为谨慎,尽量做到不被讥讽、不被批评;而讲义就不同了,讲义是在课堂上使用,更多反映了讲课时的激情与见识。吕文郁进一步谈道:

---

① 国安:《珍贵手稿再现〈名师讲义〉》,《中国新闻出版报》,2006年8月8日。
② 吕文郁:《〈金景芳先秦思想史讲义〉前言》,《中华读书报》,2007年8月1日。

由于这本讲义是当时那种特定历史条件下的产物,讲义原稿中(特别是前言部分)字里行间充满了浓重的火药味,个别用语尖刻、激烈,这是那个时代学术氛围的真实反映。在这次整理过程中,我们在不影响原意和作者基本观点的前提下,仅对个别文字做了适当的删改和必要的润饰。①

如果做了这样的修改,手写讲义就失去了本来的面貌与价值,也就没有出版面世的意义了。

第三,手写讲义与电脑版讲义以及著作完全不同,这就是为何要倡导大学教师在可能的情况下手写讲义。电脑版讲义最大的优点就是利于修改,可以在电脑上利用各种软件进行修改,方便、快捷,没有笔墨、纸张的限制。但是如果将电脑版讲义与手写讲义相比,就会发现手写讲义可以看出教师思想的演进过程,即使是同一本讲义,如果用不同颜色的笔进行标识,那么思想演进以及教学进步的痕迹就一目了然。电脑版恰恰缺少了这一功能,干净整洁的纸张,永远都是新鲜的呈现,全然没有岁月带来的"逐步"的脚印。

另外,手写讲义也是大学教师个人风格、魅力的一种表现形式。手写讲义耗时耗力,但作为一种文化坚守,不仅仅是风格的呈现,更是必要的存在。有这样一段文字:

清写稿系定稿,其中仍有改笔,有红色校笔,即双行注与括弧之增减,亦细密斟酌;其他,一字之去留,一笔画之差错,一语之补充,及行款形式之改正,无不精心酌度,悉予订正。由此具见先生思细如发之精神与忠诚负责之生活态度。先生尝称温公读书之精密,师既已效法之,而更阐发昔贤所未及见到之种种问题,斯先生之所以卓绝于今世也。

先生往矣!先生业绩长留天壤间。今兹上海古籍出版社将影印先生手写《唐代政治史略稿》,爱珍先生手迹者,将企足望之。今跋先生此稿,追怀

---

① 吕文郁:《〈金景芳先秦思想史讲义〉前言》,《中华读书报》,2007年8月1日。

当年遗失之恨,益增今得完璧归赵之欢矣。①

**二、读书与备课**

我们在前文系统地谈论了读书的一些问题,这些内容大学教师可以自学,也可以在课堂上讲授。读书很大程度上是为讲课做准备的,我们常说教师上课"不打无准备之仗",指的就是读书。讲义固然重要,但对于成熟的大学教师而言,如果讲义没有写出,但只要读了足够量的书,并在上课之前加以温习,那么即使没有讲义在手,也可以讲课。对于大学讲课而言,读书甚为重要。

针对备课的读书活动,不能像知识储备那样广博,需要本着原典、观点、系统、连贯的专业精神阅读。当然,这里还得多谈一点书籍的来源问题。目前史学类的书籍来源主要有三种:一是自己购买家藏的,这一种不必多言;二是图书馆藏的,如果和家藏的相比,图书馆藏的肯定种类多,也有较多的不易见到的方志;三是网上资源,如 PDF 格式、CAJ 格式等。无论哪种资源,都要做到真伪辨认,不能让伪劣书进入讲义,进入大学课堂。

(一)通论性质参考书的选择

之前我们谈到,以备课为目的的读书与为知识储备而读书完全不同,必须要选择较为系统的史学类论著,其目的在于透彻地了解史学知识,了解史学的学科架构、知识分类、方法论,以及史学的本质特征是什么,史学目前发展到了哪个阶段,其在学术界的地位如何,以及与其他门类及学科的关系。在选择备课参考书时,首先选择的应是史学通论性质的,其次是专著类型的,还有必不可少的资料与工具书类型图书,此处不再赘述。

其一,古籍通论类图书较多,首当其冲的便是《史记》。古今中外可以担当起评价司马迁及《史记》重任的,只有鲁迅一人而已,郭沫若可以么?翦伯赞可以么?就连陈寅恪也觉得差那么一点。无论从影响力还是接受力,抑或实力、地位而言,

---

① 蒋天枢:《唐代政治史略稿手写本序》,载陈寅恪《唐代政治史略稿手写本》,上海古籍出版社 1988 年版,第 2~3 页。

鲁迅成为了最合适的人选。人们经常引用鲁迅对《史记》的评价:"史家之绝唱,无韵之《离骚》",可还是断章取义了,较为完整的如下:

> 恨为弄臣,寄心楮墨,感身世之戮辱,传畸人于千秋,虽背《春秋》之义,固不失为史家之绝唱,无韵之《离骚》矣。惟不拘于史法,不囿于字句,发于情,肆于心而为文,故能如茅坤所言:"读游侠传即欲轻生,读屈原,贾谊传即欲流涕,读庄周,鲁仲连传即欲遗世,读李广传即欲立斗,读石建传即欲俯躬,读信陵,平原君传即欲养士"也。①

从上述引文可以看出,鲁迅想要表达的内容,即为对《史记》史学价值的贬抑,背《春秋》之义,同时又极力肯定了《史记》的文学价值,尤其在遣词造句方面,更显独到,甚至具有了某种感染的力量,于是鲁迅征引了明代茅坤对《史记》的读后感来加以说明。我们选择《史记》,在鲁迅所评价的价值之外,还有更多的含义,《杨翼骧中国史学史讲义》中阐明了《史记》的历史地位:

> 两汉时期是中国历史的重要时期。政治、经济、文化等制度和思想都基本奠定于此。疆域也是在此时期定型,汉民族之称亦出于此时。中国史学亦奠立于此时。后世史学一直以《史记》、《汉书》为楷模。中国史学史上的两大体例、史观、史学思想皆在此时确立。
> ············
> 梁启超称司马迁是"史家太祖",也有人称司马迁为"中国历史学之父",司马迁在古代史学史上的地位是首屈一指的。②

杨翼骧在阐明了司马迁的史学史地位之后,直接道出了《史记》之所以在历

---

① 鲁迅:《汉文学史纲要》,载《鲁迅全集(第九卷)》,人民文学出版社 2005 年版,第 429 页。
② 杨翼骧讲授、姜胜利整理:《杨翼骧中国史学史讲义》,天津古籍出版社 2006 年版,第 34 页。

朝被追捧,长久不衰的原因,"《史记》是第一部中国通史"①。

其二,《史记》之后自然是《资治通鉴》。金毓黻所撰《中国史学史》如此评述《资治通鉴》的价值:

> 迨有宋司马光出,创修《通鉴》,贯穿今古,以为一书,而面目为之一新,殆由《左传》、《汉纪》二书扩而充之以成巨制者也。②

金氏挖掘了《资治通鉴》的史学价值,贯穿古今,而且与之前的史学大有不同,面目从而为之一新,如果说《资治通鉴》未出之时,史学由《史记》引领,那么自《资治通鉴》出,史学便是《资治通鉴》的天下了,故而杨翼骧有论:"自此书出,沉默已久的编年史复兴了,掀起了编年史的高潮,从南宋起写编年史都称'通鉴'了。如清毕沅写《续资治通鉴》,清夏燮写《明通鉴》。《资治通鉴》形成了专门学问,如张煦侯有《通鉴学》。"③

近人陈寅恪特别推崇《资治通鉴》,在史学研究及课堂讲授时都对此书大加肯定并极力推崇。《唐代政治史述论稿·自序》中提到:

> 夫吾国旧史多属于政治史类,而《资治通鉴》一书,尤为空前杰作。今草兹稿,可谓不自量之至! 然区区之意,仅欲令初学之读《通鉴》者得此参考,或可有所启发,原不敢谓有唐一代政治史之纲要,悉在此三篇中也。④

1935 年,陈寅恪在清华大学讲授"晋至唐史"第一课时,就谈到了《资治通鉴》,还将其列为"最低限度必读书,不在堂上讲,考试要考这些。因为如不考,连这些常识也没有",并强调:"政治史部分要看《资治通鉴》。今人每好看《通鉴纪事

---

① ③ 杨翼骧讲授、姜胜利整理:《杨翼骧中国史学史讲义》,天津古籍出版社 2006 年版,第 36、93 页。
② 金毓黻:《中国史学史》,商务印书馆 1999 年版,第 246 页。
④ 陈寅恪:《唐代政治史述论稿》,上海古籍出版社 1997 年版,第 1 页。

本末》，以为此书有合于西洋科学方法，而不看《通鉴》。这实在错误。"①陈寅恪不但如此要求学生，还身体力行：

> 先生特别重视《通鉴》，首先听读。我一字一句地读，先生听着思考着。有时，先生命我再读一遍，更慢些。《通鉴》听读完毕，先生提出一些问题，先生口授我写。先生读《通鉴》多次，能背诵。有一次，我读《通鉴》还未到一段，先生突然要我停下来，重读；我感到，我读的有错误或脱漏，我更仔细一字一句慢读。果然发现，我第一次读时脱漏一字，我感到惭愧。这似乎是一件小事，其实是一件大事。②

其三，我们在备课时选择《史记》与《资治通鉴》，会有一定的难度，但对于"中国古代史"及其派生的课程来说，二者属于必读书目。如果读《史记》或者《资治通鉴》确实有困难，那么可以先选择较为易读的作为热身或预备，来熟悉中国历史的基本内容，那最佳的本子就是清人编撰的《纲鉴易知录》。王树民谈到了此书的独到之处：

> 吴氏在序文中有几句话说得很确切，"观史之不欲，论史之不明，非尽天资迟钝，庸师误人，亦由编辑成书者引导无方而致然也"。可谓切中一般的史书编纂之失。他编的这部书尽量避开这方面的缺点，纲目体史书本来有简明之便，吴氏在这方面又特别重视，所以这部书取得了较好的成绩，在浅显的叙述中，抓住了主要的史实梗概，称得上是疏而不漏，文浅事明，故最便于初学者。③

---

① 蒋天枢：《陈寅恪先生编年事辑》（增订本），上海古籍出版社1997年版，第95页。
② 王永兴：《种花留于后来人——陈寅恪先生在清华二三事》，载钱文忠编《陈寅恪印象》，学林出版社1997年版，第108~109页。
③ 王树民：《从〈纲鉴易知录〉谈起》，《读书》，1981年第11期。

毛泽东一生喜读史书，这是众所周知之事，他的这一爱好就是从《纲鉴易知录》开始的。作为毛泽东的秘书，李锐深知其读书之事：

> 从现在的资料看来，《纲鉴易知录》是毛泽东读到的第一部中国通史，他从这里初步得到系统的中国历史知识。①

其四，今人论著类。以上是我们在备课时选择的古籍类通论性质的史书，在读这些史书的同时，还须阅读参考今人的一些论著，备选的有吕思勉、钱穆等人的。吕思勉的论著较多，且多属于通论性质与断代类的，顾颉刚对其尤为推重：

> 编著中国通史的人，最易犯的毛病，是条列史实，缺乏见解；其书无异为变相的《纲鉴辑览》或《纲鉴易知录》之类，极为枯燥。及吕思勉先生出，有鉴于此，乃以丰富的史识与流畅的笔调来写通史，方为通史写作开一个新的纪元。他的书是《白话本国史》四册。书中虽略有可议的地方，但在今日尚不失为一部极好的著作。又吕先生近著尚有《中国通史》二册，其体裁很是别致，上册分类专述文化现象，下册则按时代略述政治大事，叙述中兼有议论，纯从社会科学的立场上，批评中国的文化和制度，极多石破天惊之新理论。②

正如顾颉刚所言，吕氏之书有两大特色：见识丰富、笔调流畅。这些特色如不是大量阅读其著作是无法得出的，而此特色的形成全在于知识的"博通周赡"③。故而以吕氏的《吕著中国通史》或《白话本国史》《中国史》为备课的参考书，既能理清线索，又可以摘出重点，还可以按图索骥，回到原典。

---

①李锐：《从〈纲鉴易知录〉到第一篇史论》，《读书》，1991年第9期。
②顾颉刚：《当代中国史学》，上海古籍出版社2002年版，第81~82页。
③严耕望：《治史三书》，辽宁教育出版社1998年版，第182页。

钱穆先生的论著同样很多，可资备课的有《国史大纲》《中国历代政治得失》《国史新论》等通论性质的，同样，其也有一些专论。这些著作中最为重要的当为《国史大纲》。《国史大纲》特色鲜明，是在讲课中成书的，所以极具感情色彩。何兹全认为这正是此书的特色：

> 如何使本国国民对自己国家民族历史有知识，知其演化之真相，此种知识又能为其革新、改进国家民族的现状提供对症下药之方案，这就需要有一部好的"新通史"。①

(二) 专著类型参考书

备课所需的资料特别繁杂，各种门类的知识都需要查阅、掌握，所以史学应该是人类知识分类中最为庞杂、丰富的一门知识。在通论性质的参考书之外，还需要专门类型的参考书，如政治、经济、文化、军事、艺术等；此外，还需要细节方面的知识，如西汉时匈奴首领的妻子"阏氏"该怎么读？这就需要汉语言文字方面的知识。下面列举笔者在上"中国古代史"课时的几个例子。

其一，古代历法专著。以《史记·历书》中内容为例：

> 十一月甲子朔旦冬至已詹，其更以七年为太初元年。年名"焉逢摄提格"，月名"毕聚"，日得"甲子"，夜半朔旦冬至。②

这段话甚为难懂，参阅了文后的索隐、集解、正义还是不知所云，只好求助于专业论著。南开的刘洪涛是屈指可数的研究古代历法的大家，有著作《古代历法计算法》。此书刚好对此段有解说。他认为是介绍太初历始点的状态参数：太初元年，为始点所在年名，由"王纪年法"所得，就是常用的年序加年号。而岁名

---

① 何兹全：《钱穆先生的史学思想——读〈国史大纲〉、〈中国文化史导论〉札记》，载《国际儒学研究》（第一辑），人民出版社1995年版，第19页。
② （西汉）司马迁：《史记》卷二十六《历书第四》，中华书局2005年版，第1097页。

"焉逢摄提格",是为"太岁纪年法"。月名"毕聚",是以十二辰与干支重叠而制定,"毕聚"应为"甲寅",音近而讹。日得甲子,就是"干支纪日法"。所以他最后概括到:

> 历法始点既是该日(甲子日)的始点("夜半"),又是该月(毕聚月)的始点("朔旦"),还是该年(焉逢摄提格年,即太初元年)的始点("冬至"点)。即是说计算历法的始点选择了一个非常特殊的时刻,它是年、月、日的共同始点。此时太阳行到黄道的最南端,日、月、地心及观测点在同一直线上,且日、月在地心的同一旁,观测点在地心的另一旁。①

问题远没有解决,《史记》中提及的"焉逢摄提格",是古代中国特有的一种纪年法,称之为星岁纪年,而对其的相关解释在一般的教科书中是没有的,须求助于更为专业的论著。20世纪50年代刘坦所著《中国古代之星岁纪年》为最佳选择,其中叙述了星岁纪年的一般内容,更专门阐述了《史记·历书》中这段文字的含义,一是探究太初元年岁在甲寅的真实性,二是探究太初元年岁在甲寅的元来,三是探究元数到底是四千六百一十七岁,还是四千五百六十岁?哪个数字干支重逢可得焉逢摄提格?②此书均给出了较为令人信服的答案。

其二,古代音乐专著。如撰写"春秋战国时期的文化"这一章时,总会提到《诗经》,而讲到《诗经》有一点必须提到,就是《诗经》原本是可以唱的。

> 《诗经》是我国最早的诗歌总集。分风、雅、颂三部分,共305篇。风包括周南、召南、邶、鄘、卫、王、郑、齐、魏、唐、秦、陈、桧、曹、豳15国风,基本上是民歌,多为西周末和春秋前期的作品……《诗经》运用赋、比、兴三种基本表现手法,音律整齐和谐,语言丰富优美,在艺术上取得了较高的成就。③

---

① 刘洪涛:《古代历法计算法》,南开大学出版社2003年版,第4页。
② 刘坦:《中国古代之星岁纪年》,科学出版社1957年版,第175~178页。
③ 詹子庆主编:《中国古代史》(上册),高等教育出版社1997年2版,第134页。

大学教师在课堂上往往只是如引文似的一般性介绍,再没有更为详细、具体的探究。如果此时时间允许再深入的话,那么必须讲述其音乐性了。杨荫浏,这位与阿炳亦师亦友的音乐家在《中国古代音乐史稿》中,对《诗经》的音乐性有着较为专业的阐述,可以作为专业性讲解在课堂上讲授。他认为:

> 从《诗经》第一类《国风》的歌辞中间,最容易看出民歌曲调的重复和变化情形。从第二类《雅》——包括《小雅》和《大雅》——的歌辞中间,也可以看出,在贵族文人的写作后面,有着民间的歌曲为基础;它们的结构形式,大体与民歌相同,是出于民歌的体系。①

紧接着,他列举了十种不同的曲式:

(一)一个曲调的重复——例如《国风·周南》中的《桃夭》……

(二)一个曲调的后面用副歌——例如《国风·召南》中的《殷其靁》……

(三)一个曲调的前面用副歌——如《国风·豳风》中的《东山》……

(四)在一个曲调的重复中间,对某几节音乐的开始部分,作一些局部的变化;这种手法,在后来的发展中间,称为"换头"——例如《小雅》中的《苕之华》是在第三节上用换头……

(五)在一个曲调的几次重复之前,用一个总的引子——例如《国风·召南》中的《行露》……

(六)在一个曲调的几次重复之后,用一个总的尾声——例如《国风·召南》中的《野有死麕》……

(七)两个曲调各自重复,联接起来,构成一个歌曲——例如《国风·郑风》中的《丰》……

---

① 杨荫浏:《中国古代音乐史稿》(上册),人民音乐出版社1981年版,第57页。

（八）两个曲调有规则地交互轮流，联成一个歌曲——例如《大雅》中的《大明》……

（九）两个曲调不规则地交互轮流，联成一个歌曲——例如《小雅》中的《斯干》……

（十）在一个曲调的几次重复之前，用一个总的引子；在其后，又用一个总的尾声——例如《国风·豳风》中的《九罭》……①

其三，当撰写魏晋南北朝时期的讲义时，不免谈到一些历史人物，如刘备、诸葛亮、曹操、孙权等，就会涉及一关键问题，"怎么魏晋时期的人大多都是单名呢？"而这一问题也是一般教材或者通史中没有涉及的，需查阅专门的书籍寻找解答。马来西亚人萧遥天所撰《中国人名的研究》中有这样一段话：

> 近读《汉书·王莽传》，始知单名之俗，出于王莽的倡导。原来莽辅政，便实施二名之禁，莽传有"匈奴单于，顺制作，去二名"语，则二名之禁已见于诏书。莽又谓他的长孙王宗，因自画容貌被服天子衣冠，刻铜印三颗，与其舅合谋，有承继祖父大统的企图，事发，宗自杀，仍遭罪谴。有"宗本名会宗，以制作去二名，今复名会宗"。并贬官爵，改封号。这又表示去二名，是示朝廷的宠遇，恢复二名，则以示贬辱。这么地一抑一扬，一褒一贬，对社会的影响便大了，至少造成人们对二名存在着低贱的观念。故王莽的政权十几年便下台，而去二名的习惯一直维持了三百年，便是魏晋以后，单名仍较二名为多呢。②

当然萧氏的说法并非定论，单名流行于魏晋应该还有其他的原因，如有研究者认为汉晋之间单名较多是因为便于避讳。③但无论选择哪一种解释，都需要在

---

① 杨荫浏：《中国古代音乐史稿》（上册），人民音乐出版社1981年版，第57~61页。
② [马来西亚]萧遥天：《中国人名的研究》，国际文化出版公司1987年版，第53~54页。
③ 王泉根：《中国人名文化》，团结出版社2000年版，第84~86页。

讲义中给予一个较为合理的回答。

(三)通读与材料

读书是为了备课,即使是漫无目的的读书,也会在阅读中注意并发现备课关注的问题及所需的材料。上述几种较为权威的通论性质的史书,有古籍类,也有近代以来所著,这一类是属于通读的。其中还列举了几种专门性质的书,当然不局限于这几种,这些书可备查阅参考,其中的重点章节也可资阅读。

1.史书要通读

通读是指对古籍、今人通论性质的史书的阅读,这种阅读不是走马观花式的,不是略读,而是要通读、精读;不仅要了解每一个词语,还要知晓章节布局及主题大意,最关键是要获取作者通过这样一部作品要表达什么。当然,仅凭个人的水平及阅历有时无法达到这样的目的,这就需要借助前人的研究,如阅读《史记》。《史记》在古籍中较为通俗,但是想要深究其中,就需要借助他人的研究及工具书了。可以借助三家注,也可以查阅日本学者泷川资言《史记会注考证》。

钱穆是研读《史记》的代表人物,他通读此书多次,以此撰写了《国史大纲》以及《史记地名考》,尤其后者更是钱穆挖掘《史记》的成果。所以,钱穆的读书方法值得借鉴。

> 某日下午,遇学校假期,余移一躺椅置大门东侧向北走廊下卧读范晔《后汉书》,不记是何一卷。忽念余读书皆遵曾文正家书家训,然文正教人,必自首至尾通读全书。而余今则多随意翻阅,当痛戒。即从此书起,以下逐篇读毕,即补读以上者。全书毕,再通他书。余之立意凡遇一书必从头到尾读,自此日始。[①]

可见钱穆做学问、上课的功夫在于通读。钱穆回忆录中提到了曾文正即曾国藩,我们在前文中已谈到了他所提倡的读书方法。曾国藩在道光二十三年六月初

---

[①] 钱穆:《八十忆双亲 师友杂忆》,生活·读书·新知三联书店2005年2版,第90~91页。

六日给其弟温甫(曾国华)的信中谈到了读书须通读:

> 无论何书,总须从首至尾,通看一遍,不然,乱翻几页,摘钞几篇,而此书之大局精处茫然不知也。①

在曾国藩的家训及家书中多次提到了读书"有恒",其中有一层意思就是要通读,要静下心来把一本书读完,然后再读下一本。只不过这封家信表达得更为直接,而且还讲出了不通读的害处,那就是不知道此书的"大局"与"精处"。每本书中真正的精妙之处不会全无,也不可能处处皆是,所以要细读,要通读才可能深解其意。

钱穆的弟子余英时也谈到了读书的方法,他是从"专精"和"博览"两途入手的,不过他更看重"专精"一途。他谈到:"但是我们若有志治中国学问,还是要选几部经典,反复阅读,虽不必记诵,至少要熟。"②此即为"专精",这一点曾国藩也多次谈到,说的是要专精一书,经学专治一经,史学专治一代,这样才可能做到学问精进。余英时将通读与反复读书的意义连接起来,这样更能凸显通读的重要性。

博览之书虽不必"三复",但还是要择其精者有系统的阅读,至少要一字不遗细读一遍。稍稍熟悉之后,才能"快读""跳读"。朱子曾说过,读书先要花十分气力才能毕一书,第二本书只用花七八分功夫便可完成了,以后越来越省力,也越来越快。这是从"十目一行"到"一目十行"的过程,无论专精和博览都无例外。③

余英时的读书法是针对广大读者或者青年学生而言的,有着较为普遍的意义,所以其中更多的是希望或者引领。其中的一些提法其实在读书过程中未必能做到,也未必可行,如博览同样需要通读就是一例。通读是属于专精一途的方法,

---

① (清)曾国藩著,齐豫生、郭振海主编:《曾国藩家书》(卷一),中国文联出版社1999年版,第42页。
②③ 余英时:《钱穆与中国文化》,上海远东出版社1994年版,第310、311页。

专精追求一种深刻的挖掘,带有发展与创新知识的意味,而博览是一种意趣的存在,极有可能是专精的补充,但不可能代替专精,那么博览如果也要求通读,或许阅读者的精力与时间以及对于学问的深究就会大打折扣。

2.材料要占有

此段要讲的是材料搜集、摘抄以及汇编,甚至甄别的问题。材料散见各书,自不待言。但是以史料论述问题,揭橥真相,便需要从诸类史书中搜集史料,这就看出了史料的重要性,故而梁启超有论:"然此种史料,散在各处,非用精密明敏的方法以蒐集之,则不能得。有真赝错出,非经谨严之抉择,不能甄别适当。此皆更需有相当之技术焉。"①梁启超开宗明义就讲清了搜集史料对于研究问题的重要性,并且一再强调,史料搜集的难度之大。在《史料之搜集与鉴别》一章中,梁启超谈到的多为自己的治史经验,颇多启发。

> 普通史料之具见旧史者,或无须特别之蒐集,虽然,吾侪今日所要求之史料,非即此而已足。大抵史料之为物,往往有单举一事,觉其无足重轻,及汇集同类之若干事比而观之,则一时代之状况可以跳活表现。此如治庭园者,孤植草花一本,无足观也;若集千万本,莳以成畦,则绚烂眩目矣。又如治动物学者搜集标本,仅一枚之贝、一尾之蝉,何足以资掌索;积数千万,则所资乃无量矣。吾侪之搜集史料,正有类于是。②

梁启超以史家之眼光与经验道出了史料搜集的方法,有三点:一是量的累积,就是同一主题之下可以搜集多个材料。材料多到了一定的量,那么意义自然就呈现了。二是异同,对于材料而言,搜集同类固然重要,异类也同样重要。三是鉴别,这成为史料使用最为困难的环节。爬梳史书好不容易找到一条史料,还需要问个真假,真的自然可以使用,假的就须抛弃,而这一"火眼金睛"很难练就。

---

①②梁启超:《中国历史研究法》(外二种),河北教育出版社 2000 年版,第 81 页。

要说起古代中国使用史料的高手,当数司马光。《资治通鉴》一经面世,就被当时史家及后代史家目为杰作,其缘由更多因为史料的搜集与剪裁。司马光在《进书表》中陈述了这一艰苦的工作:

> 臣既无他事,得以研精极虑,穷竭所有,日力不足,继之以夜。偏阅旧史,旁采小说,简牍盈积,浩如烟海,抉摘幽隐,校计毫厘,上起战国,下终五代,凡一千三百六十二年,修成二百九十四卷;又略举事目,年经国纬,以备检寻,为《目录》三十卷;又参考群书,评其同异,俾归一途,为《考异》三十卷。合三百五十四卷。①

从《进书表》中可以看出编纂《资治通鉴》的史料功夫。先阅读史料,只是这通阅史料就很不容易。接着从浩如烟海的史料中抉摘真实地加以整理排比,然后进入史料的修订阶段,最后进入删定撰写。张舜徽主编的《中国史学家传》中描述了这一过程:

> 编写时按各人所长,分段负责。先将史料加以排比,标明事目,尽量作到详备,叫作"丛目"。再将丛目中的史料,进行初步的整理和修订,叫作"长编",长编的写作原则是"宁失于繁,毋失于略"。"丛目"和"长编"都由助手负责编写,最后由司马光就"长编"加以考订删定,修改润色,写成定稿。如唐史长编多达六七百卷,花了四年左右的时间才删定为八十一卷。②

可见"丛目"就是以年月日为纲领进行史料的排列,让史料井然有序。"丛目"的工作就是打乱人、事在原有史书中的编排,进行一次再编排。"长编"是在"丛目"基础上的加工,既然已经按照时间编排完成,那么紧随其后的就是整理

---

① (宋)司马光:《进书表》,载《资治通鉴》,中华书局 1956 年版,第 9607~9608 页。
② 张舜徽主编:《中国史学家传》,辽宁人民出版社 1984 年版,第 118~119 页。

与鉴定了。也可以这样说,"丛目"是原始史料的编排,而"长编"就有创作的意味了。近代史家的史料方法被大家称道的大有人在,而其中较甚者就是陈寅恪了。中山大学教授胡守为是陈寅恪的弟子,做过其助手,所以深知陈氏治学的方法。

先生的史学方法有两个显著的特点:一是详细地占有可靠的史料,不作空头史学家。二是实事求是的学风。先生主张有一分史料说一分话,在可靠的史料基础上分析历史事实的客观因果关系,反对想当然的主观臆断,他在《冯友兰中国哲学史上册审查报告》中尖锐地批评那些不经过对史料搜集、整理、研究,而往往依其自身的思想经历去推测古人意志的人。他在史料的选择与运用上,都有许多与众不同的方法,他不以搜奇猎异取胜,引用资料多为通行史书,如廿四史、《资治通鉴》、《通典》之类。但他也不忽视私家著述的史料的价值,他把正史与私家著述互相比证,不但开拓史料的范围,且使所用史料更能立于准确的基础。正是由于先生注重实事求是,并且有一定的科学方法,故其论著能长期雄踞史学之林。[①]

翦伯赞先生在20世纪40年代曾专门撰写过一篇论述搜集史料的文章,名为《略论搜集史料的方法》。此文从五个方面进行了详尽的论述,有史料与方法、史料探源与目录学、史料择别与辨伪学、史料辩证与考据学、史料的搜集整理与统计学、逻辑学及唯物辩证法,读毕裨益良多。其中有一段对史学教师备课、写讲义、搞研究特别有启发,现移录如下:

搜查一本书,可以作一次搜查,这种方法就是不管史料的性质,只要是我们所需要的史料,就毫无遗漏地把他们抄下来。抄下之后,才来分类整理。但我以为搜查的方法,最好是依史料的性质分作若干次进行。例如第一

---

① 胡守为:《陈寅恪的史学成就与治史方法》,《学术研究》,1987年第6期。

次,搜查经济史料;第二次,再搜查政治史料;第三次,再搜查文化思想史料……此外,这种分次搜集下来的史料,不必经过整理,自然就有它的系统。这样一次一次地搜查下去,笔记起来,则这本书便被我们完全拆散,而其中所含的史料,也就在我们的笔记中分别归队了。①

### 三、讲义的特征及撰写

前文不吝笔墨讨论了如此多的问题,读书是为撰写讲义做准备,备课也是为撰写讲义做准备。大学讲课,撰写讲义是非常重要而且必不可少的一步,有了讲义就可以放心大胆地上讲台。如果写好了讲义,那就预示着课讲好了一半。大学的讲义,第一要务肯定是为了上课而用,所以其课程特色明显。姜亮夫的《中国声韵学》就是以同名课程的讲义为基础出版的,阐明了讲义与课程之间的联系。

> 是书系著者在学校中讲授"声韵学"所编之讲义,此一科目,在大学课程中,并无一定之标准,时间多寡之分配,往往因学校而异。初编此书时,即同时在两个时间多少悬殊之学校讲授,因欲两方皆无过多过少之虑,编制方面,乃不得不有申缩之余地。故大体隐分两部,一为"原理之分析",以为讲授时间较少者用,一为"历史之叙述",以为讲授时间较多者扩充之用。②

所以,想要写好讲义,课程是最重要的参照。第一,课程的名称决定了讲义的主体思想及内容;第二,课程的授课对象决定了讲义撰写的深度;第三,课程的时间多寡决定了讲义的信息量与篇幅。所有前期准备工作其实都在课程已定的前提下进行的,读书、做笔记皆是如此。

---

① 翦伯赞:《略论搜集史料的方法》,载《中国史论集》(合编本),中华书局2008年版,第332页。
② 姜亮夫:《中国声韵学·编辑大意》,载《姜亮夫全集》(十五),云南人民出版社2002年版,第5页。

(一)如何撰写讲义

如果之前是务虚,那么之后的每一步都实实在在,全在实地上踩着,即使是思想,也不能是空中楼阁,必须围绕着讲义进行。讲义的撰写其实没有一定的规范,教育部门没有规定,学校也没有规定(国家、学校规定的是教案),这就给大学教师带来了挑战,同时也创造了发展的空间,可以任由思想驰骋,从而撰写出有自我特色的讲义。因此,讲义最大的特点就是具有教师的自我特色,从文笔到口吻,从内容到习惯,莫不如此。

1.讲义的整体风格与提纲

课程不同,讲义特色及风格也不尽相同。史学课程讲义既有一般意义上大学讲义的特点,也具备了史学的特色。商传曾对孟森的《明史讲义》做过解读,并分析了《明史讲义》的编撰特色。他认为:

> 作为一部明史讲义,在今天许多学者看来,即一部明史教科书而已。而今天人们所理解的"教科书",则是对于历史的简单介绍。因此我们今天读到的一些讲义,甚至断代史著作,往往缺少应有的学术深度。孟森先生的这部《明史讲义》,篇幅虽然不甚大,却有极明显的学术态度。对于一件制度或史事的叙述,后面加有按语,征引颇详,给人随手捻来之感,大家风度,跃然纸上。①

商传以《明史讲义》为范本,讲明了讲义与著作的不同,探究了讲义述史的两大特点:一为表达简明扼要,二是要以正史述史。简明扼要,是指讲义的提纲挈领,尤其在讲述历史的时候,并不能将一朝之事或一代之史全部囊括其中,而需要将最关键的史实或者最能说明观点的事件列入其中。对于史学讲义的撰写,最关键的一点是叙述完整,如"述明史,则由元末太祖起事之前题说起,直至南明政权消亡为止;述清史,则由建州女真的兴起说起,直至清亡为止,将这两个朝代的

---

① 商传:《〈明史讲义〉导读》,载孟森《明史讲义》,上海古籍出版社2011年版,第10页。

历史作出了完整的叙述"①。讲义提纲应该这样撰写。

第一,撰写讲义提纲必须完整。这是大学课堂讲义的必然要求,对于史学专业更是如此。历史学讲究完整,就如孟森的明清史讲义一般,要求叙述一个朝代得从立国或建立政权开始一直到灭亡,更确切的应从政权的滥觞直到余绪才算真正的完整。如讲北魏,就应从北匈奴西迁讲起,最迟也应从什翼犍开始,一直到北魏分裂,这才略算完整。历史必须是完整的,不知道过去就不知道何以结束,不知道开始就无法得知结束的原因。

第二,在讲义提纲中要突出关键,这是指关键人物、关键事件以及关键影响。史学课堂需要告诉学生历史的本来面貌,同时更要告诉学生影响历史进程以及历史发展关键的人或事。这些人或事都或多或少影响或决定历史的走向,如官渡之战对于三国的意义、玄武门之变与唐朝的历史。

第三,讲义提纲中教师所持观点一定要鲜明。所谓观点鲜明有两重意思:一是是什么就是什么,不能含混不清,不能是非不辨;二是要坚持甚至要亮明自己的观点,而不能将前贤的说法摆了几十条,却没有自己的一点看法。如禅让,史料中有肯定亦有否定,还有折中的说法。作为教师,就应该阐明自己的看法,比如我在讲述禅让时的观点是:所谓的禅让,一定是在刺刀之下的权力转移。

第四,撰写讲义提纲要有所本,就是要有参照的史学本子。就个人经验所得,如果能够读完而且明了古籍中的大意,那么就可以以《史记》《资治通鉴》为参照,写提纲、找线索,这是最好的办法。但是,如果通读古籍功夫不够,那么就参照近人或今人本子,如《吕著中国通史》《国史大纲》,可以帮助教师理出线索,凸显重点。

2.讲义的章节布局

在撰写讲义提纲的同时,要谋篇布局,这也是关键的一步。谋篇布局,就是要在提纲的基础上,考虑整个讲义该写哪些内容,这些内容所占的比例,以及内容、

---

① 商传:《〈明史讲义〉导读》,载孟森《明史讲义》,上海古籍出版社2011年版,第10页。

意义的轻重比例。傅斯年传世的有《战国子家讲义》[①]可为模板,此讲义分为十九个部分,其中属于总论或概论性质的有六篇,分别为《哲学乃语言之副产品》《春秋战国之际为什么诸家并兴》《战国诸子之地方性》《预述周汉子家衔接之义》《战国文籍中之篇式书体——一个短记》《诸子天人论导源》,其余的则为子家专论。可见总论占据总篇幅的三分之一,而专论为三分之二,各占比例较为适当。另在专论中,涉及儒家、墨家、老子、管子、稷下、杂家、孟子、荀子等多家代表人物、学派及学术团体,这一时期主要的人物、思想基本都照顾到了。还有,说战国就不能不提春秋,战国的思想没有春秋的发展就不可能存在,所以傅斯年在此讲义中多次探究春秋,这也是讲义中必须交代的时间层面的来龙去脉。

第一,讲义要分配均匀。这一要求含义较多,主要为两个层面的意思:一是时间上的分配。关于傅斯年的《战国子家讲义》,由于不知道他开此课的课时,所以不能确切知晓此讲义与课时之间的关系。但按照他于1934年给北京大学历史系所开的选修课"中国上古史单题研究"的周四课时[②]来看,如按16周计算,那就是64次课,19部分每部分讲3次共57次,剩余7次可以机动。这样看来《战国子家讲义》的时间分配较为适当,可以保障主体内容讲完,还留有教师自由发挥的空间。第二层是内容分配要均匀。如果讲述一个朝代的历史,那么在讲义中就要将此朝代的重要事件以及代表人物作一简单的罗列,看应该各占多少篇幅,占多少课时比较合适,当然还得预留机动的时间。

第二,轻重适当。轻重适当主要在于轻的略讲、少讲或不讲,或作为课下阅读的材料;重的则指大讲特讲,让学生知道此历史事件的各个方面,让其最透彻地了解,也就是常说的"重点突出"。就《战国子家讲义》而言,虽为十九个部分,但其中涉及儒家的地方却有一半之多,基本可以确定傅斯年讲述战国子家的重点在儒家,也可以反映出傅斯年的学术着落在何处。1938年定稿出版的《性命古训辨证》是最有力的证明,此书中卷为"疏论晚周儒家之性命说",因此卷大讲孔子、儒

---

[①] 傅斯年:《傅斯年"战国子家"与〈史记〉讲义》,天津古籍出版社2007年版。另,《傅斯年全集》(湖南教育出版社2003年版)第二卷中有《战国子家叙论》,与《讲义》篇目有异,可参阅。
[②] 欧阳哲生:《傅斯年与北京大学》,《北京大学学报》,1996年第5期。

家,有人将其与胡适的《说儒》相提并论。①傅斯年此讲义之重在于理清儒家与先秦诸子的关系,以及孔子所代表的儒家思想。基于此,轻与重就清楚了。轻,有可能指众所周知的历史常识,所以不必讲,或者不多讲,也可以指教师没有研究的方面,所以无法讲。那么重所指为何就更清楚了,指的是教师研究侧重且有成果的地方。

3.以问题为中心,兼有史料支撑

在撰写讲义时,要注意到以问题统帅整篇,没有问题的讲义会成为一盘散沙,而且中心不会突出,重点不会明确。作为讲义的核心要素,问题会成为闪亮的宝珠。但是须注意,宝珠是一颗一颗的,如果没有史料作为支撑进行诠释,那么问题就会失去存在的价值,宝珠也就失去了光亮。

第一,史学讲义中的问题,一定与历史事实、史书记载、课程讲述以及教师研究兴趣相关。其实从某种意义上讲,大学讲课也是一种研究。在课堂的讲述中,教师会根据学生的反应迸发出更多的思想火花,而这样的火花远非读书、备课、写讲义时产生的心得可比,所以讲义中问题的选择更加重要,选择合适了就会在讲述中擦出火花。傅斯年在《〈中国上古史单题研究〉课程纲要》中,列举了十个问题,我们来看:

> 此科所讲,大致以近年考古学在中国古代史范围中所贡献者为限;并以新获知识与经典遗文比核,以办理下列各问题:(1)地理与历史。(2)古代部落与种姓。(3)封建。(4)东夷。(5)考古学上之夏。(6)周与西土。(7)春秋战国间社会之变更。(8)战国之大统一思想。(9)由部落至帝国。(10)秦汉大统一之因素。②

---

① 欧阳哲生:《傅斯年全集·序言》,载《傅斯年全集》(第一卷),湖南教育出版社2003年版,第43页。
② 傅斯年:《〈中国上古史单题研究〉课程纲要》,载《傅斯年全集》(第五卷),湖南教育出版社2003年版,第42页。

当然不能就此断言以上所列的十大问题可以将中国上古史说清楚,但是基本的问题都包括了,如政治、民族、思想,三代、春秋战国、秦汉,考古学、地理学、政治学均有涉猎。

第二,列出问题,同时要注意以史料为支撑,否则极有可能在讲述中成为空谈的"观点派"。史料的选择也在考验着教师的史学功底,要选择最能说明问题的材料,选择这一问题或者这一说法最契合的材料,这就需要教师在日常的阅读中练就硬功,最好的方法莫过于在前文中提及的翦伯赞搜集史料的方法。这种列出问题,再用材料支撑的办法与史学界批判的"以论代史"完全不同,后者是视史料为无物,直接用议论的方式进行历史的解读,这种方式不可取。

吕思勉在《中国文化史讲义》中讲到了烟草。吕氏讲烟草,其意在鸦片。鸦片战争以来,鸦片成为中国人心中的痛,将国家的不强、民族的羸弱全都归于鸦片的输入。所以凡是谈到烟草的种植及吸食,无不最后落于鸦片问题上。吕氏的谈论亦在此列,不过言之有物,论之有据,其中最精辟的论述当为将吸鸦片与吸烟的关系说得清清楚楚。

> 张岱谓大街小巷,尽摆烟卓。黄玉圃《台海使槎录》,谓"鸦片烟用麻葛同雅土切丝,于铜铛内剪成鸦片拌烟,另用竹箐,实以棕丝,群聚吸之,索值数倍于常烟"。中国人之吸鸦片,本由吸烟引起。观张黄二氏之说,则当初之吸蒸,殆亦如后来之吸鸦片也。①

### 4.撰写讲义的一些技巧

撰写讲义要有扎实的功夫。如读书,真正通读了专业书与粗略地翻阅或者没有读书,在讲义中是一眼就可以发现的。但是只有这些基本功远远不够,讲义还有一些专属的技巧,会使教师在课堂讲授中充分利用讲义,使其作用发挥到最大。

第一,讲义中的上下文、前后问题,甚至主体不同部分之间需要过渡,这样的

---

① 吕思勉:《吕思勉中国文化史 中国政治思想史讲义》,天津古籍出版社2007年版,第61页。

过渡我们称之为"衔接"或者"转承"。过渡非常需要,因为讲义的表达是根据教师的写作习惯而定的,极有可能呈现书面语的状态,这就更需要用专门的衔接来处理,以免在讲授中出现尴尬。讲义中各部分之间有可能无法连接(当然,能做到连接更好,但这需要特别娴熟的上课技巧与专业功底),这时候就需要衔接发挥作用。衔接主要根据讲义的上下文或者讲课情境进行,一般来说是有意将刚结束的那段意思加以引申而开始新的内容。如齐思和在讲"史学概论"时,前面讲了四点历史学科与自然学科的区别,然后话锋一转开始讲历史学科的研究方法,这中间的衔接如下:

> 史家虽然以其所研究之对象,与自然现象不同,因之其研究方法,亦不能与自然科学之方法相同,而现代史家治学之态度,则与科学家毫无差别。①

第二,讲义虽然是书写成的文稿,但是在撰写时需要加一些口语的表达,这样做出于两方面的考虑:一方面讲课中突遇卡壳,看到口语化的文字就会瞬间扭转;另一方面口语的添加,会使课堂的表达游刃有余,或许更能表达自己的想法。如陈寅恪讲义中谈到北魏汉化政策时引用了《魏书·高祖纪》中的一段史料,然后说了这样一句话:

> 此殆如王导之兰闍兰闍耶?②

此即为口语化的表达,其不但有行文至此大发感慨的意味,更有画龙点睛的效果,也可能成为学术研究的新启发。傅斯年在《"战国子家"与〈史记〉讲义》中这样的表达非常之多,如:

---

① 齐思和:《齐思和史学概论讲义》,天津古籍出版社 2007 年版,第 42 页。
② 陈寅恪:《晋南北朝史备课笔记》,载《陈寅恪集·讲义及杂稿》,生活·读书·新知三联书店 2002 年版,第 30 页。另关于"兰闍"之解,可参阅氏著《述东晋王导之功业》,载《陈寅恪集·金明馆丛稿初编》,生活·读书·新知三联书店 2001 年版,第 62~63 页。

上说或嫌头绪不甚清晰,兹更约述之。①

这样的口语表达起了承上启下的作用,而且"头绪"有很强的文学表达色彩,不生硬,非常自然。

第三,撰写史学讲义,最主要是在其中贯彻历史学专业的知识及研究方法。所以,在撰写讲义时就要时刻注意将有关史学的基本问题、名词等有意识地添加进去,并在课堂上及时讲述、反复强调,这样才能使学生全面了解历史学,从而感受历史学科的博大精深。其实了解一个民族的文化,主要是靠了解历史,而认识一个民族的文化,也只能依赖于历史。历史是包罗万象的,只有历史学可以承担起这样一个伟大而重大的责任。齐文颖在谈到齐思和讲义的特色时说:

> 课程结构严谨,内容全面,章节层次分明,对中外史学的名词概念讲解清楚,讲史学流派必详述其起源、发展、代表人物、代表著作,对学术上不同意见的争论更是交代得一清二楚,学术观点明确,讲解问题深入浅出,中外史学比较明白易懂。时间断限从古代至当代,每章末附有参考书举要,以弥补讲解之不足。②

第四,将笑话或幽默穿插于课堂讲授中,使枯燥的内容有些活力,让学生在笑声中振奋精神。所以,为了避免忘记,最好将此类笑话写入讲义,以备征引。同时需要注意,不要将笑话的所有内容都写入讲义,一来费笔墨占纸张,二来可避免在讲课时将笑话念出来,从而失去笑话的效果。杨翼骧在讲到欧阳修撰写的《新五代史》时这样说:

> 《新五代史》是欧阳修私撰的,死后公之于世。此书特点是以褒贬为主,

---

① 傅斯年:《傅斯年"战国子家"与〈史记〉讲义》,天津古籍出版社2007年版,第53页。
② 齐文颖:《齐思和史学概论讲义后记》,《中华读书报》,2007年7月25日。

主要是评论,事实不尽详细,他在每篇评论之前加"呜呼",此二字非好字眼(人死用呜呼哀哉),欧阳修解释因为那是乱世,所以用呜呼。①

这就是实实在在的笑话,将欧阳修在史书中的评语语气词作一解读,甚至用"人死用呜呼哀哉",这样的讲课内容效果肯定好。傅斯年的讲义中颇多幽默之词,如:

> 史儋以其职业多识前言住行,处六百年之宗主国,丁世变之极殷(战国初年实中国之大变,顾亭林曾论之),其制五千言固为情理之甚可能者。今人所谓"老奸巨猾"者,自始即号老矣……
> "老学既黄"(戏用此词),初无须大变老氏旨也……②

第五,在讲义的撰写中会有一些关节点,如重要的名词、时间、事件、人物或者承上启下的语句,都关乎上课的效果,但是有时候环境问题、灯光太暗或者讲台高低不合适都会导致看不清讲义上的内容,这就需要用红笔将其进行重点标注。红笔标注,是为了醒目,可以提醒教师哪些重要,或者哪些内容不能漏掉。清代读书人唐彪如此论述圈点标识的重要性:

> 凡书文有圈点,则读者易于领会,而句读无讹。不然,遇古奥之句,不免上字下读,而下字上读矣。又文有奇思妙论,非用密圈,则美境不能显;有界限断落,非画断,则章法与命意之妙不易知;有年号国号,地名官名,非加标记,则披阅者苦于检点,不能一目了然矣。③

---

① 杨翼骧讲授,姜胜利整理:《杨翼骧中国史学史讲义》,天津古籍出版社2006年版,第75页。
② 傅斯年:《傅斯年"战国子家"与〈史记〉讲义》,天津古籍出版社2007年版,第49页。
③ 张明仁编著:《古今名人读书法》,商务印书馆2007年2版,第152~153页。

(二)修补讲义

写成的讲义不会是一成不变的。用讲义上课,会发现讲义有诸多的问题,有可能是知识上的,也有可能是措辞上的,更可能是观点与史料的错误,发现的问题都需要及时地修改。修改讲义,有两种形式:一种是修修补补,这是一种小型的修改,就是在原来的基础上简单地修补,不动大手术,原本的框架、章节布局,还有基本的史料、主题不会发生大的变动,而只是进行局部的、具体的修补,一些无关大碍的改动;另外一种相对而言就显得较为复杂,是一种大型的改动,有可能是将原讲义改得面目全非,改动的地方达到了一半以上,或者是讲义原稿完全弃用,组织材料另外再写一本。无论哪种改动,都是必然而且是必需的,因为没有一个人的任何一本讲义是完美的,只有在课堂讲授中不断完善,教学的技艺也才会随之进步。

1.选择原典,征引原典

对于史学专业而言,教师讲义最重要的部分包含着历史与文化,而历史与文化的讲述与诠释完全依赖于原典,任何对原典的解释都无法取代原典。在课堂讲授的过程中会发现讲义的某一处说服力不强,这就需要征引原典来解决。还有史料运用有可能会不准确,或者是不能更有力地说明这一现象,这也需要用原典进行对照。在撰写讲义的时候,如果参照了近人或今人的史学著述,那么在使用了一两次之后,就必须更换而使用原典。在选择讲义的参考书时,应尽自己的最大力量选用原典,原典对于史学是最富有生命力的。武汉大学图书馆所藏的刘掞藜讲义《中国上古史略》,就在征用原典使用史料方法方面作出了表率,运用史料有选择且严谨,对于传统史家所用之"五经"或"十三经"也有所挑拣,例如"太古史"史料选择的原则是:

> 今余之叙中国太古史迹,惟以《易》、《礼》、《诗》、《书》、《史记》、《韩非子》等取材比较严谨者为据。班固《白虎通义》等论上世社会进化而至于有政治文化之状况,极与今日社会学家所言者相符,殊多可采,故亦引焉……至如《补三皇本纪》、《帝王世纪》、《拾遗记》及谶纬诸书所言虽详博,但悉属神话

杂说,怪诞不经,毫无信史价值,不足闻问。①

其实从发展知识、创造思想的角度讲,近现代以来几乎没有一本书可以与原典相比,这也就是为何在讲义中必须要用原典、原始材料的原因。回到原典,才是史学教学、学术研究的最终方向。所以,特别提倡大学历史教师使用原典撰写讲义,在课堂讲授中推荐原典,征引原典。

2.观点需要不断地增加、完善

史学观点也在动态的变化中,这样的变化必须不时地在讲义的修补中体现。史学观点是必须持有的,这是历史认识或者具有历史见识的最有意义的表现,也是史家追求的目标,讲义中要有有价值的、可以集中诠释史料的观点。所以讲义中的观点一定是经过锤炼的,经过岁月沉淀的,当然绝不可能存在没有异议的观点,所以有争议的观点不能排除。其实从某个角度讲,越有争议的观点其价值越大,越值得在大学里讲解。夏曾佑20世纪初撰写的《中国古代史》中对秦政权是这样认识的:

> 秦自始皇二十六年并天下,至二世三年而亡,凡十五年,时亦促矣……观其大一统,尊天子,抑臣下……②

夏曾佑认为秦始皇统一了中国③,所以称之为"大一统",这样的认识一直持续至今。2012年出版的《简明中国历史读本》中有:"公元前221年,秦王政统一

---

① 刘掞藜:《中国上古史略》,国立武汉大学印(确切时间不详),第1~2页,转引自周荣《刘掞藜的古史思想——以武汉大学图书馆藏民国老讲义为蓝本》,《武汉大学学报(人文社科版)》,2014年第1期。
② 此两段引文分别见于夏曾佑:《中国古代史》,河北教育出版社2000年版,第252、253页。
③ 关于秦始皇统一中国的认识,司马迁说法不同,《史记·秦始皇本纪》中有"并天下""维秦王兼有天下""今皇帝并有天下"之语。"统一"与"并天下""兼有天下""并有天下"意义完全不同。此注释引文分别见于《史记》卷六《秦始皇本纪第六》,中华书局2005年版,第167、175、181页。

六国,结束战国分裂局面,建立起中国历史上第一个统一的多民族的专制主义中央集权封建国家,立都咸阳。"① 相对于夏曾佑的看法,《简明中国历史读本》所阐述的观点就是一种发展。

当然,也需要增加新的观点,这样的观点或许没有经过锤炼与争辩,但是不能忽视其意义,至少可以引入新风,让学生了解学术前沿、学术进展。如对于清朝灭亡的认识,我们一般认为是内外两个原因,外是列强,内为腐败,并且往往会有"清朝是中国封建社会的晚期"等语。既然是晚期,那么就应该灭亡,似乎清之灭亡是应该的,必然的,是会被预料的,这是一种较为传统的而且持续较久的观点。但有这样一种认识:

> 1911年8月20号,几乎全北京所有掌权的人们,没有一个人想到他们快完蛋了,没有一个。我看过那个时代所有掌握大权的人留下来的日记,包括他们的回忆和书信,没有一个人说自己在10月10号之前就想过大清朝快完蛋了,从上到下都没有。我看他们的日记里整天记录的就是吃饭送礼,真是盛世。②

### 3.反省思考,查缺补漏

每一次课堂讲授之后,反省思考这次上课的精彩与失败之处,查缺补漏,并及时地将思考的结果补充到讲义中。课堂讲授必须依据讲义,讲授的过程其实就是解析讲义的过程,并对讲义进行拔高。当然,即使这堂授课超出了讲义的水平,并不意味着没有问题,所以在讲课之后要进行反思,主要在于以下几个方面:

第一,有没有明显的错误。课堂中会出现口误,而这样的口误会涉及历史名词、地点、人物,甚至突然记起的某本书、某一作者、某一说法,但是极有可能记忆

---

① 中国社会科学院历史研究所《简明中国历史读本》编写组:《简明中国历史读本》,中国社会科学出版社2001年版,第107页。
② 《辛亥百年解——大清朝何以脱轨》,载严彬、马培杰编《临渊》,广西师范大学出版社2014年版,第82页。

有误,或者表达出错。在课后要查阅相关资料,做到准确无误,并将准确的史料记录在讲义中,在下次课上先行告知学生,做到态度严谨。笔者在2000年给历史系师范班上"中国古代史"上半段时,讲到研究魏晋南北朝的史家有陈寅恪、唐长孺、周一良等,并列举了几人的代表作,课后一查却发现,将唐长孺与周一良的著作搞混了,周一良的是《魏晋南北朝史论集》,而唐长孺的是《魏晋南北朝史论丛》《魏晋南北朝史论丛续编》及《魏晋南北朝史论拾遗》,于是赶快写入讲义,以备下次上课时纠正。

第二,对上课时没有想到的有意义的看法、观点及时记录下来,以备下一轮上课时再讲。撰写讲义与课堂讲授完全不同,后者的思维活跃程度更高,尤其在当下的应激情境中更是有火花迸现,往往会有新的见解,而这样的见解常会昙花一现,如果不及时记录,那么就会随着下课而"下课"了。其实将课堂讲述时产生的思想见解再深入一步,就会成为学术研究的问题,而这样教学相长模式下的问题更经得起推敲。笔者在2012年讲授"中国古代史"秦汉部分时,谈及张骞通西域,其实讲义中就写了张骞通西域的原因、路线及过程,对于其意义着墨较少,只有几点。可是在讲述时思路开阔了起来,将张骞通西域与西汉时中国人对于世界的认识相联系,并由此谈及了"天下"与"统一"、"中原"与"四夷",这与讲义完全不同,认识更为深刻。课后及时将此问题整理扩充并撰写成文。①

### 4.及时修补、修正

对于讲义中的专业内容应该做到及时修补,以免下一轮再上时错误仍然存在,得不到修正。对于讲义中的一般问题也应该如此,尤其是程式化的设计,要做到及时修补、调整。细节有时候也能影响到课堂讲授的质量。讲义中的程式化设计在课堂中的呈现主要在于几个方面:一是如果在讲解中总是一个程式,学生容易产生审美疲劳,觉得不新鲜,提不起精神,感觉索然无味,如发现学生有了这样的表现,那么就应该改变讲义程式;二是讲义中应出现不一样的表达方式,如考古学、文字学等知识、方法的运用,但是必须间或出现,如果每节课都用同样的方

---

①张詠:《"天下"与"统一":汉与西域关系的再认识》,《宁夏社会科学》,2013年第1期。

式,那么就会成为考古学史或者汉语史了;三是有意识地坚持一种习惯、一种方式,随着时间的流逝,就会形成具有自我特色的模式,而这样的模式须在讲义中得到体现。

第一,撰写讲义时,每一个朝代都应是政治、经济、军事、文化、民族关系,以及总体评价六大板块。作为讲义,完备而周全是第一要务,撰写讲义的最高境界是可以在讲义中查阅到课程的所有内容,虽然很难做到,但这是努力的方向。可问题在于,当讲义被课堂呈现之后,就会暴露出问题,学生会对一成不变的讲解模式毫无兴趣,所以要改变讲义的撰写模式。

第二,笔者在撰写"中国古代史"讲义时,为了更好地说明问题会使用文字学材料。如讲读书之法"读书不可贪多"时,为了更深刻、更形象地说明就会板书"贪"的甲骨文字形以及《说文解字》中的释义。但是这样的方法,不能一直都使用。对于"中国古代史"之类的课程来讲,使用文字学讲解有关问题只会使课程加深,而不会削弱表达,所以不能经常使用,但可以不间断地使用,只要达到一定的时间量与使用量,就会成为上课的特色,而这个特色需要保持。如在讲义中对外国汉学家著作的引介,最好加上其母语的表达方式,如美国汉学家本杰明·史华兹及其专著《古代中国的思想世界》[1],在讲义中不但要有此人的中文名字及专著的中文名字,还应该有英文名 Benjamin I.Schwartz,以及 The World of Thought in Ancient China,这样的表达会更为正式,符合学术规范。

5.抛弃与更换

讲义经过讲授之后需要的不只是细节上的、局部的修补,还需要动大手术,或者是抛开旧讲义,完全地更换,尤其是内容上的变动。

一般来讲,有的大学教师是每年重写一次讲义,在内容上精益求精,不但对学生负责,就是对教师自己而言也是非常大的促进。可惜这样的教师并不多,更多的教师会在讲义使用了三到五次之后再进行大规模的重写或改动。陈寅恪是

---

[1] [美]本杰明·史华兹:《古代中国的思想世界》,程钢译、刘东校,江苏人民出版社 2004 年版。

**精益求精的表率：**

> 在我们长大后，父亲多次对我们说过，即使每年开同以前一样的课程，每届讲授内容都必须有更新，加入新的研究成果、新的发现，绝不能一成不变。①

陈寅恪认为讲义的撰写必须更新，其更新主要在于新的研究成果及新的发现，这两项新的内容应该依自己读书研究的心得以及当时的材料发现，这在陈寅恪的著作中不难看出。作为他的助手，王永兴的回忆更有代表性：

> 我在记述一九四六年寅恪先生在清华讲授两门课，又联系到在抗日战争期间他在昆明西南联大讲两门课的情况，旨在说明先生一生的教学都是如此。他的教学又是高水平的，例如他讲授晋南北朝史、唐史几十次，每次内容不同，每次内容都是新的。先生备课讲课又极为认真，丝毫不苟。②

可见陈寅恪撰写讲义之认真，而且在讲课的过程中不断更新讲义，而这样的更新完全在于自我研究的进步，所以其更新较为及时全面。对于一般的大学教师而言，三至五年更新一次讲义应该作为必要的措施，那样会督促自己读书、做学问，而且因内容较新，自己在课堂讲授时也会有所触动，进而有新的见解产生。不要以为给每一届学生讲同样的内容，因为学生是新的，所以旧的讲义亦是新的。学生会交流，甚至会将课堂笔记传抄继承下去，一届复一届，那么讲义还应该不变么？所以，应该对讲义进行更新，甚至是全新的、另起炉灶式的改动。其实更新讲义，也从另一角度说明教师对教学的责任心。如果是负责任的教师，不用督导

---

① 陈流求、陈小彭、陈美延：《也同欢乐也同愁——忆父亲陈寅恪母亲唐筼》，生活·读书·新知三联书店 2010 年版，第 99 页。
② 王永兴：《种花留于后来人——陈寅恪先生在清华二三事》，载钱文忠编《陈寅恪印象》，学林出版社 1997 年版，第 107 页。

或教学检查就会自觉做到讲义的更新;而如责任心不够,那么就会一本讲义从新入职用到离开岗位。

(三)讲义与讲课

作为一种文字载体,讲义是备课形成的材料,也是课堂讲授的必备,教师在讲授时可以依赖讲义,但不可以拘泥于讲义。讲义作为讲课的基础,需要在讲课时带入课堂,甚至必须摆放在讲桌上,以备不时之需。讲课时可以看讲义,也可以不看讲义,这完全在于教师对讲课内容的熟悉程度以及讲课时的感觉。至于课堂讲授,我们会在下一章专门探讨。但是一心痴于教学的教师一定会同时注重撰写讲义与课堂讲授,只有做到了这两方面都不误,才能做到课堂上大放异彩,才可能称得上好老师。所以,我们在讨论中一直贯穿一个思想,就是要认真,做老师只要认真做好每一件事,即使没有名载史册,也会被学生记住并称道的。冯友兰曾回忆这样一位大学教师:

> 给我们讲中国哲学史的那位教授,从三皇五帝讲起,讲了半年,才讲到周公。我们问他:照这样的速度讲下去,什么时候可以讲完。他说:"无所谓讲完讲不完。若说讲完,一句话可以讲完。若说讲不完,那就永远讲不完。"[1]

这位教授就是当时北大著名的陈汉章教授,冯友兰的回忆恰恰证明了陈汉章的博学与认真。"据陈汉章之女陈增华回忆,陈汉章在北大执教期间,开课多门,白天授课,晚上编撰讲义,教学甚勤。"[2]同样,任教清华的浦江清教授亦是如此,白天上课,晚间撰写讲义。

但在他心中,教学是第一位的。他在1955年4月致陆维钊函中说:"唯

---

[1] 冯友兰:《三松堂自序》,载《三松堂全集》(第一卷),河南人民出版社2001年版,第170页。
[2] 王丹丹、颜春峰:《陈汉章〈尔雅学讲义〉稿本述略》,《江西社会科学》,2010年第6期。

课务颇重。宋以后文学史一段,多小说戏曲大部,阅读既费时间,分析批判能力不足,因此备课时间所费最多。""中国文学史(第三段)"是中文系本科生的课,以他的功底和长期的教学经验,任教自然游刃有余,但他却为备课花费了最多的时间。连教三遍,每遍都有系统详尽的讲稿。一个章节,往往先写有提要,再作详述;一个问题,一次写得不满意,便再写一遍。考虑到学生的接受能力,讲稿深入浅出。语言风格,也与早期讲义的文白夹杂不同,纯用语气连贯的口语。字里行间,处处流露着他对学生的期望关爱,体现着兢兢业业、一丝不苟的认真负责态度。①

其实,从这两位大学教授身上,我们可以看出讲义与讲课的关系,紧密相连,相辅相成。没有讲义,就无法完成第二天的课堂讲授;没有课堂讲授,教师就不知道该在讲义中写些什么。大致看来,讲义与讲课的关系有以下三点。

第一,我们上面讲过,讲义是讲课的必备,讲课须依据讲义,所以讲义是讲课所本。课堂讲授是最主要的教学活动,需要通过课堂讲授完成知识的灌输、思想的培养以及人格的提升,所以课堂讲授的作用是无法代替的。但是,讲课又有基本的规范,而这规范首先来自于讲义。正如之前我们所讨论的那样,讲义中所包含的正是学科最基本的知识和最系统的知识,而这两大部分构成了讲义的基本内容。民国时傅抱石在中央大学教授"中国美术史"课程,并撰有此课程上古至六朝部分的讲义,研究者就此谈到了讲义的基本内容。

> 傅抱石坚持以美术为主体,并不注意到美术现象诸如画家、画作等和政治制度、思想文化、时代精神等相互之间的联系与影响,从另一个更为广阔的文化角度对中国古代美术进行归类论述,运用古代典籍中大量历史的和美术的材料,来分析和论述美术史的一些现象、发展的过程

---

① 蒲汉明:《〈浦江清中国文学史讲义〉后记》,《中华读书报》,2007 年 8 月 15 日。

和运动的规律。①

讲义中涉及的必然是此课程的基本内容,犹如上述引文中,"中国美术史"天然就该包含两大块的内容:一是美术发展的历史,此为美术发展的部分,讲述美术的起源、进程以及当下;二是美术发展进程中的一些代表性人物及作品,并由此阐述美术的基本概念与名词术语。当然,讲义在提供基本的讲述内容的同时,又给予讲课以限定。课堂讲述可以照本宣科,也可以自由发挥,照本宣科姑且不论,自由发挥要有一定的限度。教师在讲课时的自由发挥不是指天马行空,想说什么就说什么,而是必须限制在一定的范围与主题之内。所以,从这一角度讲,讲义又是讲课的限制。有的大学教师在讲课的时候,或因讲授内容的刺激,或学生反应的应激,会由此及彼谈论一些社会热点或时事新闻,这样自由发挥未尝不可,但讲述不能占用太多时间,也不能占用过多的篇幅。如讲授"世界古代史"的西哥特人入侵罗马,可以联系到中国魏晋时期洛阳的境遇;讲授"中国近代史"的鸦片战争,也可以联系到中外交流史上的外来物品如烟草、玉米等,甚至可以提到张骞通西域的物品交流。这样的讲述不但不会受到批评、限制,反而大受鼓励、欢迎。但是远离讲义主题,超越讲义范围的内容就不合适,应该回到讲义,继续讲义上的内容,这就是限制,就是讲义存在的价值。

第二,讲义相对于讲课而言是限制,但其实讲课要比讲义高,这才是真正的发挥。当然,限于教师的身体、精神以及情绪的条件,或者学生的反应等,教师也会在讲述中出现问题,讲者艰难,听者欲睡,这对于以讲课为生的教师而言很正常。如果出现讲述不畅的情况,那么教师唯一自救或者保全尊严、坚持讲完这堂课的办法就是依赖讲义,这样至少可以保证将讲课完成,讲义就成了救命稻草。也可以说,讲课即使到了最差的地方,也就是与讲义的水平持平。民国时期的大学教师非常看重讲义的撰写,周作人每写完一些内容,就会请鲁迅修改,可见其

---

① 万新华:《从课程讲义到学术著作——傅抱石〈中国美术史〉(上古到六朝)、〈中国古代绘画概论〉研究》,《艺术探索》,2016 年第 4 期。

重视程度。重视的原因有一条是肯定的,那就是讲义写得好,那么讲课也不会很差。这样,我们就能理解一些高水平的大学教师对讲义的精心编撰了。曾任教武汉大学的方壮猷教授,留下了一部《元史讲义》,此讲义与一般的史学讲义不同。

> 以今日之标准,历史教材的写作模式应是以呈现学术界相关研究成果为中心,提供给学生关于某断代历史或某一个专题的基本史实描述、历史解释及价值评判,它大致以时间线索为序,易于使读者理解历史事件间的联系和演进,这就要求作为教材使用的文本应是尽可能完整、全面的。但是《讲义》并不如此,其重点并非是叙述元朝从建立到发展、繁荣,再到衰落、灭亡的动态历史进程,而是方氏以个人的学识,通过对本土及域外材料的了解和会通,对蒙元历史事实做出独特的观察和解释,进而有选择性地将最能反映蒙元史研究最新成就及蒙元史研究的重要材料选编在一起,为学生提供一个更富有启发性和指导性的文本。所以《讲义》的编纂,既是满足教学的需要,使学生对材料及国际学术前沿的研究成就有一定的了解,也是方氏基于自身研究旨趣和学术积累的思考。①

方壮猷教授的《元史讲义》有两大特点:一是具有相当高的国际视野,使用了外文材料,介绍了当时国际汉学家关于蒙元史的一些新观点;二是使用了自己对蒙元史的最新研究成果。这就与普通的讲义编撰大有不同,其不仅仅是形式,更是对讲义、讲课的深切认识。讲义内容的深度、广度决定了课堂讲授的专业认识,也就决定了此门课程对学生的影响效果。

总之,讲义与讲课之间相互依存,虽有先后次序,却无主次分别。讲义是讲课的基础,讲课是讲义的升华。大学教师撰写的讲义,追求的应为"专深",而非"博约",应为"晦涩",而非"易懂"。胡适的《中国中古思想史提要》,以及陈寅恪的专

---

① 徐红:《论方壮猷的史学贡献——以武汉大学图书馆藏〈元史讲义〉为中心》,《武汉大学学报(人文科学版)》,2014年第1期。

题课《西北史地》皆为典范。

  胡适之先生讲授中国哲学史,他编发的讲义题为《中国中古思想史提要》,他这份讲义确实是提要,一共三十八页(当时讲义都可订成线装书),分十二讲……胡先生因为讲哲学史,必然要涉及佛学,他曾撰著过《佛教的禅法》及《禅学古史考》等,讲义中采取了日本学者矢吹庆辉的论文及蒋维乔译的《中国佛教史》,引证了中外大量参考书籍才作出佛教在中国的演变。看得出来,胡先生编著的这份讲义,是费了大力气,下了大功夫完成的,是一本杰作。①

追求艰深,是大学教学在撰写讲义、课堂讲授时的目标和理想,不要以为自己讲得过深,会妨碍学生理解,更会消弭学生学习的热情,其实这样的担心毫无意义。在学生记忆中留下深刻印象的,几乎全是讲课艰深的教师。

  陈寅恪先生讲的《西北史地》,是典型的专题研究,他论述了古代西北民族的发展、迁徙、混同经过,由地理环境的变迁形成风俗习惯。他特别讲到中国史书上的大夏及大月氏与中国的关系,在地理方面涉及古印度、波斯、越南等地。陈先生学通中西,他编写讲义的方法,除了引证中国古史外,旁及《西域记》、佛经诸书,对于当代中外学者的研究著述也引证评论。于是,他把古今各方面的说法加以综合,有同意的赞许,有不同意的批判。他的讲课比较精深,非一般初年级学生所能理解和接受。②

---

① 谢兴尧:《读书有味聊忘老》,载陈平原、夏晓虹编《北大旧事》,生活·读书·新知三联书店1998年版,第496~497页。
② 谢兴尧:《读书有味聊忘老》,载陈平原、夏晓虹编《北大旧事》,生活·读书·新知三联书店1998年版,第495页。

# 第三章　课堂教学(上)

一切准备工作就绪之后,就进入了教学的实战阶段,即课堂教学。说是实战,就因为之前所有的工作,读书、讲义、思考问题等都在为这一环节做准备。课堂教学是整个大学教育中最主要的环节,其方式与质量决定了大学的办学水平以及声望,这就对课堂教学提出了要求与挑战。课堂教学并不是单一的存在,还有一些辅助的教学形式,但最主要的就是课堂讲授。课堂讲授是大学教学的核心环节,实施者是大学教师,当然,大学里其他工作人员也在起着作用,但不是决定性的。学生也是课堂教学的主要人员,不过一直充当着被动的、受教的角色,虽然有人长期致力于改变这种被动的状态,但收效甚微,目前还是"讲授—学习"形式占据着大学课堂。研究高等教育的专家如此定位课堂教学:

> 课堂讲授是当前我国高等学校班级教学的基本形式。教师系统而重点地向学生讲授教学内容,指导学生遵照学科特点自学,并给学生以思想上的影响。在讲授中,教师除按照教学大纲的要求讲授教材外,可以深刻而生动地阐述个人对所教学科的观点。这可以是自己的研究心得,对教材有所补充或发挥;也可以引述与教材观点不一致的论点,提供学生分辨、思考。目的在于使学生对学科中的本质问题深入领会,并引起兴趣和探索的欲望。①

---

①潘懋元主编:《高等教育学》(上),人民教育出版社、福建教育出版社1984年版,第233页。

可以看出，课堂教学必须有所本，必须有教材，有一定的限制，但是大学课堂讲授的目的不仅仅是讲解教材，传授知识，而是在教材、知识之上的研究。而这样的研究可以是教师的心得，也可以是教师征引他人的观点，但无论如何都只有一个明确的目的，那就是激起学生探索的欲望，进行更为深入的学习。美国哥伦比亚大学教师布鲁克菲尔德用较为轻快的语气讨论了课堂教学的意义。

> 在所有的大学教学方式中，讲课或许是最经常被滥用的一种。许多教师通过社会交往产生了这样的想法：讲课是正常的教学方式，只有当不同寻常的情况出现需要放弃它时才会对它弃而不用。在教师教育中，教授们的做法被认为是应该展示对教学的深刻感悟的，而又如此之多的教授却只用讲课作为鼓励学习的主要手段，这实在令人吃惊……
> 
> 由于这样的滥用，也由于讲课形式所具有的居高临下的、以教师为中心的本质，这种方式常常被宣布为已经死亡。但是，正由于如此频繁地被宣布死亡，其尸体仍表现出非同寻常的生气。的确，那些倾向于曾经在思想上为其读悼词的人常常会发现自己在以后的某一时刻又在使尸体复活。①

从布鲁克菲尔德诙谐的语气中还可以看出一丝无奈，课堂教学已经跟不上时代变化的脚步了，所以被宣布死亡，而这样的宣布不止一次，却也从另一个方面证实了课堂教学的生命力。

进入了课堂讲授环节，大学的教学活动及学习活动也变得鲜活起来，不再那么神秘，也没有了紧张感，一切按部就班，一切安静有序地进行着。撰写好了讲义，就等于备好了课，这是重要的教学环节，讲义可以使教师有信心上完（而不是上好）一节课。

当然，教师在上课之前还有一些非常必要的细节需要处理，千万不要小瞧了

---

① [美]斯蒂芬·D.布鲁克菲尔德：《大学教师的技巧——论课堂教学中的方法、信任和回应》，周心红、洪宁译，浙江大学出版社2005年版，第46页。

这些细节，它可与讲义一般重要，极有可能会扰乱、破坏课堂教学，使之无法正常完成。这主要体现在以下三个方面。

其一，有的大学教师认为，上好课或者讲好一堂课最主要是得到足够的休息，这样体力才跟得上。还有的教师认为，不能在饥饿的状态下上课，那样会有气无力，根本无法坚持90分钟。当然，身体好、休息充分以及吃饱都是上好课的基本条件，但是有一个条件却比以上三个因素更重要一些，至少我个人是这样认为的，那就是精力充沛，这样才可以讲好课，使学生感受到教师的风采。那么精力充沛到底是一种什么样的表现呢，有这样一段回忆足以说明：

> 钱先生(钱玄同)精力充沛，声音宏亮，说话有点口吃，在讲台上他常说还……还……还(读如孩)有一个字。在教员休息室，其他先生下课后都有点疲倦，静静坐着，抽烟喝茶，他还有余热高谈阔论、声震四壁。①

精力好，不只是可以正常上课，还是上好课的必备条件。如果每次上课都希望上好，那么精力就更重要了。有了充沛的精力，才可以谈表达以及控制课堂等。钱玄同就是精力充沛的大学教师的代表，上完课还不知疲倦，还很有精神，这已经很了不起了。

其二，史学家严耕望回忆自己的老师钱穆先生上课的情景，其中尤有可圈可点、学习之处。

> 想象他在北京大学讲通史时，正当四十余岁的盛年，精力充沛，驱之以民族感情，发之为锋利讲辞，其能动人心弦，激发青年爱国情操，可以想见。若讲通史皆能如此，必能增加青年们对于国史文化的向心力，进而有助于民族感情的凝聚，与青年爱国精神的提升。②

---

①谢兴尧:《读书有味聊忘老》，载陈平原、夏晓虹编《北大旧事》，生活·读书·新知三联书店1998年版，第497~498页。
②严耕望:《治史三书》，辽宁教育出版社1998年版，第195页。

在精力充沛之外,还需要有丰富的感情,这是讲好课的另一关键条件。感情丰富,指的是在讲课时会用感情,将感情化在所讲内容之内,尽量做到动之以情,晓之以理,这样讲解起来不会显得枯燥晦涩,学生听着也会充满兴趣。当然,不是所有的课程都适合动情地演说,如音韵学、文字学或者考古学,以及制度史等,传授知识肯定是第一要务,根本不适合运用感情。学习,应该是平静而艰苦,而且此类课程需要的正是枯燥艰涩,这也正是大学课程的本色所在。

其三,教师在上讲台之前,必须要梳理一下自己的形象,检查自己的着装是否得体、头发是否顺溜、脸部是否干净等,这是必要的程序,决定了你迈进教室的一瞬间学生对你的印象。教师从某种意义上来讲具有表演的性质,所以外表以及言谈举止非常重要,会影响学生对教师的评价。至于课堂效果,或多或少会受到波及。有人回忆了闻一多先生在青岛大学讲课的形象:

> 他头发留得很长,梳到耳后。经常身着长袍,脚穿缎鞋,拿着手杖,颇有诗人的潇洒风度。①

其时,闻一多主要讲授英国诗,其穿着打扮也就有了诗人的风度。等他到了北大任教后,便有了变化:

> 在衣著方面,也改为一般学者装束,不留长发,不拿手杖,那时也还没留胡子;不再是在青岛时的诗人风度,而是衣著俭朴,道貌岸然的学者风范了。②

闻一多的着装打扮给学生留下了深刻的印象,而且形象的变化亦与所授课

---

①②严薇青:《北大忆旧》,载陈平原、夏晓虹编《北大旧事》,生活·读书·新知三联书店 1998 年版,第 481 页。

程相关,可见形象塑造对于大学教师的重要。

## 一、表达

课堂教授主要在于表达,有语言表达、肢体表达还有板书表达等,目的就是吸引学生,激发学生的求知欲望,使学生在45分钟或者90分钟内认真、专心地听讲,启发其探究的兴趣。如果课堂教授能用"艺术"二字评价的话,那么表达是最合适不过的体现。既然可以称为艺术,那么就需要有艺术类的讲究,将课堂讲授的技巧与艺术相融合,或者加以艺术化,使学生听课成为艺术的享受。当然,不是每位大学教师都能够做到,但却也是大家一心向往的境界。拉尔夫·林恩,美国德克萨斯州大学的一位教师,他得到了学生这样的评价:

> 林恩于1974年退休,他从前教过的学生中有100多名如今都成了大学教师。他们对林恩称赞有加。其中有一位名叫罗伯特·富尔格姆(Robert Fulghum)的学生,后来写了一本非常有名的书,他在书中宣称,他在幼儿园学到了他需要知道的有关生活的一切;他坦陈,拉尔夫·林恩是"世界上最好的老师"。另一位学生叫安·理查兹(Ann Richards),她于1991年当选为得克萨斯州州长。她写道,林恩的课"为我们打开了一扇世界之窗,而且对于一个来自韦科市的年轻女孩来说,他的每一堂课都是一种异乎寻常的经历"。她从州长的职位退下来几年后,还解释说,林恩的课就像"通向历史伟人和历史运动的神奇旅行"。哈尔·温格(Hal Wingo)也曾上过林恩的课,多年后他当上了《人物》杂志的编辑。他断言,林恩提出了他所知道的有关人类克隆的最好论点。这位编辑解释说:"拉尔·林恩会以他全部的聪明才智,不停地教育一代又一代新人,一想到这些,我就对未来充满希望;没有什么别的事物会让我对未来充满更多的希望了。"①

---

① [美]肯·贝恩:《如何成为卓越的大学教师》,明廷雄、彭汉良译,北京大学出版社2007年版,第1~2页。

林恩是一名大学历史教师,主要教授的是与欧洲史相关的课程,学生对他的印象与评价来自于他的课堂。讲课就是如此,要让学生有所收获,所以学生对林恩讲课最极致的评价就是"希望",使学生在听课中充满希望,这是多么有意义、有价值的事。

(一)语言表达

语言教学是大学教师使用的最主要的教学手段,无论科技如何发达,采用什么样的教学技术,语言教学都是无法替代的。教师在讲台上讲,学生在座位上听,这就是课堂授课最主要的,也是最经典的形式。学生记住的永远是教师讲了什么,用什么样的语言讲的,这些都会对学生产生影响。我们在前文中讨论过,大学教师应该采用普通话进行课堂教学,当然也不排除会使用不太标准的普通话或者方言,但是都无伤大雅。语言表达具体是指:

> 课堂上进行讲授时,语言要生动形象、富有感染力,清晰、准确、简练,条理清楚、通俗易懂,音量、语速要尽可能适度,语调要抑扬顿挫,适合学生的心理节奏。①

这样的论述确实通俗易懂,似乎又没有切实的可操作性,但关于大学教师语言表达的基本要点都包含在内,尤其是对语言表达的基本要求清楚明了,可以作为教学理论加以学习。沈阳师范大学孙绵涛博士曾做过名为《大学教师的课堂教学艺术》的讲座,其中谈到了大学教师的讲功有三个方面:一是有内容,二是要清楚,三是要中听。总之,语言表达就是要清楚、中听。

1.语言表达要清楚

讲得清楚就是要求教师的语言、语调、逻辑要清楚,语音准确,语调抑扬顿挫恰到好处。什么时候高、什么时候低、什么时候快、什么时候慢都要掌握好。另外教师讲课要好听、舒服,男教师声音宽厚有穿透力,女教师声音要甜美、圆润,这

---

① 马开剑主编:《大学教学论基础》,山东大学出版社2011年版,第42~43页。

样听起来才会舒服。另外表达要有逻辑,思路清晰,要让学生闭上眼睛都能知道你在讲什么才行。①

讲课的硬功夫,全在表达上显示,其最主要的一点就是让学生听懂、听清楚,且爱听。对于教师而言就是语音、语速、语调上的把握。理论上很容易阐述,但是作为实际操作的细节又难以施行。有的教师可以做到,有的又全然做不到。课堂表达和教师自身的学养功夫,甚至学术研究能力没有必然的联系,所以学术自成系统,表达又是另一方面。钱玄同和孟森就是截然不同的例子。

> 他(钱玄同)是师范大学教授,在北京大学兼课,讲"中国音韵沿革"。钱先生有口才,头脑清晰,讲书条理清楚,滔滔不绝。②

> 专说他(孟森)的讲课,也是出奇的沉闷。有讲义,学生人手一编。上课钟响后,他走上讲台,手里拿着一本讲义,拇指插在讲义中间。从来不向讲台下看,也许因为看也看不见。应该从哪里念起,是早已准备好,有拇指作记号的,于是翻开就照本慢读。我曾检验过,耳听目视,果然一字不差。下课钟响了,把讲义合上,拇指仍然插在中间,转身走出,还是不向讲台下看。下一课仍旧如此,真够得上是坚定不移了。③

论研究古文字与明清历史,钱玄同与孟森都称得上是大家了,这一点是毋庸置疑的;但是就讲课而言,却大不相同。钱先生讲课有条理,还滔滔不绝,从张中行的回忆中看得出其很受学生欢迎,称得上是有口才。孟先生则不同了,从引文中可以看出,那不是在讲课而是在念讲义。在课堂上,想要做到语言表达清楚,一是要加强自己的语言训练,不只是讲好普通话,还要注意断句、抑扬顿挫等;二是要有意识地进行口头表达训练,如讲述一件事,或者复述电影,使听众完整、清楚地了解整部电影的主题及情节。还可以讲述历史故事,或者讲述一个历史人物的

---

①孙绵涛:《大学教师的课堂教学艺术》,《教师教育学报》,2015年第2期。
②③张中行:《负暄琐话》,中华书局2006年版,第91、90页。

生平,使听众可以知晓主要意思。反复训练就可以提高语言表达能力。

2.语言表达要中听

语言表达要中听,这其实是在清楚之上更高的要求,有点美学或者艺术的意味。孙绵涛认为,要做到中听须做到五个结合。

> 讲得中听,就是要讲得让人欲罢不能,讲得别人特别爱听。那怎么做到耐听呢?我想要做到五个结合。一是书面语言与口头语言相结合。教师讲课要用口头语言,在讲到一个定义、原理的时候要用书面语言一字一句准确地讲出来,便于学生记忆;当你解释这个概念的时候,用一些口头语言……二是哲学语言与文学语言相结合。教师在分析一个理论时,要用逻辑的力量来征服学生(听众),当你说明一个道理的时候,要用最优美的文学语言,让我们的学生如临其境、如见其人、如闻其声。三是普通话与地方话相结合……四是现代话与古话相结合。现代人讲的是白话文,但也可以偶尔说点"之、乎、者、也"的古文,比如说"为什么"可以用"何以言之"这类表达就比较好。五是中国话与外国话相结合……①

中听,其实只有一个标准。如果说教师自己有感受的话,那就是酣畅淋漓,但是教师这种良好的感觉并不能代表学生,学生自有学生的评判标准。学生认为教师讲课中听,就是自己不瞌睡,不玩手机,不看窗外,不心猿意马。所以,讲课的中听与否,评判全在学生,表现就在教师。我们一同欣赏一下胡适先生是如何让学生觉得中听的。

适之先生在校中开的课是中国文学史和传记研究,传记研究是研究院课程,而且要缴几万字的论文,选修的较少。文学史则是一门极叫座的课。他讲《诗经》、讲诸子,讲《楚辞》,讲汉晋古诗,都用现代的话来说明,逸趣横

---

① 孙绵涛:《大学教师的课堂教学艺术》,《教师教育学报》,2015年第2期。

生,常常弄到哄堂大笑。他对于老子的年代问题和钱宾四(穆)先生的意见不相合,有一次他愤然地说道:"老子又不是我的老子,我那会有什么成见呢?"不过他的态度仍是很客观的。当某一位同学告诉他钱先生的说法和他不同,究竟哪一个对时,他答道:"在大学里,各位教授将各种学说介绍给大家,同学应当自己去选择,看哪一种合乎真理。"①

中听,不仅在于说话本身让人舒服,还在于说的技巧。胡适的轶事至少说明了三个问题:一是说话在声音上要好听;二是胡适使用的是现代话,那就可以断定胡适讲课一定是文白相杂,这就与孙绵涛所讲的"现代化与古话结合"不谋而合,所以学生才觉得是"逸趣横生";三是要有语言表达的技巧,如胡适所说"老子又不是我的老子,我哪会有什么成见呢?"就是典型的例证。

(二)板书表达

大学教师在课堂上可以做到滔滔不绝的讲述,但是只用这一种形式是远远不够的,因为已经过了"口耳相传"的时代,再守旧就故步自封了。板书是用语言讲课的最初或者最大的辅助手段。我们在第一章谈到了大学教师对板书的一般运用以及如何写好板书,在这里我们将集中探究历史学教师该如何通过板书进行表达。

  以粉笔和黑板为经典标志的传统教学手段,尽管功能单一,却没有上述局限(多媒体的弊端)。不仅成本低廉,运用灵活,而且不影响师生之间"眉目传情"。由此,我们既要充分利用多媒体教学手段的强大功能,解决知识教学中单纯依靠传统手段难以说清的问题,又要让它与传统手段有机结合,优势互补,以求相得益彰。许多学校在设计投影屏幕时,有意将原有的黑板留出半截,不使它被屏幕完全遮住,就是考虑了这种结合后的实践智

---

① 朱海涛:《北大与北大人》,载陈平原、夏晓虹编《北大旧事》,生活·读书·新知三联书店1998年版,第350页。

慧,值得肯定。①

在多媒体进军教学活动,并被管理者作为教改的主要手段进行推广时,有人及时发现了存在的局限与弊端,此段话就是有感于此而发的。不过在批评盲目推崇多媒体时,也肯定了多媒体的教学作用,更指出粉笔与黑板的重要作用不能被替代,更不能被下课。孙绵涛博士具体谈到了板书的重要性以及如何写好板书。

> 一个大学教师应该对一个字、一行字、一排字和一板字都有要求。中国字是间架结构,作为教师应当把它掌握好。人有两个脸面,一个是面部脸面,再一个就是写字。我们现在基本上都可以很熟练地掌握电脑、PPT,字写得不好可以用电脑来代替。而实际上,一个大学教师如果能潇洒地写出一手好字,那给人的感觉是非常不一样的,所以一定要尽量把字写好。写出的一行字要是平的,一排字是说书写的板书设计,空间分布要合理,同时兼具美观的效果。有人问大学教师现在是否还需要板书设计,我觉得是需要的,因为我们是师范大学的教师,更要讲究合理、美观的板书设计。②

对于大学教师而言,板书表达主要在于:一是写好字。这是表达的前提,也是必须训练的环节,没有字的训练就不可能完成下一步。二是板书设计。字写得好并不意味着可以设计合理、美观的板书,板书设计需要备课时想好布局,要有大致的规划。板书设计可以帮助教师更好地进行语言表达,成为有力的辅助工具。孙绵涛博士还谈到了非常关键的一点,就是电脑打字与手写字。大量、长时间地使用电脑打字会剥夺手写字的机会,这样手写会愈加生疏,那么对于教师板书就是有百害而无一利了。为了板书,需要有意识地多手写字,这样板书才会美观。那

---

① 马开剑主编:《大学教学论基础》,山东大学出版社2011年版,第66页。
② 孙绵涛:《大学教师的课堂教学艺术》,《教师教育学报》,2015年第2期。

么对于历史学专业教师而言,板书还需要注意哪些方面呢?

第一,板书设计中需要考虑到史学名词的书写,如人名、事件名称、书名等,尤其在临时书写时更需要注意。教师讲课并不一定按照讲义或者教材一字不落地讲述,其实精彩的部分正在于教材或讲义之外的发挥,这就是我们常说的"即兴"讲述。在即兴讲述中,会涌现出多年之前读过的书的片段,以及在某一时期思考过的重要问题,而有些内容具有极强的突发性,不在备课的范围之内,所以板书设计也没有,就需要临时书写。大学历史教师在课堂讲述时,板书大多属于临时性的书写。学生只有通过教师的板书才知道讲述的确切内容,才不至于将课堂笔记记错。

第二,在历史课程讲述中,会出现一些与中文完全不同的文字。在讲述佛教传入或者禅宗出现时,会牵扯到梵文。如禅宗,巴利文写作 Jhāna,梵文是 dhyāna,教师如果可以板书出这两种文字那就锦上添花了。还有女真文、西夏文、蒙文、藏文等文字,无论现在是否还在使用,如果能掌握一门就更好了。所以,大学教师讲究"艺多不压身"。除此之外,还可以掌握英文、德文、法文等。陈寅恪是这方面杰出的代表。

> 陈先生演讲,同学显得程度很不够。他所会业已死了的文字,拉丁不必讲,如梵文、巴利文、满文、蒙文、藏文、突厥文、西夏文及中古波斯文非常之多,至于英法德俄日希腊诸国文更不用说,甚至于连匈牙利的马札儿文也懂。上课时,我们常常听不懂,他一写,哦!才知道,那是德文,那是俄文,那是梵文,但要问其音,叩其义方始完全了解。研究院主任吴宓风雨不误,一定来听讲,助教来,朱自清来,北大外国教授钢和泰也来,其他大学部的学生教授不来,因为听不懂。他的书房中各国各类书均有,处处是书,我们进去要先搬搬挪挪才能坐下。①

---

① 陈哲三:《陈寅恪先生轶事及其著作》,载钱文忠编《陈寅恪印象》,学林出版社1997年版,第43页。另,此书中为"那时梵文",疑误,根据上下文,改为"那是梵文"。

作为大学历史教师,陈寅恪不但会板书,能写出,还可以读出音,说出义来,这就是本事,而且是天才一般的本事。当然,不是拿陈寅恪的标准来要求所有的历史专业教师,而是让教师知道,这就是大学历史教师的样子,虽不能至,心向往之。

第三,画功。大学教师板书其实就是两条,能写会画。关于画功,孙绵涛是这样解释的:

> 画功就是画什么要像什么,不是 something like that,而是 exactly like that。尤其是几何教师,画一个方框、画一个圆,都不要用直尺或者圆规。①

对于大学历史教师而言,画功应该做到画什么像什么。但是这里先廓清一个问题,手画和用多媒体演示,哪一种教学效果会更好,答案不言自明。当学生看到教师可以用粉笔手画一"小口尖底瓶",会是什么样的感觉,是否会促使学生产生浓厚的学习兴趣呢?教师甚至可以手绘一幅地图来说明"九州"的具体方位,那学生肯定会叹为观止。教师手画或手绘,目的就是为了增强教学手段,收到良好的教学效果,并不是要求历史教师学习专业的绘画技术。如东晋画家顾恺之有《女史箴图》,非常传神,但是不能要求教师在黑板上画一幅再进行讲解,所以仅仅是一种辅助手段。

(三)神情、肢体的表达

大学教师的课堂教学,在语言、板书之外,还存在着另外一种不可缺少的表达方式,那就是神情、肢体的表达。如果说语言是课堂讲授的主要形式,那么板书就是主要的辅助形式,神情与肢体就是兴奋剂。如果没有神情的绽放以及肢体的活跃,语言表达就会苍白无力,缺乏激情,板书的书写就会呆板僵硬,全无生趣。所以,教师在讲课中一定要注意自己的神情与肢体,将它们恰到好处地运用,如

---

① 孙绵涛:《大学教师的课堂教学艺术》,《教师教育学报》,2015 年第 2 期。

此课堂才能成为学生的"神奇之旅"。浙江大学盛静霞教授曾经回忆吴梅先生讲《曲学通论》时的样子：

> 吴先生讲课,确是非常精彩的,他经常又讲又做,使学生有如看到舞台上的角色。一次讲到小令《小半儿》,他就用手在脸上作涂抹起"一半儿胭脂一半粉"的姿势来。另一次讲戏曲《风筝误》,那位书生娶到的是一位极漂亮的小姐,却误以为是那位极丑陋的小姐。一直唉声叹气,不肯揭盖头。最后实在拖不过去,只好揭开盖头,一看,眼花了,却是一位貌比天仙的美女！吴先生模仿着那位书生,右手迭起两个指头,一敲左手心,眼睛瞄着新娘,叫出"妙呀"来！课堂气氛顿时大为活跃。直到现在,相隔六十余年,先生的音容笑貌,仿佛仍在目前,哪一位老师能使我留下这样深刻的印象呢？①

当然,吴梅老师讲的是曲学课,自然得边唱边做,要不然只是语言讲解,学生根本无法领会其中的精髓。但如此教学,对于教师的要求自然也就高了,需要积累、理论的素养以及训练。其实,教师在课堂上的一切语言、行为活动都只有一个目的,就是为了调动学生听课的积极性,课后还能保持一定的热度。孙绵涛博士将神情与肢体归为教态方面进行了讨论,他认为：

> 对教师的眼睛有什么要求呢？一是要看着听众、看着学生；二是要充满感情。大家会说,这个要求太低了,哪个教师上课不看学生呢？事实上有好多教师眼睛不看学生的例子。我曾看到过一位物理教师讲课时看天花板,有的看着窗外,还有的看着讲稿照本宣科。我们看要看着学生什么？要看着学生的眼神、看着学生的表情。既要看前面的学生,又要看后面的学生,还要看周边的学生。根据学生的眼神和面部表情来调节自己讲的东西。此外,

---

①盛静霞:《中央大学师友逸事琐记》,《中华读书报》,2017 年 4 月 19 日。

教师的眼睛还要充满感情。当你讲到愤怒的时候,眼睛仿佛要冒火,讲到悲伤的时候,眼中噙着泪水。但是我们很多教师的眼睛没有感情,直勾勾的。眼睛是心灵之窗,你的感情要通过你的心灵流露出来。你看那些演说家,他们的眼睛真是会说话。①

孙博士的论述精彩,分析到了眼神对课堂教学的关键,尤其是在上课时教师应该怎样看学生,看学生的时候应该如何讲课。有一点需要认真体会,那就是根据学生的眼神和面部表情来调节自己讲的内容。如果学生是兴奋的,带有特别的呼应,那么就说明教师的讲解大受欢迎,这时候需要的是加强,而不是削弱,更非变动;如果学生露出的是平淡、厌恶、面部毫无表情,那么作为教师就应该调换讲课内容了。这是一种特别高的要求,一般教师很难做到。当察觉到学生不喜欢自己讲的课时,教师会紧张,甚至会沮丧,想要调整内容一下子又做不到。而调整内容,需要之前大量、长时间的知识储备与思想活动才能做到,如果没有这种储备,突然调整也是无法做到的。没有这两点准备而突然做出内容调整,讲课效果不会变好,只会更差。

对教师脸最基本的要求是要干净。男教师应经常刮胡须,女教师则要注意妆容。总之,教师的脸要干净,另外,还要面带笑容,笑容可掬地、发自内心地看着学生,这是热爱教育事业、热爱学生的一种笑。教师的笑应当是一种发自内心的,与所讲内容、与对事业的追求、与所处的场景有联系的笑。②

这里讨论两个问题:一是笑容,二是女老师。我们先来看第一个。在课堂上,说学生注视黑板不完全正确,学生注视的应该是教师的面部,也不是眼睛,眼睛不能对视,这点上过课的教师都明白。其实教师在上课的时候,不一定非要笑,也不一定非要把笑容挂在脸上,面部表情正常即可;但是如果讲到可笑的内容,学生笑,教师可以选择不笑,那效果要比笑还要好。下面集中谈一下女教师的问题。女教师不单单是化妆,还有着装。女教师应该化淡妆,但是需要注意的是,应该选

---

①②孙绵涛:《大学教师的课堂教学艺术》,《教师教育学报》,2015年第2期。

择较好的化妆品,因为要跟学生近距离接触,这样才不至于让学生拒你千里。好的香水一定是淡而悠长的。当学生闻到刺鼻的香水味时,其反应已不仅仅是认为香水劣质这么简单了,而是会将评价转移到教师身上。有的女教师穿着不得体,如超短裙、吊带等,这样的打扮也会让学生有其他的看法。大学教师在知识、思想方面可以成为学生学习的榜样,同时他或她的穿着打扮、言谈举止也会成为学生模仿的对象。教师的衣着要特别注意,你懒散、邋遢,学生会模仿;你干净、整洁,学生也会模仿。

还有一点就是教师的肢体语言,这是指教师在讲台上的动作,如手势、走姿等。笔者曾经听过一次课,上课的女教师在讲台上走的是模特步,显得扭捏作态,学生似乎习惯了,但是听课的教师们不约而同都发现了这一问题。这就是教态,原本想做到步履优美,没想到事与愿违。至于手势就较为简单了,摆动幅度不能过大,也不能有表演性的手势。手势的摆动幅度一般不能超过两肩,否则就不好看了。

> 先生最初在中央大学艺术系讲授中国美术史,我在重庆中大柏溪分校一年级时,有幸聆听先生从头开讲。他根本不带讲稿,对一部中国美术史烂熟于胸,如丰沛泉源,滔滔汩汩,无尽无休,道来如数家珍。他声如洪钟,语言生动活泼,使同学们听得入迷……记得先生津津乐道魏晋士大夫宽袍大袖,不修边幅,崇尚清谈之风,把"建安七子""竹林七贤"讲得有声有色,仿佛是亲眼所见,这些都是先生画中题材。同学们看他总是一身宽松长袍,戏称他为"竹林八贤"。先生讲到屈原、李白、杜甫等诗人更是眉飞色舞。[1]

这就是大学教师在课堂上的神情及着装,一切为了教学,并给学生以美的感

---

[1] 万新华:《从课程讲义到学术著作——傅抱石〈中国美术史〉(上古到六朝)、〈中国古代绘画概论〉研究》,《艺术探索》,2016 年第 4 期。

受。这才是我们要学习的。

## 二、内容

大学讲究的是专业分类,所以每个专业的课堂讲授内容各不相同。专业就是根据性质与功能划分知识,也根据人的学习、接受程度进行职业划分。作为历史学专业的教师,在课堂讲授时首先要注意专业知识的讲述,课堂就是历史学的课堂,不是娱乐性质的,也不能以笑话段子或者家庭趣事代替。学生需要的是系统的历史学知识以及由此而产生的思想与智慧,而这一认识的形成需要足够时间的保持与足够知识的积累才会出现。关于历史学的定义,目前李剑鸣的看法更符合中国人的认识,他说:

> 如果非要用一句话来概括史学的根本特征,不妨说它是一门以过去事实为基础的独特的人文学。①

曾有专家专门撰写了一本书来阐明历史学是什么,具体的结论如下:

> 说到底,历史究竟是什么呢?对于这个问题,我想,用最简单的一句话说,历史不仅是指过去的事实本身,更是指人们对过去事实的有意识、有选择的记录。面对于历史的专门性研究,就是历史学,简称为史学,也可以称之为历史科学,它不仅包括历史本身,还应该包括在历史事实的基础上研究和总结历史发展的规律,以及总结研究历史的方法和理论。②

对于历史以及历史学的定义,西方亦有多种,从希罗多德的《历史》到塔西佗的《编年史》,从尼采到福山,众说纷纭,此处不再赘述。我们需要明白的是,中西

---

① 李剑鸣:《历史学家的修养和技艺》,上海三联书店 2007 年版,第 49 页。
② 葛剑雄、周筱赟:《历史学是什么?》,北京大学出版社 2002 年版,第 72 页。

方对于这两个概念的定义完全不同,其实如果精研过西方的史学经典,就会发现其区别不仅仅在于编纂方式,更在于对于历史的认识,如"生物人的地理学"[①]这样的研究方向,中国史家是不能认同,也不会想到的。我们引用的这两种关于历史学的定义都是具有代表性的,可以分别看待,亦可合而观之。从这样的界定出发,我们从以下几个方面论述课堂讲述的内容。

(一)专业知识

历史学专业知识的讲述是大学课堂的主要内容,也称之为历史学专业的典型表现。关于专业知识我们分为三部分进行讲述,原因、过程以及特点,这三部分是史学课堂讲授的重要组成,无论课程授课方法如何变化都不能脱离此模式。

1.原因

历史学研究人类过往的轨迹,但是任何一种研究都是站在目前的时空回望过去,这也就是克罗齐"一切历史都是当代史"[②]说法的依据。既然研究的坐标是当前,那么对于研究过去所关注的首要问题就是何以成为这样,也就是原因的探究。如此角度下的原因包含两方面:一是较为宏大的,就是整个人类或者某一民族、国家的历史、文化何以成为现在的模样;二是较为微观的,就是历史上的某一结果形成的原因探析,如明朝何以灭亡。当然,微观的探究时段不会延续至今,只是历史上某一段的选择,这一选择不只是时间点,还有空间的存在,两者合一才能构成完整的事件定位。

2.过程

大学历史课堂的主要任务就是要告诉学生,我们现在何以成为这样,之后应该如何。至于"何以",自然与原因有联,更与发展相关。发展是原因的自我成长,亦是原因的自我梳理。原因与发展说的就是"来龙去脉"。"来"与"去"构成了较为

---

① [法]费尔南·布罗代尔:《论历史》,刘北成、周立红译,北京大学出版社2008年版,第117页。
② 此语完整的表达是,"以证据为依据的历史归根到底完全是一种外在的历史而绝不是根本的、真正的历史,根本的、真正的历史是当代的和当前的",见[意]贝奈戴托·克罗齐著,[英]道格拉斯·安斯利英译:《历史学的理论和实际》,傅任敢译,商务印书馆1982年版,第108页。

完整的历史,所以史学研究的是"来"的原因,"去"的方面,以及其中的过程。历史的过程有两方面的寓意:一是具体的某一历史事件的过程,此过程有开始、中间的发展,亦有结束。如太平天国运动,从洪秀全落第开始,到天京陷落结束,中间有金田起义、永安建制、定都天京、北伐、西征等,这就是具体事件的历史过程,需要交代清楚。二是要让学生认识到,历史的过程是动态变化的,可以在过程中探究历史的特点及规律。而变化是最难掌握的历史特点,变化也就成为了历史的主要发展规律。

3.特点

大学课堂讲述历史,其实不在于对历史事实的故事性描述,而是在此基础上的研究,促使人们去思考以往的人类历史。人类历史发展的道路与模式各不相同,研究就是在比较中找出其中的不同点,然后观察其优劣,以供人类以后借鉴,这才是研究历史的最大功用。历史具有强大的服务功能,只不过是服务于人类的发展,而非限于某一层面或某一领域。而意义较小的特点研究,就是总结出较短的历史经验,以供借鉴。如古代中国每一王朝建立后,第一要务就是修前朝之史,研究前朝统治的特点,总结前朝灭亡的原因,以免自己重蹈覆辙。秦朝对于封建制的争论充分体现了这一点,西汉的分封亦是如此,西晋的分封也是这个原因所致。此外,还有历史人物的特点分析、事件的特点分析等等。特点分析是历史研究的一种方法,一个途径,甚至可以称之为认识历史的一个角度。

(二)讲课观念与及时更新,与时俱进

1.历史里的观念

历史发展过程中会出现风行一时的观念或思想,思想比观念更为正式,或者更为系统,而观念会在民众间流行,似乎更为坚固。如中国人的长生观,朝野皆信,究其根源,"先秦已有,到汉代开始泛化"[①]。长生观进而化为养生观,并在魏晋大行其道。历史上的观念,就构成了观念史。

---

① 陈江风:《观念与中国文化传统》,广西师范大学出版社 2006 年版,第 230 页。

顾名思义,所谓观念史就是去研究一个个观念的出现以及其意义演变过程……简单说来,观念是指人用某一个(或几个)关键词所表达的思想。细一点讲,观念可以用关键词或含关键词的句子来表达。人们通过它们来表达某种意义,进行思考、会话和写作文本,并与他人沟通,使其社会化,形成公认的普遍意义,并建立复杂的言说和思想体系。①

我们研究历史的一大关键点就是将观念的历史加以提炼、分析,找出脉络与特点,从而构建古代中国的观念变化。如武则天称帝,成为中国历史上唯一的女皇帝,就有人研究认为,武则天之所以称帝成功,是因为魏晋以来形成的女子参政的社会风尚。如果没有这种女子参政的社会风尚的形成与促动,即使武则天有能力,也有机会执掌最高权力,也会被社会舆论所不容。要分析的就是诸如此类的观念,并是历史的一种抽象,如果没有观念或者思想的提炼,历史就不会呈现动态的变化。

2.研究历史的观念

研究者使用的观念肯定是研究者所处时代的观念或思想,而这样的观念不免会在研究中体现,这可以称为"时代的主观色彩"。冯友兰曾经撰写过一部《论孔丘》,就是那个时代冯友兰研究历史人物的观念、立场的体现。

一九七三年秋天,群众性的批林批孔运动展开了。开始的时候,我的心情很紧张。我想:糟了,在无产阶级"文化大革命"以前,我一向是尊孔的。现在要批林批孔,我又成了批判的对象了。后来又想,这个思想不对。这个思想还是从我在"文化大革命"以前的旧立场出发的。我过去尊孔,那是因为我过去的立场反动,路线错误。在"文化大革命"中,我已有所认识。尊孔问题,我也初步地作了自我批判。现在应该在已经作的批判的基础上进一步

---

① 金观涛、刘青峰:《观念史研究:中国现代重要政治术语的形成》,法律出版社2009年版,第3页。

地批孔,批我过去的尊孔思想。我要同革命群众一起,批林批孔。学校的领导知道我的这个思想,就鼓励我在哲学系的全体师生大会上,讲讲我现在对于孔丘的认识。①

从引文中可以看出,冯友兰尊孔是一个时代观念,批孔又是另外一个时代观念所致。那么,他尊孔观念下对孔子是如何评价的呢?中华书局1961年为了供批判使用,重印了冯友兰1947年出版的《中国哲学史》,其中对于孔子的评价是这样的。

> 孔子只是一个"老教书匠";但在中国历史中,孔子仍占一极高地位。吾人以为:
> (一)孔子是中国第一个使学术民众化的,以教育为职业的,"教授老儒";他开战国讲学游说之风;他创立,至少亦发扬光大,中国之非农非工非商非官僚之士阶级。
> (二)孔子的行为,与希腊之"智者"相仿佛。
> (三)孔子的行为及其在中国历史之影响,与苏格拉底之行为及其在西洋历史上之影响,相仿佛。②

那冯友兰在批林批孔的观念下对孔子的评价又如何呢?

> 孔丘的思想上和行动上的复古倒退路线,受到当时没落奴隶主贵族的同情,劳动人民的反对,和以后反动的统治阶级的吹捧……孔丘疯狂地主张恢复周朝奴隶制,向新兴地主阶级的统治,用各种手段进行反攻倒算。③

---

① 冯友兰:《论孔丘·前言》,人民出版社1975年版,第1页。
② 冯友兰:《中国哲学史》(上册),中华书局1947年增订8版,1961年重印,第70~71页。
③ 冯友兰:《论孔丘》,人民出版社1975年版,第99~100页。

这样一对比，就会发现在什么样的时代，就会用什么样的观念研究历史。我们进而以对农民起义的评价来说明观念的变化对于历史研究的影响：

> 陈胜吴广所领导的农民战争，从秦二世元年七月起事，到二年十二月失败，前后战斗了六个月。时间虽然不长，但农民革命的风暴却横扫了全国。起义虽然最后遭到秦统治者的挫败，被秦统治者所绞杀，但，却留下了伟大的历史功绩。
>
> ……………
>
> 最后，做为中国历史上的第一次大规模的农民革命战争，陈胜吴广的起义也以自己的斗争实践，以革命农民的鲜血给中华民族留下了无数宝贵的革命斗争的经验和留下了光荣的革命战争的传统。这样，陈胜吴广起义，就成为中国农民革命战争史上的第一块丰碑；而做为这次起义的领导者——陈胜吴广的平凡而伟大的名字，也就在这一巨大历史意义之下，被铭刻在这块丰碑之上。①

五十年之后，中国社会科学院历史研究所编撰的通史中，对农民起义的评价发生了改变。

> 屯长陈胜、吴广号召戍卒杀死秦军官，揭竿而起，发动了中国历史上第一次大规模农民起义。②

同书对于黄巾起义的评价也只有简略的一句话：

---

① 漆侠等：《秦汉农民战争史》，生活·读书·新知三联书店1962年版，第30~31页。
② 中国社会科学院历史研究所《简明中国历史读本》编写组编写：《简明中国历史读本》，中国社会科学出版社2012年版，第117页。

黄巾起义从根本上动摇了东汉的统治。①

二十年前编纂的通史对黄巾起义是如此评价的:

黄巾起义是经过长期准备的有组织、有纲领的武装斗争,它在历史上所起的作用是巨大的。"苍天已死,黄天当立"口号的提出,对儒家伦理纲常的反动说教,是一次沉重的打击。它基本上摧垮了腐朽的东汉政权,使其名存实亡。农民军还扫荡了地主阶级中最腐朽的外戚、宦官势力,冲击了东汉后期土地兼并的严重局势。所有这些,对以后封建社会的发展都是有利的。②

对于农民起义评价的变化并不是因为史学家的研究方法发生了变化,而是史学家所处的时代及观念变化了。历史研究观念是与时代相一致的,一种时代的观念会促使一种历史研究的眼光及方法,其产生的结果也与其他时代不一样。这里需要注意,我们在进行历史研究时必须要与时俱进,就是研究者处在怎样的时代,就用怎样的研究观念。时代不可以超越,时光亦不可以倒流,观念只能在当下。至于刚才罗列的过去的历史认识,不能因为与现在的说法或观点不一样,就抹杀了其存在的价值。这些研究者以深厚的学养、卓越的见识造就了历史研究中的一段学术史,也是历史研究中一种别致的眼光,并不能就此否定。

(三)内容更新

大学课堂思想的引领固然重要,但同时还需要对学生进行史学专业训练。有的学生在专业训练中会登堂入室,感觉到历史研究的滋味,会自我创造条件以求进一步的深造;而有的学生可能不适合史学的思维模式,即使有着四年的熏陶、训练,亦是无法对史学产生感觉,这也属于正常的进阶困惑。但是对于教师而言,

---

① 中国社会科学院历史研究所《简明中国历史读本》编写组编写:《简明中国历史读本》,中国社会科学出版社 2012 年版,第 143 页。
② 朱绍侯主编:《中国古代史》(上册),福建人民出版社 1991 年 2 版,第 405 页。

为了将所有在册学生的史学兴趣调动起来,除了在思想上做到深刻、前沿外,还应该做到对专业知识的及时更新。因为对于有的学生来讲,体会不到思想的魅力,却可以感受知识的吸引。史学专业内容的更新主要包含两个方面:一是观点,二是材料。

1.观点的更新

大学课堂不能陈旧,更不可以守旧,除非那些很旧的观点依然坚挺,否则仍需坚持。人文学科研究很大程度上依赖观点的更换与出新。新观点就是解读、研究的新成果,亦是学术发展的新开始,所以我们在史学研究中依然秉承此理,讲究观点的更新。而在课堂上,讲述新观点正是启发学生研究兴趣,激励学生研究热情的最佳途径。新,就是进步的标志,亦是思想的旗帜。下面我们举例说明。

如分析西周灭亡的原因,钱穆这样论述:

> 西周三百年来之力征经营,其面向常对东南,不对西北,幽王遭犬戎之难,见杀于骊山下,似犬戎居地亦在周之东南。①

吕思勉的观点与钱穆是一致的,都认为西周的灭亡,犬戎是直接原因。

> 西周的盛衰,其原因有可推见的。周朝受封于陕西,本来是犬戎的根据地。历代都和犬戎竞争,到大王、王季、文王,三代相继,才得胜利,周朝立国的根据,到此才算确定……后来他权力退缩,受敌人的压迫,也是从这两方面而来。昭王南征而不复,便是对于南方一条路权力的不振。宣王号称中兴,尚且败绩于姜戎,可见得戎狄的强盛。到幽王时候,东南一方面的申,和西方一方面的犬戎相合,西周就此灭亡了。这种形势,和前乎此的商朝,后

---

①钱穆:《国史大纲(修订本)》(上册),商务印书馆1996年版,第47页。

乎此的秦朝,实在是一样的,通观前后自明。①

当然,关于西周的灭亡还有一些其他观点。如政治腐败、社会矛盾加深,幽王年间的关中大地震,还有申后、太子的废立。②但无论如何犬戎之难,直接导致了西周的灭亡。但是必须要注意,上述观点从中学就在课本里出现,一直到大学,学生已经耳熟能详,并且可以娴熟地将其作为一种方法适用于任何一个王朝灭亡的解读。那么有没有一种新的解释可以在课堂上出现,让学生耳目一新呢?如赵汀阳对于西周何以亡的政治学解释:

> 以历史条件而论,周朝无疑是个好社会,2000多年来一直被当作模范王朝,可是周朝还是崩溃了,这意味着,良好秩序也难以长治久安。这是个严重的问题。文学化的传统解释往往以流俗套路把王朝的崩溃归于末代统治者的堕落腐败。周朝中后期虽有个别荒谬故事,但周朝始终都不是一个腐败王朝。周朝不是亡于腐败,而是亡于好秩序的高尚漏洞,这才是问题所在。③

赵汀阳运用了政治学的理论去解读历史现象,不失为一种新颖的援引。我们在研究古代中国时,总有一种惯性思维,历史是发展前进的,所以王朝的代替就是新陈代谢,出现的总是较好的,那么崩溃或者灭亡的只可能有一种解释,就是政权本身出了问题。赵汀阳进一步论述了西周这一有着好秩序的政权何以灭亡。

> 周朝的衰落很可能是由于无法兑现的高标准德治,可谓成也德治败也

---

① 吕思勉:《白话本国史》(上),上海古籍出版社2005年版,第62页。
② 中国社会科学院历史研究所《简明中国历史读本》编写组编写:《简明中国历史读本》,中国社会科学出版社2012年版,第64~65页。
③ 赵汀阳:《天下的当代性:世界秩序的实践与想象》,中信出版社2016年版,第118~119页。

德治。德治虽好,可是周朝制度有其设计漏洞,以致德治难以长期持续。据许倬云及葛志毅研究:周朝的分封在西周中期就停止了,并非不愿意继续分封,而是再也没有土地可分了。这是周朝始料未及的一个制度漏洞。且不说周朝控制的土地有限,即使控制了整个世界,土地也终究是有限的,分封迟早要停止,后世的王亲功臣没有机会得到"应得的"分封,激励消失了,也就很少有人愿意为天下公利去建功立业了,甚至滋生了不平之心;另一方面,按照周朝制度,封国是世袭的,除非有极其重大的错误,否则不能剥夺或改封,于是,诸侯们的最优策略就是守住基业而不为天下公利劳神费力。不犯错误比建功立业容易得多,经营家业的吸引力自然就大过天下公利,因此,那些既得利益者对天下公利也同样不再关心。①

当然,其后赵汀阳还阐述了导致周朝灭亡的其他原因,此处限于篇幅,就不再赘述。这就是观点的更新,需要在课堂上向学生不断讲述的重要方面。一方面可以使学生感受到教师在不断地学习,这样会使教师成为学生的楷模;另一方面,让学生了解学术前沿,当然,新颖的观点并不意味着就可以站在学术前沿,需要经过鉴别与筛选,这样遴选过的观点,虽然不能很快被写入通史,但至少可以让学生感受到最新的学术动态。

2.材料的更新

史学研究的进展很大程度上取决于材料的更新与使用,如晚清诸贤对甲骨文的考释并积极与中国殷商的史事相印证,取得了若干里程碑的成果。再如敦煌文书的使用亦是如此,陈寅恪就讲过:

> 一时代之学术,必有其新材料与新问题。取用此材料,以研求问题,则为此时代学术之新潮流。治学之士,得预于此潮流者,谓之预流(借用佛教初果之名)。其未得预者,谓之未入流。此古今学术史之通义,非彼闭门造车

---

①赵汀阳:《天下的当代性:世界秩序的实践与想象》,中信出版社 2016 年版,第 122~123 页。

之徒,所能同喻者也。敦煌学者,今日世界学术之新潮流也。①

陈寅恪的目光不限于敦煌学,真不愧是引领学术风尚之人,一语中的新材料与新问题之间的关系,研究新材料就是研究新问题,而借新材料进行研究的,才可称为"预流"的治学之士。在研究之外,新材料必须及时在课堂上介绍给学生,使得学生知道现用材料之外的材料,如感兴趣则会自我探索。如陈寅恪在课堂上关于"酒家胡""突厥法"的讲解,就使年轻的蔡鸿生对突厥历史文化产生了浓厚的兴趣。②这就是在课堂上介绍新材料的好处。

2008年对于古代中国的历史、文化而言,有一批新材料被发现,这就是清华简。"由清华大学抢救入藏的一批战国竹简,多为经、史类佚书,涉及中国传统文化的核心内容,是前所罕见的重大发现。"③这正是讲授中国史,尤其是中国古代史的教师在课堂上必须要向学生介绍的新材料,以及据此研究的新问题。如晁福林教授就利用清华简重新研究了平王东迁。

> 周平王东迁洛邑,是两周之际历史的转捩点,它标志着西周王朝的覆灭和东周王朝的开始,这个事件对于先秦历史进程都有重大影响……关于平王东迁的具体经过,《史记》《国语》等皆语焉不明,古本《竹书纪年》虽然明确指出"周二王并立",但并没有说明平王东迁的具体过程。清华简《系年》则首次揭示出这个过程的一些情况。如,简文谓:
> 周亡王九年,邦君诸侯焉始不朝于周。晋文侯乃逆平王于少鄂,立之于京自(师)。三年乃东徙,止于成周。④

---

① 陈寅恪:《陈垣敦煌劫余录序》,载《陈寅恪集·金明馆丛稿二编》,生活·读书·新知三联书店2001年版,第266页。
② 参阅蔡鸿生:《引言》中"本书之作,并无'预流'之心,只有'拾遗'之意,及《后记》中关于陈寅恪语,载其著《唐代九姓胡与突厥文化》,中华书局1998年版,第1、269页。
③ 李学勤:《清华简专题研究·主持人语》,《深圳大学学报》,2012年第2期。
④ 晁福林:《清华简〈系年〉与两周之际史事的重构》,《历史研究》,2013年第6期。

根据清华简,又结合《史记》《左传》,还有古本《竹书纪年》,晁福林得出了较为有力的结论,即关于平王东迁的主要拥护者、东迁的路线,最主要的就是"清华简《系年》确指平王东迁洛邑之年,即周平王于京师被拥立之后的第三年",也就是公元前758年。①

清华简是一种新材料,自不待言。还有另外一种新材料,也可以不称之为"新",因为早已有之,只不过不被中国学术界重视而已,朝鲜文献中的中国史料就属于此类。但是如对此类文献加以研究,就会有新的问题出现。如葛兆光根据朝鲜、日本文献材料的研究,得出了与众不同的结论:朝鲜认为自己捍卫了朱子治学的正统性,所以朝鲜是中华文明的继承者,自称为"小中华",而视清为"夷狄"。②这样的研究成果会对史学界早已形成的研究视野及观点形成较为强烈的冲击,迫使我们重新回归历史现场,再次琢磨当时历史的场景。历史研究永远没有定论,而其动态的变化才是史学不竭的生命力。

### (四)多学科的呈现

大学历史教学应该讲求专业性,但是讲求专业性并非等同于唯一。在课堂上只讲述史学专业的内容与理论,而不涉及其他,这样会导致一个结果,就是专业没有讲好,专业也不会学好。"他山之石,可以攻玉",学术奉行同样的道理。所以,史学课堂同样需要多学科进入,并且共同呈现历史风貌。

1.要做到中国史与世界史相结合

做到这样的结合,确实是对教师提出了很高的要求,目前的大学基本上已经完成了专业碎片化、专业地方化的转变,教师的专业观念已较少以"宏观""通史"视野诠释历史。但是,这样的转变对于史学专业学生的培养以及历史学的发展都会是伤害,虽然这一伤害的结果有可能会在几十年之后才会明显地出现,但是目前已露端倪,那就是毕业生的质量问题。想要扭转这一状况,只能从课堂讲授入手。中国通史各段的任课教师需要做到融会贯通,古代史的教师需要知道一些近

---

① 晁福林:《清华简〈系年〉与两周之际史事的重构》,《历史研究》,2013年第6期。
② 葛兆光:《想象异域——读李朝朝鲜汉文燕行文献札记》,中华书局2014年版,第57页。

现代史的知识与理论,反之亦然。教授世界史的教师更需了解一些中国史的知识与典籍,反之亦是如此。尤其是同一时间或者同一时段的中外历史可以作一比较,这样就会在横向上起到坐标的作用,学生会对世界形势有一大致的了解。这其中典型代表就是许倬云先生,他研究中国历史的方法是:"把中国纳入世界:为了今日,理解过去,在世界史的大框架内,立足中国,关心世界"①,在此思想的指导下,他撰写了《万古江河——中国历史文化的转折与开展》②《历史大脉络》③《中西文明的对照》④等。如许倬云将秦汉与罗马帝国从统一模式、统治方式、统治思想以及经济结构方面进行了对比研究,从而得出:

> 从政治、文化与经济诸项层面,罗马帝国与秦汉帝国,有其相同之处,然而更多各自的特色。综合以上情形,中国的大帝国、文化圈与经济网络,彼此叠合,互相加强,遂有强固的凝聚力。罗马帝国秩序的稳定性不如中国,凝聚力不能持久,以致在罗马帝国之后,欧洲及中东、北非,裂解为多文化、多族群的列国体制。⑤

2.多学科呈现

作为人类知识的一大分类,历史学包罗万象,乃智之渊薮。所以,想要完整而精彩地表述历史学的面貌,需要掌握的不仅仅是简单而常见的知识,还需要学习、研究其他学科的知识、方法与理论。在讲述"中国古代史"有关文明的起源时,一定会涉及考古学,所以讲课教师必须要掌握考古学的理论与方法,甚至对田野考古要有实践经验,而不仅仅停留在书本层面上。在讲述"世界近代史"时势必会谈及蒸汽机的发明,很多教师会一带而过,根本无法说清蒸汽机的工作原理。如

---

① 许倬云:《简体字版序》,载《历史大脉络》,广西师范大学出版社 2009 年版,第 1 页。
② 许倬云:《万古江河——中国历史文化的转折与开展》,上海文艺出版社 2006 年版。
③ 许倬云:《历史大脉络》,广西师范大学出版社 2009 年版。
④ 许倬云:《中西文明的对照》,浙江人民出版社 2016 年版。
⑤ 许倬云:《万古江河——中国历史文化的转折与开展》,上海文艺出版社 2006 年版,第 114 页。

果蒸汽机无法说清,那么到了内燃机就更无法说明两者之间的区别以及后者何以替代前者了。如在讲述中国农业的起源时,肯定得谈到磁山—裴李岗文化,而其中主要的加工谷物的工具就是石磨盘和石磨棒①,但这两个工具究竟如何使用,一般教材没有给出具体的描述,所以想要说清此问题,就得依靠人类学。考古学家陈星灿曾撰写过一篇文章,名为《石磨盘和石磨棒的用法》,他也不是亲眼所见,只是看到了一位探险家约翰·韦斯利·鲍威尔的《科罗拉多河探险记》里的记载,而这位探险家则是亲眼看见美国科罗拉多大峡谷的印第安人使用石磨盘与石磨棒的情景。

> 观看妇女用石磨将种籽磨成粉末有时是件赏心乐事。她们用一块平整的大石板作磨,把它平放在地上,手里握着一块圆筒形的石块。她们坐在地上,身体前倾,将大石块板夹在两腿两足之间,然后将种籽堆放在大腿之间,她们就这样用两条黝黑的腿做成了磨粉石板的"给料漏斗",把种子用圆筒形石礅在石板上来回碾磨,磨好的粉末就落在石板末端的一个接粉末的盘子里。我曾经看到一群妇女在一起磨种籽的情景。她们一边唱着歌,一边和着歌唱的节奏滚动着磨粉石,或者一边磨,一边聊天。而年轻的姑娘们则是一边磨,一边喋喋不休地饶舌和打趣说笑,整个松林里都回荡着她们的欢快笑声。②

陈星灿看到了这条人类学的材料,敏锐地感觉到了与磁山—裴李岗文化中石磨盘、石磨棒的联系,并结合自己的研究,作出了如下的推论。

> 他所记载的食物加工方式,就磨盘和磨棒的形状而言,似乎更接近裴

---

① 中国社会科学院历史研究所《简明中国历史读本》编写组编写:《简明中国历史读本》,中国社会科学出版社2012年版,第24页。
② [美]约翰·韦斯利·鲍威尔:《科罗拉多河探险记》,雷立美译,花城出版社2007年版,第308页。

李岗文化。中国新石器时代早期的东胡林、上山和小黄山遗址，磨盘多不大，磨棒多作圆饼状或者不规则状，而多非长条形；可以握在手里，而不必像推擀面杖那样只能双手前后用力。值得注意的，一是从事这工作的都是女性；二是这种石磨盘和石磨棒的功能，是把种子磨成面粉，而不是用来脱壳。如此看来，中国史前所见的石磨盘和石磨棒，是既可以用来加工坚果（比如橡子），也可以加工粮食作物（比如黍、粟甚至稻）的，主要看你需要的是否面粉而定。当然，用石磨盘和磨棒给谷物脱壳也应该是有效的，这方面的实验工作也需要有人去做。①

### 三、掌控

无论表达还是内容，最终是为了取得教学效果，也就是让学生听进去，进而有所收获，这是最根本的目的，课堂教学就为此而进行。所以，教学有表达的成分，也有内容的因素，但归根结底是为了效果，那么从这方面考虑，课堂——这一特殊而特定的场所就显得异常重要了。课堂包括四个方面：一是固定的教室或者讲座厅，二是教师，三是学生，四是身在教室的教师和学生所构成的场。教室是物质条件，是地理环境，无法改变，而教师与学生就是鲜活的存在，属于动态的因素。如果要在三者之间寻找一个中心或者核心的话，那毫无疑问是教师。换言之，教师掌控着课堂，占据着教室的主要位置，并引领着学生求知。

当然，这一说法与目前大行其道的"学生中心论"有点对立的感觉，但这并不妨碍我们论证自己观点的正确性。在教与学的关系中，永远是教的一方处于主导地位，这是由知识的输出决定的。输出知识具有单一的方向性，且具有知识的正确与知识的不可置疑性的特点，所以在学的一方，表现为"求知"或"求学"，就是学习或求知的恭敬的姿态。这样不但从知识的角度，就是从学习的态度上，其具有非常明显的不平等性，而这不平等并非是尊卑与等级意义上的，而完全是由知

---

① 陈星灿：《石磨盘和石磨棒的用法》，载其著《考古随笔》（二），文物出版社2010年版，第166~167页。

识本身决定的。确立教师主导地位,并非就此限定了学生向教师的提问,甚至诘难,而这恰恰是教师所欢迎的学习方式,只不过这一方式出现的前提一定是"学"之后的"问"。

(一)教室与环境

作为大学课堂教学活动的主要场所,教室是最应该被关注的教学环境或教学设施。教室的使用,很大程度上是固定的,至少一个学期内是不会发生变动的,同时又是变化的,因为每个学期的教室都会重新安排一次。每个教室都不一样,可以分布在不同的楼里,也可以分布在不同的校区,更为重要的是教室环境也不一样。这里所说的环境,一是指卫生,二是指进教室后的感觉,包括采光,还有桌椅的摆放、黑板等。所以就教师而言,教室是一个整体的人文环境,尤其是学生坐满之后,教师会产生一种感觉,而这种感觉对课堂教学有着至关重要的影响。这样,教师首先掌控的,不是学生,而是教室。美国北卡罗来纳大学的心理学教授约瑟夫·罗曼撰写的《掌握教学技巧》谈到了教室的重要性,并称:

> 教室里有许多物质条件会促进或削弱教学活动。观察教室的客观物质条件并尽可能地做一些调节,虽然不能弥补教学内容模糊、讲课效果差等不足,但对你的课堂教学却会产生影响。虽然我们承认这种影响不大,但却很重要。①

1.教室空间

教师对于教室的掌控,在于对教室的认识。教室是教学硬件,不能做互动的心理交流,只能靠教师单项的把握。教室的大小于上课也特别重要,如果是60人以上的大教室就不适合给专业普通班上课,否则声音无法清楚传播,纪律也不好维持。专业课在50人左右的教室上是最合适的,至于合班或者全校任选那就另当别论了。其实,就笔者个人来说,较为喜欢小一点的教室,这样即使不多的学生

---

① [美]约瑟夫·罗曼:《掌握教学技巧》,洪明译,浙江大学出版社2006年版,第72页。

上课,也会出现"拥挤"的状态,而一般教师会因"拥挤"而激发出讲课的热情,效果会出奇的好。如果教室太大,学生分布会极其分散,不但会影响教师的授课专心度,而且教师在进教室的一瞬间会被学生零散的状态击溃,认为学生不喜欢自己的课,或者认为自己的课没有吸引力,这都会严重影响上课的效果。

另外,教室外的环境也很重要,如刮风、下雨等,也会对教室内的人员造成影响,使其不能专心上课或听课。还有就是教室附近的噪音与气味也会对上课有所影响,这都是应该考虑到的教室环境的因素。

2.讲台与桌椅

教室内还有两个硬件是课堂教学的必备设施,一是讲台,二是学生用的桌椅。讲台又由两部分构成,讲桌与讲台。讲桌以到教师的腹部最为合适。讲桌太低会显得教师很高,有卓尔不群的样子;讲桌过高,就会遮住教师,那么就无法俯瞰学生,也观察不到学生的细微表情与隐藏的活动,会给教学带来困扰。教师高度不够,也无法体现出教师的权威性。讲台,就是教师主要活动的区域,一般以水泥或木板制成。教师在讲台上走来走去,一是为了写板书,二是进行简单的活动,以免自己产生倦意,也为了调动学生的注意力。讲桌与讲台共同构成了教师教学的主要设施。由于讲台的存在,形成了教师与学生的隔断,于是"教"与"学"的相对性就出现了。教学形式上是"对立"的,实质上是相向的。

教师对于教室的掌控很大程度上来自于讲台与桌椅之间的关系,教师要依靠讲台的有利地势,达到对教学掌控的目的。

3.进门与出门

进门就是进教室上课,出门就是上完课离开教室。约瑟夫·罗曼也注意到了进门与出门的重要性,他说:

> 任何一个好演员都知道进门和出门对于吸引观众的注意力有多重要。高校教师应当注意走进教室时的仪态(出门不那么重要,因为美国高校的教师很少先于学生离开教室)。注意从哪个门进教室,决定以什么样的情绪(高兴、友好、紧张、严肃)开始上课,这些都能帮助你从一开始就在学生当

中营造你所期望的热烈气氛。教师提早到教室能促进师生交流。但是我观察到一些非常优秀的教师习惯于迟到几分钟,他们往往在冲进走廊或从讲台左侧冲进教室时,边冲边带着一种炫耀的神情开始讲课。你应该考虑用什么样的方式开始上课,想一想这种方式能否帮助你达到预期效果。①

上课一进门的重要,体现在初亮相对于局面的掌控上。教师作为教学的组织者,其一举一动直接影响着学生的听课效果,更何况教师一进门的情绪与行为呢!教师进门的情绪如果是欢快愉悦的,那么学生也会受到感染,情绪会放松,学习就不会那么累;如果教师的表情阴郁,情绪糟糕,那么学生的情绪就会随之一落千丈,更谈不上学习的效果了。罗曼教授接着谈到了教师该如何离开教室。

教师能恰到好处地离开课堂并不容易做到,但尽管如此,他们可以果断地结束讲课。不要在学生开始走出教室时还冲着他们叫喊一些内容或建议。准时停止讲课,最后作一个抑扬顿挫的总结性评述,效果远胜于前一种做法。让学生等待一个如同开课时一样精彩的收场,他们就不会在手表(或胃)提醒下课时间时变得焦躁不安。②

讲课是长期的体力、智力劳动,在长达数十年的岁月里,要想每堂课都讲得精彩,是理想,亦是妄想。所以,可以偶然在进门或出门时有一个精彩的亮相或收尾,但要想做到每次如此,几乎不可能。大学讲课其实在于内容,学生沉淀中的记忆往往都是精深的知识与闪光的思想,而不在于戏剧化的表演,更不在于刻意戏剧化的表演。就笔者经验,进门平平淡淡,出门了然无痕,最为合适。

(二)对于教学进度的掌控

教学进度是教学过程中最可关注的方面,有教师的参与、学生的加入,更有

---

①②[美]约瑟夫·罗曼:《掌握教学技巧》,洪明译,浙江大学出版社2006年版,第72~73、73页。

时间、空间的限制,还有教学效果的评价。宽泛地讲,教学进度是一切教学活动的进展情况;狭隘地理解,教学进度是课堂教学的控制。进度,说的就是设计好的教学内容在课堂讲授的进展,是否按时完成,是否达到了教学效果。教学的最终完成,集中体现在教师对于教学进度的把握上。笔者所在的大学有《教学日历》与《教学进度计划》,开学时要上交《教学进度计划》,学期结束要交《教学日历》,互相对照就可以看出课程进度的基本情况,这就是为教师掌握教学进度而设计的管理方法。教学进度,还有另外一层意思,就是控制每堂课的教学过程。对此,孙绵涛博士有这样的论述:

> 控制教学过程的艺术。一堂课45分钟,你怎么控制教学过程呢?我的感受是目的要明确,步骤要清晰,结构要合理,气氛要活跃。在一堂课有限的时间里,通过教学达到什么目的,不仅教师自己要清楚,还要告诉学生,师生一起为达到教学目的而努力。一堂课采用怎样的步骤,这并没有一个统一的要求,但一定要清晰。每一堂课的结构一定是要合理的,步骤与步骤之间的时间分配要合理,当发现不合理的时候,教师一定要运用教学机智把它调整过来。另外,气氛一定要好,教师就像指挥家一样来调整课堂的气氛,让学生时而紧缩眉头,时而绽放出笑容,这样的气氛才有益于学生学习。[①]

1.控制进度体现的是对课程内容以及培养目标的掌握

如"中国古代史"课程的教学目的就是:

> 本教材按王朝顺序排列,上下通贯,分阶段展示历史发展的脉络。每个历史阶段,包含政治、军事、经济、民族、思想文化诸方面的内容。全书以生产力与生产关系、经济基础与上层建筑的矛盾运动,以及在阶级社会中

---

[①] 孙绵涛:《大学教师的课堂教学艺术》,《教师教育学报》,2015年第2期。

反映这种矛盾的阶级关系、阶级斗争的发展变化为主要线索,从纷繁的历史事件中,摄取主要的历史镜头,把握各个时代的不同特征,以展示历史本身的规律性。①

从这一角度看,通史讲授有明确的要求,而对于某一朝代,如明代也会有具体的要求,那就是讲述政治、经济、军事、文化等内容,并且需要通过历史事件的论述来揭示社会的变化。所以,对于进度的控制就是要完成教学任务。每一堂课都有一个大致的目标,是讲一个朝代,还是某一朝代的二分之一,将预备好的内容分为几个问题。但是必须注意的是,讲课并不是为了完成任务,而是为了讲清问题,所以即使没有完成任务,也不用加快节奏赶进度。

2.课堂讲授要分步骤

课堂讲授讲究轻重缓急,这指的不是语气,而是内容的安排。如"鲁三桓执政"和"三家分晋",这两个事件都可以体现"礼乐征伐自大夫出",但是限于时间不能都做详细的讲解,只能重点讲一个,可在两者中选一。那决定重点讲述的依据是什么呢?其实这就是大学历史教师的特色所在,即重点讲述教师学术研究的领域或方向。如在讲述"秦汉时期的思想文化"时,必然得提及"东汉时期的'孝'的问题"以及"二十四孝图"等,那么东汉孝的提倡对于中国历史的影响如何,这就要涉及中国文化,其中有一典型就是"孟母三迁"的故事,就可以用笔者自己的研究成果《孟母三迁与东汉礼俗》。②

分步骤讲课,还要分清一堂课上不同性质的内容,如基本内容、提问以及其他,尤其是基本内容与提问要分开。整堂课不能一直提问、回答,否则就成了"问题课";也不能只讲不问,学生没有参与,那就是名副其实的"满堂灌"。这两种讲课方式都不可取,都会影响学生汲取知识。布鲁克菲尔德教授对讲述与提问有较为科学的研究。

---

①詹子庆主编:《中国古代史·前言》(上册),高等教育出版社1997年第2版,第1页。
②张詠:《孟母三迁与东汉礼俗》,《文史知识》,2010年第3期。

你还可以在一开始时就宣布你要把材料分成20分钟或30分钟的组合,并且在每一组合讲完之后请大家提问10分钟,在讲课的每一部分开始时,你都可以以一个新的关键事件问题开始,以便把学生的注意力集中在你在下面这一部分中要讲的主题。在90分钟的讲座里,你可以中断3~4次,以便给听众以每次几分钟的伸伸腰的时间。①

同时,布鲁克菲尔德教授将90分钟的课堂时间划分为八个板块,这就是有步骤,也可以称为有节奏,计划表如下:

**定好步调的讲课范例**

1~10分钟:研究听众。(问一些关于听众的背景、目前的工作环境,和一般关心的问题,要求大家投票决定你也许会讲的主题)

10~20分钟:关键事件。(要求听众回顾过去的6个月,然后简单写下与今天讲课的主题有关的、在他们的经历中很有意义的一件事。然后邀请任意几位自愿的听众读一下他们所写下来的东西)

20~40分钟:第一次正式讲课

40~50分钟:就第一次正式讲课中所提出的问题提问

50~55分钟:放松时间

55~75分钟:第二次正式讲课

75~85分钟:就第二次正式讲课中所提出的问题提问

85~90分钟:对在两次正式讲课和其间提问中所涉及的主题进行最后总结。②

---

①②[美]斯蒂芬·D.布鲁克菲尔德:《大学教师的技巧——论课堂教学中的方法、信任和回应》,周心红、洪宁译,浙江大学出版社2005年版,第49、50页。

这一计划表有较为合理的部分,如讲述与提问的分配,以及给学生放松的时间,这都是学生乐于接受的,对于教师而言也可以轻松地做到。但是有的安排是需要斟酌的,如20分钟后才开始正式讲课,那么这20分钟的"引言"该如何安排才算是不浪费时间呢?不过总体来看,这份计划表还是有可借鉴的地方。

(三)纪律与氛围

大学课堂同样要求守纪律、讲规矩,不能想象没有纪律约束的课堂会是怎么样的,遑论课堂收效。纪律有三个方面的表现:一是针对教师而言。当然,教师首先是要讲纪律的,按时上下课,课堂上有课堂上的表现。教师要以身作则,只有其自身遵守纪律,才可以使学生信服,完成课堂教学任务。二是对于学生而言,此方面的要求是教师的一致呼声,认为只有学生专心听讲,才是讲好一堂课的关键条件。三是教师与学生两者形成的关系,这关系不能是对立的,更不能是完全的一致,具有极强的模糊性。课堂的纪律在于约束课堂,与课下没有关系,也不对课外的师生关系形式任何形式的约束。课堂纪律对课堂氛围的形成较为重要。氛围是一种感觉,舒畅或者紧张,教师、学生都可以感觉出来,而且一旦负面的气氛弥漫始终,那么这堂课就会极其压抑,没有一点收效。不过氛围并非单纯的放纵,一味的宽松,如果没有纪律的加入,课堂极有可能会成为一盘散沙,既完不成教学任务,也会影响其他教室上课。

1.教师

对于教师而言,如果仅仅是按时上下课,那就将纪律定义的太简单了。教师在课堂教学中的纪律有各种规范,如时间、语言、性别、同事以及政治等。课堂教学主要是教师通过语言进行表达,语言是主要的工具,于是语言如何表达才不会涉及学生敏感的问题,这就是语言的纪律所在。

另外,男教师在课堂上的眼神与语言要特别注意,不要伤害到女学生。在语言中更要注意不要有措辞伤害到女生,如果一定要讲,则需要加入解释。如讲到"婚姻的起源",就会说"掳掠婚"[①],就是掠夺女子成婚。教师需要给出合理的解

---

① 吕思勉:《吕著中国通史》,华东师范大学出版社2005年第2版,第12页。

释,就是,"这只是一种研究的观点"。

在课堂上评价同事时需要注意掌握分寸,既不能一概否定,也不可全是恭维,需要实事求是,就学术论学术,不要涉及个人隐私或者进行人品评价。大学课堂较为自由,可以就一些时政发表自己的观点,以示有"胸怀天下"的视野,但是时事评论需要讲究一些语言技巧,不要只是一味地抨击,更要展示社会阳光的一面,让学生看到希望、看到未来。

2.学生

对于课堂上的学生,教师既要做到严格要求,又要掌握分寸。前文我们已经讨论过大学生的身体及心理状况,已趋成人,不能接受太多、太苛刻的管束,尤其不能加以呵斥及责骂,所以在纪律约束上要讲究方式、方法。有一条根本性的原则,就是不能与学生发生正面冲突。

学生在听讲时要做到专心,这是上课最基本的要求,如有学生无法做到,这就需要教师约束。以前学生上课不专心表现在交头接耳、睡大觉或者看窗外,现在的大学生除这些传统的表现之外,又增加了一项——玩手机。前者一般属于学生的自我纪律,不会涉及其他同学及教师上课的整体效果,但是后者就完全不同了,当教师沉浸在自我表演中,学生安静听讲时,却被刺耳的手机音乐中断,这就会使教师的思路被打断,无法继续进行,即使勉强继续,也会露出衔接不当的痕迹。听讲的学生被打扰,思考被打断,甚至之后的时间都在思维混乱中度过。所以,教师要掌控这样的局面,发现苗头及时制止,如一上课就提醒关闭手机或者将手机静音,这都是最好的处理方式。如果上课时手机铃声响,需要再次提醒关闭手机,但请注意,不宜花费过多的时间处理此类问题。

有的学生会迟到,有的学生会旷课,这都属于大学课堂的正常现象,没必要大惊小怪,但在处理上需要技巧。学生迟到,可以在新学期开始就明确告诉学生,迟到的同学必须从后门进,如后门不开,可以不用喊报告,直接推门而入,这里忽略尊师重教的问题,打扰上课远比这个重要。但是会有一种现象,就是当你刚开始上课,会有迟到的学生接连不断地进教室,这时候你就只能停下来等迟到的学生都进了教室,再开始讲课。学生也会旷课,一两个允许,没必要深究。但是如果校方有活动,如志愿者或者晚会排练之类的会导致的大面积缺课,这时候教师需要保持冷静,只能在下课后处理,因为当你发现这样的现象时是在课堂上,而课堂上千万不能有过激的言论或行为,即使是作为教师的尊严受到了挑战。

3.对一些突发事件的处理,也体现了教师的掌控能力

有过课堂教学经历的教师会有切身的感受,如布鲁克菲尔德就有这样的体验。

> 教学其实常常是一个混乱的不断追求的过程,惊奇、震撼和风险都是它所独有的。实际课堂上特有的混乱无序与教科书里宣扬的有条不紊(在那些书里,教师们谨慎地采用各种计划有步骤的手段以便使一切都清楚明白)——这两者相去之远,就如同现实生活中充满棘手问题的婚姻和诸如《奥齐与哈里特》、《家族关系》之类简而化之的情景喜剧所描绘的婚姻一样有着天壤之别。①

布鲁克菲尔德教授之所以有这样的体验,很大程度上来自于课堂上一些突发事件的出现,以及由此对心理造成的影响。当课堂教学正在进行,突然会有学生起身出去,或者学生进来,这都属于较为特别的事件。就笔者从教20余年的经历来看,此种现象不是很多,平均不到每学期一人次,但在记忆中一定是有的。学生突然离开课堂,无非两种原因,一种是身体不舒服,或需要上卫生间,或需要去医院,或回宿舍休息。但无论何种原因,都是因为身体无法支撑在课堂上继续听讲,针对这样的情况,教师要问清原因,更需要委派另一学生跟随,以免发生意外。另外一种原因是有事,而且是紧急事情。一般来说,学生是没有什么紧急事情需要马上处理的,但也不排除偶然现象,所以教师也需要问清缘由。

还有一种突发状况,相信绝大多数大学教师都遇到过,就是学生的发问,而

---

① [美]斯蒂芬·D.布鲁克菲尔德:《大学教师的技巧——论课堂教学中的方法、信任和回应》,周心红、洪宁译,浙江大学出版社2005年版,第1页。

且是带有诘难式的发问。如笔者在 2005 年给历史学专业师范班的学生讲授"中国古代史"时,讲到了"秦兵坑杀赵兵 40 万",这就是"长平之战"。我在讲述时说出了自己研读史书的疑问:40 万人如何肯束手被埋?活埋 40 万人得需要多少兵力才可以控制住并完成?我还举了长平之战遗址的考古报告为自己的观点支撑,"根据骨骼排列和创伤观察,死者绝大部分为被杀后乱葬的,未发现大量被活埋的证据,这种现象有别于史书关于四十万降卒被坑杀的载述"[①]。然后有一学生突然站起发问:"老师你说不可能是推测,那么就不能推测是可能的么?"当时我就懵了,不知道该如何回答。好在当时打了下课铃,于是就不了了之了。事后,我对此进行了仔细思考,当学生提出类似问题时,教师可以有如下解决办法:一是需要及时肯定学生提问的价值,并积极鼓励学生提问;二是声明对所有的历史事件,每个人都有探索的权利,学术是永无止境的;三是关于一个重大历史事件的认定、分析,需要多方面、长时间地去探究,而不能固守陈说。

---

① 山西省考古研究所、晋城市文化局、高平市博物馆:《长平之战遗址永录 1 号尸骨坑发掘简报》,《文物》,1996 年第 6 期。

# 第四章　课堂教学（下）

课堂教学并非单一的存在，还有一些辅助性的教学因素也在起着作用。大四，也就是毕业班，其上课内容就会与其他三个年级不一样。毕业班的学生已经学习了两大通史，并且接受了多个学科、课程的熏陶，还有生活的历练，这些都对接受知识与思考产生积极的影响，所以课程难度就会稍大一些。说难度大，当然大不过两大通史，只是在深度及思想上会更为鲜明一些。与此相对应，大一学生的课程亦很重要。"新生"是大学一年级学生的标志，这一称呼不仅道出了年龄的差别，更是包含了专业的不同。相对于新生而言，老生的专业眼光首先就体现在这里。既然有着专业的不同，那么对于教师而言，就提出了相对不一样的要求，在课堂上应该注意些什么？应使用什么样的方法？或者在内容选择上会有什么样的主意？这些都是给大一新生上课的教师应该关注的问题。

**四、大一新生与课堂讲授**

凡是在大一第一学期上过课的教师都有同感，即学生还保持着中学的学习方法和思维方式，在学习中会表现出很多困惑，如不会做听课笔记、不会读书、不知道如何泡图书馆，也不会深入地思考一个问题等。诸多类似的问题，不一而足，但都指向了一个无法回避的现实，那就是中学向大学的转变。当然，这样的现实问题不仅仅是任课教师的感觉，其他教师如辅导员、班主任，甚至后勤服务人员都能感觉到大一新生的不同，所以这样的困惑也不只存在于学习一个领域。

(一)大一新生面临的问题

我们需要直面这样的现实,并且积极寻找、创造促使此转变完成的条件,但需要对此问题有全面的认识。高中生考入大学,发生变化的不只是学习环境,其身心、交际、学习也发生相应的变化,而这样的变化对于大学生而言,将深刻影响其人生与未来发展的方向。其实就生理方面而言,大一学生与高三学生虽有不同,但却无明显的变化,身高、外貌、机能早已长成,真正的不同在于心理。从事高等教育心理学的专家也有同样的认识。

> 不同年龄、不同年级的学生有不同的年龄特征。中学生与大学生不同,大学一年级学生与三四年级的学生也不一样。教师应充分认识到不同年龄、不同年级学生的不同特点,并据此进行有效的"因龄施教"。①

"因龄施教"并不可取,其实在知识获取的历程中只有一种形式,那就是记忆,至于思考那是记忆已经很充分的前提下水到渠成的事情。记忆最好的时光是在青春期前后,当身体与心理成熟之后再以记忆为主要学习方式已不可取。所以,"因龄施教"如果存在,那就只可以存在于一个年龄段,即记忆充分的年龄。引文中提到了中学生与大学生的不同,而且进一步明确了大一学生与大三、大四学生的不同,这确实值得注意。而造成这种不同的真正原因,就是心理,专家将这段不一样的心理时段称为"适应期"。

> 大学新生以"胜利者"的喜悦进入大学后,突出的问题主要是如何适应大学生活,建立起新的人际关系。南京大学心理健康教育与研究中心曾对1996年入学的226名新生进行访谈,结果有适应不良和人际交往问题的占访谈学生的67%。他们的心理矛盾主要是:自豪感和自卑感交织;新鲜感和恋旧感交织;轻松感和紧张感交织;奋发感和被动感交织。这一时期一

---

① 谭顶良主编:《高等教育心理学》,河海大学出版社、南京师范大学出版社2006年版,第6页。

般是在一年级。①

引文中的依据是从 1996 级大一新生得出的,现在的大学已经是"90 后"的天下了。有大学教育工作者经过调研分析,归纳出了"90 后"大学生的矛盾,主要表现在:理想与现实的矛盾;独立性与依赖性的矛盾;优越感与自卑感的矛盾;原有学习模式与新的学习要求的矛盾。②将"90 后"大学新生的矛盾与 1996 年入学的大一新生相比,就会发现遇到的问题与困惑竟然如此地相似,唯一的不同就是自主与依赖,显然"90 后"的依赖感强,自主能力要差一些。这有可能会成为影响学习的重要因素。至于高考"胜利者"的喜悦,或许一些名牌大学会有,但是对于更多的大学新生而言不是喜悦,而是懊恼与失落。笔者任教大学的大一新生就是如此,在与他们进行新生见面会交流时,总会有学生问道:"老师,我要是高中努力学习,就不会考到这了,现在很痛苦。"这样的问题不少,我在听到如此问题时,往往会花费比专业问题要多的耐心与时间来回答,因为如果不解决这样的问题,他或者她就无法进入专业学习的状态。我一般会这样回答:

1.这所大学食堂里的饭菜甜咸你还不知道呢,就着急下结论。

2.你觉得是大学的名气重要呢,还是实力重要?

3.上什么样的大学都得靠自己努力。

4.现在努力也不晚,本科你不满意,将来上研究生还可以弥补啊!

5.你现在觉得不怎么样,等到你毕业的那一天依然会产生深深的眷恋,因为她(指大学)是你最亮丽的青春时光。

6.可以用历史说话,诸葛亮为什么要选择籍籍无名的刘备,而不是曹操呢?

---

① 谭顶良主编:《高等教育心理学》,河海大学出版社、南京师范大学出版社 2006 年版,第 231 页。

② 张希:《"90 后"大学新生入学教育工作》,《河北理工大学学报(社会科学版)》,2010 年第 4 期。

7.你这样认为,还有人比你还困惑呢,(可以列举一些院校)你再感觉一下。

等到这一届学生毕业的时候,再聊及当时的问题就已经不是问题了,他们已经为在这样的大学里学习,与这些教师、同学相遇而开始自豪了。所以,大一新生确实因为改变了学习、生活环境而产生了诸多问题,但这些问题并不会伴随大学四年,更不会伴随一生,会随着逐渐地融入大学,打饭、写作业、迟到、恋爱等而消失,等到毕业时已经成为生活独立、思想成熟的成年人了。当然,作为大学唯一的生活——学习,在其中起着决定作用,下面就具体谈谈大一新生的学习特点。

第一,主动与被动。中学的学习特点非常明显,就是教师讲授,学生听讲,形成了典型的灌输型教学、学习模式。但是需要廓清的是,这样的灌输型教学模式并非一无是处,也并非如一些专家批评的那样称之为"填鸭式",因而钳制了学生的思维自由。这样的看法没有经过仔细的观察与科学的分析,甚至根本没有看到中学生年龄阶段的特殊性,正如上文中谈到的"因龄施教"所指出的那样,什么样的年龄段就该接受什么方式的教学模式,中学生的年龄特点就决定了其教学必须采用"灌输型",否则就会培养出一无所知却满腔抱负的"创业者"。中学生的学习特点是被动的,唯有被动才可以做到知识的量的储备,才有可能出现从量变到质变的那一天。然而大学生的学习截然不同,这一不同并不是对"灌输型"教学的彻底否定,而是"灌输型"与"自我学习"兼而有之的模式,也就是说大学生的学习"主动""被动"都存在。被动是教师的课堂讲授,这一形式对于大学生来讲同样必不可少;主动就是大学生自我的知识渴求,读书、思考、请益、切磋等各种形式,不一而足。大一新生,就应该认识到这些问题,从而改变自己的学习方法。

第二,大学学习是主动与被动兼而有之,不过起决定作用的却是主动,这是与中学学习方法的区别之处。大学的主动学习较为复杂,学生自己学习那不能算作主动,只是在课堂讲授之下的主动。大学的课堂讲授主要是两点:一是传授知识;二是讲授中带有启发,并借此引起学生对知识的质疑与讨论,这是讲授的最终目的。学生在这样的教学模式下得到的不仅仅是知识,更多是对知识的发展性启发，故而带有了知识创新的味道。只不过发展知识只是属于某些特殊人才的专利，即使是大学教师也不容易达到那个层次，不过可以贡献出一些最细微的元素。大学生在这样的学术气氛下，需要改变原先中学的学习方式，转向主动学习。大学的主动学习，是一种高层次的知识储备与思考型的学习，学生在教师的课堂启发下进行若干有意识的学习尝试，有讨论、请益以及扩大阅读范围。作为启发思维与验证知识最合适的方式，自然非讨论莫属了。在讨论中，大学生可以和盘托出自己已经消化的知识以及由此产生的想法（也可以称为思想），经过与他人的讨论得到验证，并激发出寻找知识的热情。而请益就是向大学里所有可以给你以知识、思想的人请教。请益需要耐心、虚心，如果在讨论中有了请益的虚心，那么主动学习就会事半功倍。而这样的学习方式也是大一新生最应该注意并切实实行的。

第三，接受与争论。大学里的学习首先需要做到的就是接受，要接受的有生活方式、知识系统、思维方式，还有待人接物。接受是一种学习，是一种不折不扣、较为有效的学习方式。接受也是一种做人的姿态，在俯首低调的做人中可以学到教师在课堂讲授以及书本上没有的知识。生活也是一种学习，其中最重要的依然是知识与思想，这已成为大学的基础，也可称为大学的特色，亦是大学的光荣。在大学里接受的知识带有系统性、专业性以及准确性，这自然得感谢思想的先哲，是他们将知识的塔楼建造得高大、威武，而且永不倒塌。选择史学专业的大学生，接受的就是历史学的训练。历史学分为三大知识板块，也就是三大系统。一是中国历史的起源、发展，二是人类历史进程及各主要国家的历史，三是研究历史以及由此产生的历史研究、编纂，还有史学相关理论。三大系统中的每一系统都含有极丰富的信息，并且构成了复杂的整体。史学专业的教师负责将这些知识系统、准确地传授给学生，并及时地引发他们展开争论。大学里主动学习的关键方式就是争论，可以与教师争论，可以学生之间争论，也可以与其他专业的师生争论。唯有争论带有效果，争论可以验证知识，开启思维，扩大见识。思想视野的开阔远胜过目光视野的开阔，这就是大学生的学习追求，也是大一新生应该特别注意的地方。

第四,知识与精神。大学里应该学什么?只是系统而专业的知识吗?中外贤哲,仁者见仁。金耀基曾专门讨论过这一困扰围城内外已久的问题。

> 现代大学受德国19世纪大学之影响,已不止以知识之"传授"为足,而毋宁以知识之"发展":即研究学问,探求真理,为主要任务。①

当大学发生了这样的转变,那么其教育功能也会随之改变。大学生在大学学到的不仅是知识,还有由知识积累而产生的对于思想、真理的渴望。

当一个青年进入大学后,他被赋予了一种责任,就是他在作大学生的阶段里,应该以充实学问为主职;他应该沉浸在理性的精神中,于图书馆、实验室、教室里,跟教师一起在知识的大海中作创造性的航程。在学术的探索中,"知识的诚笃"(intellectual integrity)是特别重要的德性(德人Max Weber对此尤三致意也),"知识的诚笃"是指对知识追求之真诚不欺。这种德性是大学教师与大学生不可或缺的专业或本位的责任,也可以说是作为一个"学人社会"的大学的道德支柱。只有当这种德性充量发挥时,知识的尊严与学术的纯净性才能有力地建立起来,才不会曲学阿世,才能有"为学术而学术"的孤往直前的精神,而学术的火炬才能从上一代传递给下一代。这从长远的意义上说,是大学、大学生对社会文化可能尽的最大贡献。②

## (二)针对大一新生的课堂教学

既然已经知晓了大一新生的诸多特点,那么教师在课堂讲授中就要时刻注意,并有效引导,以帮助新生度过这一时期,完成转变。当然,这一时期不会太短,也不能过长,大约在一个学期内较为合适。这里需要明确一个问题,对这一过程转变的引导,不可能只由任课教师来完成,必须要有大学里的管理人员、辅导员

---

①②金耀基:《大学之理念》,生活·读书·新知三联书店2001年版,第135、138~139页。

以及后勤人员互相协助共同来完成。实践证明,这一过程中起决定性作用的就是辅导员。辅导员会严密而细致地注意新生的生活状况,以及与舍友、同学之间的人际交往,还会关注新生的社会关系,更能通过一切渠道知晓新生的心理变化,而这一切都是教师课堂讲授能够实施的基础。①任课教师如果单打独斗,就会只顾着自己的三尺讲台,而照顾不到学生的其他方面。只有辅导员的加入,才会使课堂讲授效果最大化。

第一,教师在课堂讲授时,要注意提及高中学习,并要作出及时的肯定,描绘高中朦胧的爱情与远去的青春,要让学生切身感受到艰苦学习的高中阶段现在想起来竟然是美好的,那样才会对目前有信心,才有可能全身心地投入到大学生活的热流中。同时在课堂上要点明高中学习对于自身发展的重要性,那是一个储备知识、储备智力的时期,高中的一切都是为了大学而准备的,也只有在大学里认真、刻苦的学习,才显得高中的储备有意义,大学生活也就不会虚度。

大一新生希望大学教师对自己的过去有所肯定,甚至作出赞扬,哪怕这种赞扬是安慰性的。这是一种心理上的需要,自己的付出、自己曾经拼搏过的高中时光,如果在一个陌生的环境里被认同,那将会使学生从心底萌生一种亲近感,更何况这样的认同来自于知识的主宰者大学教师。建立了亲近感,就会较为容易地建立信任感,而"信任因素构成所有意义的学习的基础,教师与学生之间的互信是把教育关系捆在一起的情感粘合剂"②。建立了亲近和信任之后的师生关系将会促使新生对专业和这所大学产生热爱,那么完成中学向大学的转变就会容易一些。

大学教师对高中生活的赞美以及对于高中学习的肯定,一方面会缩短师生之间的距离感,同时也拉近了大学与中学之间的距离。另一方面是一种缓冲,这种缓冲会让新生不至于在新环境中产生陌生感,甚至惧怕感。有了大学教师对于高中阶段的提及,新生就会温暖一些,过渡就会自然一些,顺畅一些。但是需要注

---

① 陈立民主编:《高校辅导员理论与实务》,中国言实出版社 2006 年版,第 117~126 页。
② [美]斯蒂芬·D.布鲁克菲尔德:《大学教师的技巧——论课堂教学中的方法、信任和回应》,周心红、洪宁译,浙江大学出版社 2005 年版,第 107 页。

意的是，大学教师提及高中的次数要少，不能过于频繁，而且要逐渐减少，否则新生就会对高中产生眷恋，从而无法对大学产生热情。同时，更要注意在课堂讲授时提及大学的次数要逐步地增加，以便使新生在潜移默化中感受到自己身处大学，而不是在别处。

第二，针对大一新生的课堂讲授，主要还是内容上的区别，所以要格外留意用心。大学教师在教授大一新生时，除讲义上的内容之外，还需要了解甚至熟悉另外一些内容，那就是高中历史课本。熟悉高中的内容，会让学生对你刮目相看，惊叹不已，这样高中内容就会成为上好新生课的制胜法宝。如讲到西周的宗法分封时，可以先陈述高中课本的内容：

公元前1046年，周武王伐纣灭商，建立周朝，史称西周。为了进行有效的统治，西周实行分封制。周武王把王畿以外的广大地区和人民分别授予王族、功臣和帝王的后代，让他们建立诸侯国，拱卫王室。武王死后，其弟周公旦继续推行分封制度，扩展周的统治范围。周初分封的诸侯，大多数是同姓子弟，他们多被分封到重要地区。①

在陈述了高中内容之后，需要做的就是根据史料析解，引出观点与认识，如可以根据"1046年"这样一个年份讲述"夏商周断代工程"，最后落脚在"1046年"的由来上。然后重点讲解"分封制"，高中内容说明了其中的要点，但是有四点还是语焉不详：一是为何要进行分封，这就要谈到周公东征；二是大的分封有两次，建周与东征之后，所封对象与地域不同；三是分封具体内容需要交代清楚，主要根据是《左传》；四是周之封建的意义需要特别阐明，或者可以涉及其后历朝的分封。

这样讲课的意义或目的何在呢？高中内容讲究陈述事实，或者说将历史史实

---

① 人民教育出版社、课程教材研究所、历史课程教材研究开发中心编著：《普通高中课程标准实验教科书·历史·必修1》，人民教育出版社2007年第3版，第5页。

交代清楚,让学生有一个大概的轮廓或者事件性的概念即可,而不用深究其来龙去脉以及史料记载、观点分歧,甚至事实有无,而这一切恰恰就是大学课堂里该解决的问题,或者说讲课的主要内容及方式。针对大一新生,大学教师既要在讲授时谈及高中内容,又须注意不能过多涉及,使学生明显感觉到这是一个由浅及深、由定论走向思辨的过程。

第三,需要提醒大学教师的是,不能一味停留在对高中内容的陈述上,也不能总是将大一学生当作新生,当作高中后的学生。在课堂讲授时只需涉及适当的高中内容,大部分时间还是应该转向大学内容。这样的转向是为了让学生感觉到专业性的存在,真正感觉到自己是在学一门专业。

其一,读书。作为大学里主要的学习方式,读书对于教师和学生的意义是相同的。大学教师要在讲授中让学生充分认识到,读书才是学习的主要方式,甚至可以成为唯一方式。教师得有意识地讲解读书的意义以及方法,并以身作则讲述自己的读书心得与钟爱的书籍,还要在讲述专业内容时加入专业领域的相关代表人物及专著。如先秦史研究的代表人物李学勤,他的专著是《东周与秦代文明》《中国古代文明研究》《通向文明之路》,要引导学生主动地读书,逐步感受专业的魅力,感受专业的吸引人之处。任何专业都有魅力,关键在于引导的方法是否得当。阅读专著是最好的方式,而教师的引导更是关键中之关键。这一引导最好的完成时间是在大一时期。

其二,要想方设法使大一学生喜欢上阅读史料,至少要做到翻阅一些原典,阅读其中的某些篇章。如讲到楚汉之争时,可以在课前布置学生阅读《史记·项羽本纪》,然后上课时讲解主要事迹,还要谈及"集解""索隐""正义",说明"史记三家注"并加以讲解。讲完了《史记》中有关项羽的记载之后,如果还有空余的时间,那就可以涉及《资治通鉴》了,可以让同学们在课下阅读《资治通鉴》卷八《秦纪三·二世皇帝二年》中有关项羽的文字。这样的阅读引导方式就是为了使大一学生接触原典,感受到历史最初记载的样子。如果学生对原典有了兴趣,主动阅读原典并在其中寻找历史的记载,那么就会很快完成新生转变,对于其后几年的专业学习更会有着莫大的帮助。在学生刚接触原典的时候,教师不要过于着急指出记载的矛盾或错误,这一秘密最好留在大三或者大四时揭晓。

其三,高中历史课本的特点之一就是内容准确,定论明显,而大学学习就是要破除这一藩篱。大学里最主要的特点就是一切都没有定论,一切都可以争辩,一切都可以质疑。如在谈到中国文字的起源时,有定论的说法可以依据《简明中国历史读本》:

> 最初的文字从原始社会陶器上的刻划符号演变而来……甲骨文是殷商时期刻写在龟甲或兽骨上的文字,是汉字的前身……从甲骨文的结构看,它已使用象形、会意、形声、假借四种造字法,是一种相当成熟的文字。所记录的内容很丰富,为研究商朝历史提供了丰富资料,而周原甲骨的发现,也进一步证明了商周在文化上的承继关系。①

此为学术界的普遍看法,似乎已成定论。在讲述这一定论时,需要援引一些不一样的声音,使学生产生质疑。如加拿大汉学家郭静云就有不同的看法,她认为中国文字的起源应该是在长江中游、江淮、江汉地区发生的。

> 长江流域、江北等地的文字系统,从新石器晚期以来,并没有遭到中断。早期文字已出现在陶器上,但后来字数增多,可能开始在竹木上写字。殷墟建都后有计划地构成了国家礼仪的文字,其主要基础是当时最发达的长江中游文明之文字,但是殷墟贵族的语言属性与南方族群不同,因此南方的文字被配合、改造为殷商贵族的语言文字。殷商贵族依照南方构字的规律,另行造字,使文字更加丰富、系统化,以符合表达不同的语言,因此汉字才在这样的基础上,逐步发展成为跨语言的记录工具。②

---

① 中国社会科学院历史研究所《简明中国历史读本》编写组编写:《简明中国历史读本》,中国社会科学出版社 2012 年版,第 67~68 页。
② 郭静云:《摘要》,载其著《夏商周:从神话到史实》,上海古籍出版社 2013 年版,第 5 页。

引入郭静云的观点并不意味着教师对此观点的认可,而是让学生了解不同的学术观点,并进一步使学生认识到:学术就是争鸣,就是允许发出不同的声音,这对大一新生尤为重要。心理学告诉我们,第一印象其实决定了今后的走向。大一新生需要这样的引导,这才是大学与中学真正不同的地方。

第四,大学教师在课堂讲授时,还需要注意一些细节问题。学生个体不同,有些学生可以通过学术、读书引导,但是有的学生会关注细节,细节决定了引导的成败。如教师注意提及图书馆,并引导学生去图书馆学习。中学里可以有图书馆,但是普遍没有去图书馆学习的习惯,更没有去图书馆借阅资料、听讲座的习惯,这一现象只会在大学里见到。所以,教师要有意识地引导大一新生:在大学里学习一定要去图书馆,一方面可以感受静谧的学习环境,接触不同专业的学生,另一方面可以翻阅大量的专业书籍以及不同学科、专业的书籍。要尽量地翻阅书籍,各种门类、各种学科,这是扩大知识视野的唯一途径。

当然,教师可以在课下与大一新生谈心,如注意舍友之间的关系,同学之间的关系,以及如何与后勤服务人员打交道,在校期间与父母之间的联系等。教师如果可以用不多的时间与耐心关心学生,那么学生就会感到温暖,甚至认为教师是看重、认可自己的,学习就有了劲头,转变也就顺其自然了。对学生进行细节的关心会起作用,会有收效,一方面因为是真正出自内心的关心,另一方面是因为学生对大学教师的敬畏,或者说是出自对知识的敬畏。最后还要提醒一下,这样的细节关心须适可而止,不能过多,不可让学生将教师误认为是保姆,那就得不偿失了。作为知识与学术的代表,教师必须是威严的,即使有关心,那也不能超过了限度,否则就会失去了神秘感,更可能让学生对求知失去了动力。

(三)做好转变的意义

讨论了这么多,我们作一归纳。进入大学学习,对于大一新生来讲,并不能简单地认为是求学之路的升阶,更多是一段人生之路的开启,需要面对的问题与困惑也多于中学。既为新的人生之路,那么就需要认真对待,这样大学教师就不仅担负了传授知识、解答学术疑惑的职责,更具有了塑造学生人生的重任,所以注重其转变意义重大。

第一,实现大一的转变,其实就是决定了中学向大学的转变,也就奠定了大学生在大学发展的方向以及此后人生的旅程。俗话说"良好的开端是成功的一半",那么转变就是开端,转变也就决定了成功的可能性。我们已经讨论过,大学以主动学习为主,兼以被动灌输,这两者对某些学生来讲,有可能存在次序先后,也可能出现单一的教学形式,但不会妨碍这种变化的实现,有时氛围更会起作用。大一学生会在教师的促使或学长的示范下及时变化,使自己成为一个真正意义上的大学生,至少从学习方式上看是这样的。是不是所有的大一新生都会完成这种转变呢?答案是否定的。在这一过程中,当然会有一些不适甚至是痛苦,这痛苦会来自于身体,也会来自于心理。挺过去的就是实现了转变,而没有挺过去的便留在了过去,蜕变中止了。所以,其转变的一定是心理与身体两个方面,这也就是大学生对于四年之后容颜与气质变化最好的解释。"腹有诗书气自华",读书改变了自己。

第二,在实现转变中,真正需要注意的是习惯,而非其他。习惯包含很多,主要在于三方面:一是生活习惯;二是学习习惯;三是人际交往习惯。只有这三方面的习惯都实现了转变,才会对人生有所促动。生活习惯的改变源于由家庭生活模式切换到了集体生活模式,几个人在同一个宿舍,会使用一些共同的生活用具,这样个人生活就会直接与集体生活相连,会出现矛盾、冲突,甚至还会出现过激的行为。所以,大学的集体生活成为大一新生的第一课,要学会相处,学会宽容,更要学会求生存。集体生活需要的是两个关键词:宽容与自律。宽容是对舍友而言的,不能求全责备,也不能一味退让,需要持中,把握两者的进退;对自己要自律,只有自律才会不冒犯他人,将摩擦降到最低。其实集体生活中蕴含的还是人际交往习惯,需要在这完全不同的生活环境中改变自己高中时的习惯,尝试着与人交往,并与各种各样的人交往。大学生之间的人际交往还是会形成熟人关系,比较对脾气的人就成了朋友,可以倾诉的朋友就会升级为好朋友。养成良好的生活习惯、学习习惯、人际交往习惯,不仅在大学里可以顺利地度过,而且会享用一生。

第三,实现转变最终是为了尽快融入大学,成为一名真正的大学生,享用大学的知识资源,建立自己的知识体系与理想。实现了转变只是形式的变化,还不能表明融入大学。大学是完全不同的地方,英国教育家纽曼曾经用非常精练的语言道出了大学的不同之处。

> 在这些演讲中,我对大学的看法如下:它是一个传授普遍知识的地方。这意味着,一方面,大学的目的是理智的而非道德的;另一方面,它以传播和推广知识而非增扩知识为目的。如果大学的目的是为了科学和哲学发现,我不明白为什么大学应该拥有学生;如果大学的目的是进行宗教训练,我不明白它为什么会成为文学和科学的殿堂。[1]

纽曼的看法还可以进一步讨论,如传播、推广知识与发展知识的关系,以及大学对人是否需要进行道德的教化等等。但有一点特别肯定的是,大学一定是追求知识与理性的地方,所以真正融入大学的表现是为了追求知识而学习,而非功利的、带有明显目的的学习。这样就对大学性质的确定以及大学教育提出了较高的要求,大学应该离现实较远,让学生安静、心无旁骛地学习,而不是着急地寻找与现实对接。

第四,前文我们已明确了教师在大学里的主要地位,知识由教师传授,理想由教师点燃,教师成为了大学的灵魂。基于此,大一新生的转变就是完成对这样的教师身份的认定,教师不再以中学班主任、任课教师的身份出现,而代之以"教授"的称呼,这不仅是名称的简单更换,而且是知识传播与知识生产者之间的区别。请注意,这里所说的区别,绝无高低之分,需要明确的只是社会分工不同而已。美国社会学家爱德华·希尔斯认为大学教师最大的不同在于:

> 在20世纪,在大学任教已经不再被仅仅视为一种谋生的职业。当它被

---

[1] [英]约翰·亨利·纽曼:《大学的理想(节本)》,徐辉、顾建新、何曙荣译,浙江教育出版社2001年版,第1页。

称作"专业"(professioon)的时候,这个称呼在某种重要的意义上表明了它不同于其他那些由市场变化或者政府的行政能力来操纵其命运的职业。它被认为是一种具有特殊性质的、能够给从业者带来特权和特殊的义务的行业……大学教师的基本任务就是获取并传播知识,而不是运用知识。大学教师要通过系统的研究来接受、吸收和发现知识,并且要解释和传播它们;大学教师要传播发现知识的方法,而且尤其要传播审核知识的方法。即使一名大学教师所关注的问题是如何把知识运用于实践活动,他也不会将自己所传播的知识亲自运用于实践活动。[①]

从这一角度来明确大学教师的职业身份及社会功能,就可以进一步明确大学里的师生关系以及大学生的任务所在。

**五、大学历史课堂的多媒体运用——以"中国古代史"为例**

多媒体进入大学课堂教学之后,"由于具有能充分发挥计算机对文字、图形图像、动画、视频、音频等多种媒体综合处理能力的优势,以及灵活的人机对话等特点,能更形象、具体、生动、活泼地展现教学内容,从而激发学生学习兴趣和求知欲,有效提高课堂的教学质量和效果"[②],使得大学教育发生了深刻的变化。这不但表现在教学技术的应用、教学手段的革新上,而且教育观念也有了全新的改观。对于历史学的主干课程"中国古代史"而言,多媒体技术在其中的运用有着更为特殊的意义。"中国古代史"是历史学科最为传统、历史最为久远的课程,授课模式主要以传统的讲述式为主,但受到现代技术的挑战。因此,此课程既保持传统的教学模式,又结合了现代多媒体教学,两者互为观照,相辅相成,同时又展现出了各自在课堂教学中的优劣。

---

[①] [美]爱德华·希尔斯:《教师的道与德》,徐弢、李思凡、姚丹译,北京大学出版社2010年版,第6页。
[②] 靳玉军:《论多媒体教学技术在高校思想政治理论课教学中的运用》,载周光明主编《大学课堂教学方法研究》,西南师范大学出版社2007年版,第7页。

(一)多媒体在"中国古代史"教学中的应用

对于"中国古代史"而言,多媒体教学极大地丰富了教学的内容,使得教学更为直观、感性,知识的传授更为多元化。同时,由于与传统教学模式的碰撞,也产生了诸多问题。

1.产生的问题

多媒体在"中国古代史"课堂教学中的应用,为何会产生问题?这涉及多媒体教学与传统教学的根本不同,并非如教育管理机构所言的教育观念的新旧,而是教育模式的不同,这是我们首先要厘清的基本前提。"教育模式是在一定的教学思想指导下,以一定的教学理论为依据,并建立在一定的教学实践基础之上,为完成特定的教学目标和教学内容而形成的稳定的教学活动结构框架和活动程序。"[①]仔细分析定义就会发现,其关键词为"教学理论""稳定的教学结构框架与活动程序"。也就是说,作为一种独特的教学模式,其最关键的是具有自己的知识、方法系统,而"中国古代史"即是如此。

"中国古代史"如从其讲述的思想与理论算起,开始于春秋的孔子。据《史记·孔子世家》与《论语》记载,孔子授课之一即是古代史,教材是《春秋》,他形成了自己丰富、系统的教学思想与理论,更具有独特的教学框架与程序。所以,多媒体教学应用于"中国古代史"所产生的问题,是不同类型教学模式的碰撞,更是不同特质教学思想、教学理论的碰撞。

第一,多媒体进入"中国古代史",使得课堂教学变得复杂。课堂教学本来应该是简单、明了最好,这样学生可以集中精神、全神贯注的听讲,这也是学习最佳的状态,传统教学模式即是如此。但是应用多媒体之后,课堂教学发生了变化,老师—学生的简单关系成为了老师—多媒体(电脑、投影仪)—学生。老师不再直接面对学生,由多媒体充当了媒介,这样就使课堂复杂了,减弱了课堂教学的效果,"部分教师自认为所制课件设计新颖、内容全面、环环相扣,在教学中就按照课件

---

[①] 郑丽:《大学课堂教学模式与教学方法理论探讨》,载黄玉丽主编《借鉴 探索 创新——当代大学课堂教学改革的研究与实践》,首都经济贸易大学出版社2012年版,第13页。

设计思路按部就班、层层推进,全然不顾学生的学情及所思所想,机械地点击,不停地放映,实行'机灌'"①。这样就将最重要的课堂教学变成了演示场所,忽略了课堂最主要的功能——知识传授。

第二,原本在传统课堂上的师生互动减少了,甚至荡然无存。有的教师会认为,互动是传统教学的特色,既然使用了多媒体,那么就意味着放弃了传统教学模式,也就不需要互动了,这其实是非常狭隘甚至是错误的理解。在课堂教学中,知识传授的对象是学生,学生在课堂上的反应直接决定了教师的讲授方式。互动的方式多种多样,有简单的一对一提问,有一问多答,也有即时的讨论。这样的问答与讨论有可能是课前准备的,为了考查之前学过的知识;也有可能是在当时的语境下的即时提问,是为了讲授的过渡与衔接;也有可能是提醒学生专心听课。但无论哪种方式,都是为了加强课堂教学效果。同时,教师在课堂上的提问或讨论,对学生一定会产生督促作用,正如研究者所言:"讨论能够加强师生之间融洽的关系,并促进学生的独立性,增强他们的学习动机。这些都是单纯的讲授方式无法达到的效果。由于学生愿意为承认其观点的价值并鼓励他们独立学习的教师而努力学习,他们的学习动机也就因此而得到增强。而教师在课堂讨论中可以要求学生表达自己的观点,也显示了他们对学生在课程学习中的感想的重视。"②

第三,多媒体进入"中国古代史"课堂,对其知识的传授有着明显的改变。但是如果单纯地探讨课堂教学的效果,那么得出的结论有可能是否定的。"中国古代史"教学特别讲究学术性与生动性,也就是说既要讲述问题的研究,还要让学生易于接受,这样就加大了难度。在传统教学模式下,要达到这样的效果绝非易事,需要教师长年的课堂经验与学术积淀,二者缺一不可。如果只有学术的深厚积累,而没有课堂的教授技巧与经验,那么对学生来讲将了无生趣,味同嚼蜡。如果只有丰富的课堂教授技巧,而缺失了学术,那么学生听完则是空洞一片。及至多媒体的引入,课堂教授出现了羁绊,甚至成为了"绊脚石"。多媒体对于学术与

---

① 耿建民:《基于课堂教学的多媒体课件设计研究》,《中国电化教育》,2011年第6期。
② [美]约瑟夫·罗曼:《掌握教学技巧》,洪明译,浙江大学出版社2006年版,第102页。

生动都没有加强。

同时,"中国古代史"传统教学模式很在意知识讲授的系统性,尤其是在课堂讲授时,讲述的前后呼应与知识的连贯性、亮点的凸显都特别重要,而这一切的完成,都是教师沉浸在自我的"表演"之中,陶醉在自我的讲述中完成的。因为,"从教材内容看,讲授法适合与实事有关的知识,适合抽象程度高、学科内容复杂的课程。特别是不能从其他渠道得到的学科最新成果和前沿研究动态,更适合讲授"①。

第四,多媒体技术上的问题对"中国古代史"课堂教学的影响。多媒体技术上的问题有两个,一是多媒体的制作。制作多媒体课件,除了需要专业知识作背景支撑外,还需要刻苦学习、钻研计算机水平,"目前高校多媒体教室中使用的教学课件大多数还是初级、低级产品。或者 Word 式的电子文稿,或是 Powerpoint 式的电子幻灯片,或是购买别人的应用软件,这三种类型的课件占了大多数"②。针对 Word 式的电子文档,其实就是教材、参考书内容的原样誊写,毫无变化。有的教师 PPT 上有的文字,在讲课的时候原样再板书一遍,简单的重复,学生如坠云雾,PPT 失去了制作播放的意义。

另一个是外部技术条件的支持。传统教学模式只需教师一支粉笔,即可滔滔不绝,纵论天下;而多媒体需要硬件、软件,还需要电源,缺一不可。多媒体技术的应用有太多的限制,使得教师在课堂讲授时必须得依赖技术性的条件,"以致使程序演示控制了教学过程,使教师在教学过程中变成了机器的操作员,这种做法实际上违背了教学过程是一个信息多向流动、交流过程的规律。上述状况严重束缚了教师在课堂教学中的主动性,这种喧宾夺主的做法是不可取的"③。

2."中国古代史"最不适用的多媒体技术

在"中国古代史"的课堂教学中,虽然多媒体的使用有着这样那样的问题,但这并不意味着此课程会排斥多媒体技术。但是使用多媒体技术须慎重,选择某一

---

① 马开剑主编:《大学教学论基础》,山东大学出版社 2011 年版,第 42 页。
② 秦福利:《谈高校多媒体教学存在问题与对策》,《高教论坛》,2005 年第 5 期。
③ 郭士倜:《多媒体教学相关因素与方法研究》,《教学信息化》,2005 年第 10 期。

多媒体技术，或选择将多媒体技术应用于某一教学环节，这是"中国古代史"使用多媒体的基本原则。我们首先要明了哪些多媒体技术不适用于"中国古代史"的课堂教学。

第一，使用多媒体的目的之一是为了增强课堂讲授的生动性，但是"中国古代史"等大学专业课程的讲授，恰恰不是以生动为追求目标的，因为学术达到一定的深度与高度时，一定是枯燥、呆板，甚至是煎熬的，而有着这样内容的课堂才是有意义的，当然这只是针对大学而言。

多媒体技术中，包括文本、图形、动画、音频、视频、色彩，无一不是为追求生动而设置。如在"中国古代史"中，越是形象、生动的表达，其实越背离了历史的真相，犹如《史记》中虞姬舞剑、项羽高歌的细节描写，近似于文学，这也是鲁迅赞叹的原因。有的教师在课堂上播放了《秦始皇》相关的影视资料，或者播放了陈道明主演的《越王勾践》。原本影视作品属于艺术创作的范畴，有着虚构的成分，但是在课堂上播放，尤其是教师在专业课堂上播放，就会让学生产生误解，发生误导，认为影视作品中的故事情节就是历史史实。演员、编剧、导演并非史家，无责任、无义务为历史负责，为民众负责。即使是史家，在讲述历史之时，也有一定的遵从，正如汪荣祖所言："史家须以活生生的当代性命之情，重演旧闻，始能将死寂的古史，化为具有当代生命有效的历史。然而，当代的主观是否会歪曲古人面貌之真呢？是否有损历史的真实本质？一般的解释是，既往的史实与当代的重演乃一体之两面，重演当然要切合史实，史家固不能被史实汩没，然亦不能任意打扮史实。"①

第二，在讲述"中国古代史"时，有的教师为了增强学生的印象，使用了图片。如在讲述"秦始皇与专制主义中央集权封建国家体制的建立"时，使用了秦始皇的画像；在讲述"西汉的建立与汉初黄老无为政治"时，使用了汉高祖的画像。有的引用者称是转自唐代画师阎立本的《历代帝王图》，但是《历代帝王图》中有十三位帝王的肖像，分别是西汉昭帝刘弗陵、东汉光武帝刘秀、魏文帝曹丕、蜀主刘

---

① 汪荣祖：《史学九章》，生活·读书·新知三联书店2006年版，第246页。

备、吴主孙权、晋武帝司马炎、陈文帝陈蒨、陈废帝陈伯宗、陈宣帝陈顼、陈后主陈叔宝、北周武帝宇文邕、隋文帝杨坚、隋炀帝杨广,其中根本没有汉高祖刘邦的画像。那么其画像从何而来呢?是使用网络搜索引擎得到的,其真伪可想而知。即使是《历代帝王图》中有的帝王,其可信度也值得怀疑。在谈到阎立本的《历代帝王图》时,有研究者认为:"我们可以发现:唐代敦煌壁画'净土'中的'皇帝',竟然和阎立本在宫廷里画的皇帝,几乎完全一样……《历代帝王图》卷选了十三个帝王。帝王都身体魁伟,两臂张开,衣袖宽大。"①罗淑敏则有更深刻的认识:"虽然在形象上,13位人物造型,稍有不同,但看上去就是不像现实生活中的人物,更何况古代未有照相机,唐代的画家如何得知先朝帝王的仪容?阎又凭什么作为他笔下人物的腹稿?"②

第三,参考书目的推荐。在"中国古代史"的课堂教学中,参考书目推荐是非常重要的一个环节。在传统教学模式下,教师推荐参考书目是口述加板书,或者可以带参考书到课堂,当堂让学生看。采用多媒体技术后,有的教师在这一环节采用了图像或照片形式进行展示。

在演示中,有老师列举了三种《观堂集林》,分别是河北教育出版社2003年版,中华书局1984年版,上海书店1992年版。但是,有一个问题出现了,学生会以为只有这三种版本的《观堂集林》,其实还有1959年艺文印书馆的版本、浙江教育出版社2014年版,属于王国维手定本。其实更为重要的还在于讲出几个版本的异同,如河北教育出版社的版本是简体横排,而另外两种是繁体竖排,再深入些就是讲出篇目的编排与字词的删减。也就是说,推荐参考书目并不只是简单停留在书的图像或照片上,应该重在讲述著作的内容与学术价值。

(二)"中国古代史"课堂教学需要什么样的多媒体

对于"中国古代史"而言,多媒体只是一种辅助手段,犹如教鞭、粉笔一般,必须存在,但并不占主导地位,不会发挥主要作用。所以,在教学中,不能完全依赖

---

①蒋勋:《写给大家的中国美术史》,生活·读书·新知三联书店2008年版,第137页。
②罗淑敏:《对焦中国画:国画的六种阅读方法》,广西师范大学出版社2010年版,第76页。

多媒体,但又不能缺少。

第一,"中国古代史"课堂教学中,历代疆域图是必不可少的资料,在讲述相关知识时,配合使用地图则显得更为直观,更容易被学生接受。可是在传统教学模式中,教师倚重于讲述,或者简单的板书。所以,"中国古代史"最需要多媒体展示的是地图,尤其是历代疆域图。

关于秦朝的疆域,要是采用讲述的方式,只能这样表达:"公元前221年,秦王嬴政统一六国,结束了长期的封建诸侯割据的局面,建立起东至大海,西至陇西,南至岭南,北至河套、阴山、辽东的幅员辽阔的国家。"[①]教师也可以在黑板上简单画图,给出大致的轮廓。可是如果再做更详细的表达,画图就勉为其难了,如"至于对外,则北自阴山以南,南自五岭以南至海,秦始皇都认为应当收入版图。于是使蒙恬北逐匈奴,取河南之地。今之河套。把战国时秦、赵、燕三国北边的长城连接起来,东起现在朝鲜境内,秦长城起自乐浪郡遂城县,见《汉书·地理志》。西至现在甘肃的岷县,成立了一道新防线。南则略取现在广东、广西和河南之地,设立了桂林、南海、象三郡。大略桂林是今广西之地,南海是今广东之地,象郡是今越南之地。取今福建之地,设立了闽中郡"[②]。吕思勉的表述复杂得多,地名较多,而且跨度较大,只能使用地图才能表达清楚,落实方位。

第二,在"中国古代史"的课堂教学中,会讲述很多的战争,有的路线较为简单,如牧野之战,有的则较为复杂,如陈胜、吴广起义,涉及地名较多,而且多有反复,讲起来难度较大,可借助于多媒体,或者是地图,或者是动画效果,极具直观性,增强了课堂教学效果。

关于楚汉之争,有的著作以张楚政权为开始,终于西汉的建立,跨度为七年。也有的以刘项争霸为开始,终于西汉的建立,跨度为四年。即使以刘项之争为开始,时间虽短,但战争极为惨烈,而且波及范围较广。

楚汉之争较为复杂,如只是讲授,则无法直观地让学生知晓进军路线,所以

---

① 詹子庆:《中国古代史》(上册),高等教育出版社1997年2版,第140页。
② 吕思勉:《吕著中国通史》,华东师范大学出版社2005年版,第361页。

只能借助于多媒体,让教学效果更加显著。正如专家所言,"图形是在抽象了事物的本质特征之后形成的,更能让学生了解概念的本质属性。图像则更逼真于现实事物,能给人以直观、形象的表象,因而常用于说明某些具体概念,用于重复用文字陈述的信息等。动画是对事物运动、变化过程的模拟。制作动画的过程,忽略了事物运动、变化过程中的次要因素,从而突出地强化了其本质特征"①。

第三,"中国古代史"的课堂教学中,还有一类地图,与军事形势图不同,也与疆域图不同,是讲述一文化事件,如西周分封制、历代都城移徙图、孔子周游列国图等。

如西周分封形势图,简单明了,一目了然。辅之以文字表述为:"真正的大规模分封,是在武王克商以后以及周公摄政期间。据说周武王时,分封'其兄弟之国十有五人,姬姓之国者四十人'。周公摄政时,把文王之子分封于管、蔡、郕、霍、鲁、卫、毛、聃、郜、雍、曹、滕、毕、原、鄷、郇;把武王之子分封于邘、晋、应、韩;把周公之子分封于凡、蒋、刑、茅、胙、祭;还分封异姓勋戚姜氏于齐、纣王异母兄弟微子启于宋,等等,其中以鲁、卫、宋、晋、齐、燕等国最为重要。"②只有与地图相配合讲解,文字的表述才会鲜活起来。如西周的都城迁徙,单纯地使用语言讲解,学生不会留下深刻的印象,也只有和地图相配合,讲解才会更清楚,学生才会产生空间分布的立体图景。

其一,虞夏之际,周的祖先弃定居在邰(陕西武功县西南),此为周的第一个都城,也是兴起之地。

其二,经历了好几代,大约在商初,公刘在豳(陕西栒邑县西)才又发展起来。公刘在豳,主要是两件事情,一是发展农耕,二是扩充武力。为后来周人的发展奠定了基础。

其三,到古公亶父时代,由豳南迁到雍、杜之间的岐山之阳,这就是后

---

① 郭士倜:《多媒体教学相关因素与方法研究》,《教学信息化》,2005年第10期。
② 中国社会科学院历史研究所《简明中国历史读本》编写组:《简明中国历史读本》,中国社会科学出版社2012年版,第58页。

来有名的"周原"。古公亶父在岐周发展成为一个新兴的强大势力,开始了周人的"翦商"事业。

其四,周文王时期,在沣水西岸建立丰邑(今西安市西南),由岐周迁都于此。关中平原全部为周所有,号称为"西伯",周已发展成为商王朝的一大对抗力量。

其五,武王克商,建立周王朝,定都镐京。

其六,公元前770年,平王东迁洛邑。①

第四,作为讲课辅助的考古实物图片。在"中国古代史"课堂教学中,有些内容是无法用语言讲清楚、讲准确的,如考古资料。而考古资料对学生理解古代史与古代文明的起源与发展有着非常重要的意义,朱凤瀚曾说过:"文物是历史文化遗存,每一件文物都蕴含着丰富的历史信息,是历史的实物见证,或称物化的历史。透过文物,我们可以更真实地感受历史。"②

可以罗列三幅甲骨文图片。甲骨文是中国目前发现最早的成熟文字,于光绪二十五年(1899年)发现于河南安阳小屯村。随后有多位学者对其进行整理研究,著名的有"甲骨四堂"。"这一发现的意义是无可估量的。它标志着,汉字在商朝后期已经成熟,而且数以千计,人们终于摆脱了没有文字的史前时代,进入了有文字可考的文明时期。甲骨文是我们祖先的天才发明,具有不朽的品质和价值,至今仍是汉字文化圈的共同财富。"③

可以选择一幅图片,向学生讲述以下四点,一是龟甲。二是一个字的不同写法,如"贞"。三是甲骨缀合,兼论甲骨文的研究。四是甲骨文该如何写,"刻"的感觉。

还可以选择另一幅图,告诉学生甲骨文的制作材料,除龟甲之外,还有牛、羊

---

① 关于西周徙都的文字资料,请参阅朱绍侯主编的《中国古代史》上册(福建人民出版社1990年版)的相关章节。
② 朱凤瀚:《前言》,载中国国家博物馆编《文物夏商周史》,中华书局2009年版。
③ 樊树志:《历史与文化》,复旦大学出版社2010年版,第19页。

的肩胛骨，这幅图显示的就是牛的肩胛骨。所以，对于甲骨的"骨"要有充分的理解。

也可以选择另一幅图作为甲骨卜辞的讲述图例，卜辞刻在何处，龟甲的完整形态，以及此图的甲骨文考释。

还有就是青铜器物，也必须用多媒体展示。一是青铜器大多较为珍贵，在宁夏不易得到，学生无法触摸到实物。二是青铜器形制较多，而且不容易辨认，如鬲、盉等不常见的器物，只能依靠图片展示供学生学习。

禽簋。为西周时期物件。高13.7厘米，口径19.2厘米，有23字铭文，记载了周成王伐叛乱的盖（奄）侯事件。①

利簋。1976年，陕西临潼出土了一件青铜簋，为西周武王时期物件。是由当时担任右史职务、名叫"利"的人铸造，所以被称作"利簋"。此物最主要的价值就是记载了武王克商的时间，可与《尚书·牧誓》及《逸周书·世俘解》相互印证。②

第五，在"中国古代史"课堂教学中，还有大量的引文与古籍。由于课堂时间有限，如当堂板书引文，会占用大量的时间，影响课堂讲述。多媒体的应用，可一解此困。

如在讲述"尧、舜禅让"时，需要多媒体展示的材料有：

文十八年传："尧崩而天下如一，同心戴舜，以为天子。"

墨家以为："尧举舜于服泽之阳，授之政，天下平。"（《尚贤》上）

"古者舜耕历山，陶河滨，渔雷泽，尧得之服泽之阳，举以为天子。"（《尚贤》中）

"虽在农与工肆之人，有能则举之。"（《尚贤》上）

"选天下之贤可者，立以为天子。"（《尚同》上）③

---

①中国国家博物馆编：《文物夏商周史》，中华书局2009年版，第70页。
②注：在此章中凡是涉及使用图片来论述问题的，因考虑到图片的版权所属，没有援引图片，而只使用了文字说明，特此说明。
③以上史料均据，童书业：《春秋左传研究》，上海人民出版社1980年版，第292~293页。

第六,多位中国古代史的任课教师经过实践之后认为,音像资料在教学中有着不可替代的作用。

音像资料具有直观性、形象性等特点,但是在选择上一定要如前文所讲,要慎重。

其一,不能选择故事片。此类属于艺术创造,不能作为历史重现来展示,如用故事片《鸦片战争》来讲述鸦片战争,这是极为严重的错误。此处不再赘述。

其二,音像资料中有大量的新闻纪录片、文献纪录片,但是古代史课没有可以使用的,都是近现代史、共和国史时段的。所以,新闻纪录片也不在选择之列。

"如果没有历史文献纪录片,要播放历史题材的电影或电视剧时,教师一定要认真鉴别,尤其是影视作品中的戏说成分,它不仅不符合历史真实,而且还会误导学生,教学效果是适得其反。"①

(三)多媒体的学科选择

多媒体在专业学科的运用上有着特殊的社会意义。一是时代的要求,如果拒绝使用,就意味着脱离时代,而这是绝不能出现的事情。二是多媒体进入课堂,确实给课堂教学带来了变化,使得课堂变得丰富而多元,课堂教学更为有效。

第一,多媒体让课堂教学更为有效。一位中国古代文学的专业教师如此说:"建立课程体系的多媒体化和网络化的最大目的是资源共享,使不同专业、不同院系、不同学校,甚至是不同国家的人们都能通过网络了解相关专业知识和研究状况。在网络交流日益普及、信息高速传播的大环境中,以及高校扩招、教师学生比例严重失调的情况下,网络化教学已是势在必行。目前各个学校实施的精品课程,使中国古代文学课程的质量得到保证,即使不是这个专业的人也能够得到高层次的专业知识和专业教育,从而在一定程度上拓宽了教育范围,提升了教学科研的起步水平。这也是适应时代要求,从根本上提高受教育者文化水平的一个有

---

① 郑浩:《再现历史的恢宏——历史资料在电视文献片中的应用》,《电视研究》,2001年第4期。

效途径。"①

中国古代文学,与中国古代史有着相似的学科特质,同是古老的学科,古老的课程,所以这位教师的亲身体会与深刻的思考告诉我们,多媒体的使用势在必行,没有人可以阻挡。这是一种时代的要求,就像手机对每一个人的普及一样,是必须配备的。

第二,传统学科、传统课程与传统教学模式的优势分析。传统教学模式存在了数千年,自有其存在的价值与意义。"多媒体教学是在传统教学方式的基础上发展起来,只能对传统教学方式扬弃,而不能全盘否定,否则就违背了辩证唯物主义关于事物的发展规律。任何一种新的教学模式的出现,都是和当时社会对教育的要求有关。"②

其一,传统教学模式可以维持知识或者学术讲述的系统性,这与大学教学的目的与初衷相吻合。"至今,人们依然相信,就认识我们所处的世界而言,知识原本是一个系统的整体,人类只有借助整体的知识,才能够获得对自然、人类、社会完整的认识和解释。只是当人类对这些知识的认识达到一定程度后,才基于认识不同的对象、现象与活动而出现了知识的分化。"③

其二,课堂讲授最主要是当下的感觉,就是教师在课堂讲课时,凭借在讲述过程中的感觉,随时调整讲课思路与内容,甚至可以抛开讲义,自由发挥。这是教师当下的感觉,这样的感觉来自于自我的表达,更来自于课堂上学生的反应。从学生的眼神与表情中,甚至学生打瞌睡、出神、看窗外等表现,教师可第一时间掌握自己讲课的影响及效果。所以,"当下"是最主要的感觉。

其三,传统教学就是教师——学生,没有其他的任何媒介与干扰,所以师生交流与讨论属于常态。"如果去问任何一群大学老师,他们觉得哪种方法最适合高

---

① 张桂萍:《关于中国古代文学课教学问题的若干思考》,载周光明主编《大学课堂教学方法研究》,西南师范大学出版社2007年版,第94页。
② 杨梅金:《多媒体教学与传统教学方法的结合》,《广西大学学报(自然科学版)》,2003年增刊。
③ 荀渊:《知识、学科、课程:大学教学的组织与管理》,华东师范大学出版社2013年版,第34页。

等教育环境中的教学,他们中有很大一部分人,或许是绝大多数,很可能会选择讨论。作为一种教学方法,讨论显得富于民主色彩,而且参与性强。那些支持它的人会列举这样一些优点:它显得把教师和学生放在平等的地位上,它意味着人人都能对教育工作作出有益的贡献,它还宣称成功地使学生积极投入了教育过程。"①

第三,传统教学模式的劣势分析。并不是所有的教学模式都是完美的,传统教学模式同样具有缺点。但是需要注意的是,多媒体教学手段并不能克服这些缺点。使用了多媒体,可以改善一些,但不能完全克服。传统教学模式的劣势主要表现在:

其一,传统教学模式会使学生产生倦怠的心理。一个人,一支粉笔,一群学生,构成了一个课堂。教师的讲述再生动,都会使学生产生审美疲劳。四年之中几张相同的面孔,学生已无法燃起学习的激情。课堂的组成单一,较为单调,学生只能从教师的语调与书写中获取知识,长此以往,也会陷入倦怠。而这一现象最典型的表述就是研究者常说的"满堂灌"或者"填鸭式"。

其二,传统教学模式对教师要求极高。在传统教学中,以教师为课堂教学的中心,教师是教学的主导者,一切围绕着教师运转。教师的一举一动,都会影响教学的效率与效果。有研究者总结了四条:一是大学教师必须对高深学问有透彻的理解;二是大学教师必须了解最新科学动态;三是大学教师必须将高深的学问转化为学生的个人知识;四是大学教师必须为培养学生自主学习的能力而转变角色。②而这样的大学教师确实少见。

### 六、大学历史课堂教学的评价

大学历史课堂既体现了大学教学的一般规律,又表现出极强的专业性,对这一复杂的教学过程作出评价,将是非常困难而且棘手的事情。评价,其实就是较

---

① [美]斯蒂芬·D.布鲁克菲尔德:《大学教师的技巧——论课堂教学中的方法、信任和回应》,周心红、洪宁译,浙江大学出版社2005年版,第58页。
② 沈曦、解飞厚:《大学教学的多维透视》,中国社会科学出版社2012年版,第53~55页。

为科学、合理,而且数据化的检验方式。大学以发展知识、引领思想为主要目的,或者兼有开启民智的社会功能,那么这三种教育目标该如何检验评价呢?目前为止没有较为合理的评价方法。但是,宏大的目标无法检验,具体的、局部的却可以检验,那就是一堂课、一学期的课,能够纳入到评价体系或者评价标准里,虽然有着这样的问题、那样的不足或尴尬,但进行评价对教师而言,不失为一种有力的督促。

(一)历史课堂教学评价目标的建立与意义

美国教育学家托马斯·A.安吉格与K.帕特丽夏·克罗斯所著的《课堂评价技巧》中提及:"所有高校都有一个共同的根本目标,那就是在学生方面争创一流。换言之,所有大学的中心目标都是帮助学生获得高于其独立学习所能获得的学习效果与效率……通过课堂评价的实践,教师认识和促进学习的能力得以提高,从而更有能力帮助学生本人成为学习效果更佳、有自我评价和支配能力的学习者。简单地说,课堂评价的中心目的就是帮助师生在课堂上提高学习的质量。"①

据上我们分析得出,大学课堂教学评价的设立主要是为了两个方面:一是在承认学生可以独立学习的同时,帮助学生更好地学习;二是帮助教师提高教学质量,真正做到教学相长。那在大学课堂教学中,为何要建立课堂教学评价目标呢?对于大学历史课堂教学,为何又需要建立评价目标呢?

1.大学历史教学的任务是什么

"一般来讲,大学教学具有一般教学的基本性质。此外,它还具有自身的特殊含义。我们认为,大学教学工作是高等学校的中心工作,它是由大学教师的教与大学生的学所构成的意义建构活动。在这个过程中,大学生在通识教育的基础上掌握一定的专业知识和技能,参与一定的科学研究和学术活动,养成一定的专业素养和文化品格,形成一定的思想品德与价值观念。"②

---

①[美]托马斯·A.安吉洛、K.帕特丽夏·克罗斯:《课堂评价技巧》,唐艳芳译,浙江大学出版社2006年版,第3页。
②马开剑主编:《大学教学论基础》,山东大学出版社2011年版,第2~3页。

这里讨论的是一般意义上的大学教学任务,但对大学历史教学而言,则是历史学的专业学术训练,其目的与其他大学专业教学相同,是为了地域文化传承而造就人才。历史教学有所不同,阅读史料与分析问题是历史专业教学的主要任务,而其中最主要的就是通过探究人类过去的足迹而增长知识,提升分析问题的能力。所以,设立大学历史课堂教学评价的目标就是要实现教学任务。

2.确立大学历史课堂教学评价目标的另一目的是为了检验课堂教学效果

教学是通过课堂讲授来完成的。课堂教学是所有教学环节的中心所在,直接影响着教学的总体效果。所以,课堂教学效果的评价直接决定着大学教学的成败。

学生在教学中扮演着主体角色,既是知识的接收者,又在教学活动中起着检验知识与反馈知识的作用。从这个角度讲,检验课堂教学效果的直接有效,观测点就是学生的感觉。学生可以通过多年的听课训练与知识积累,准确了解一位教师课堂教学的基本情况。当这样的了解积累时,就可以进行课堂教学目标的评价。

在引入这一基本的评价目标时,需要注意三个问题。一是学生的评价与反馈绝不是孤立的,而是必须有一定数量的积累,否则是无效的。二是虽然是课堂教学评价,但学生对课堂教学作出评价的时候可能是在家中或在课外,也就是我们平常所讲的,当下课铃响的时候,才可以评价你的老师。三是在对课堂教学效果作出基本评价时的学生,绝不是课堂教学的最终产品,或只是原料,或只是半成品。所以,学生对课堂教学作出的评价须审慎对待。

3.为了提高教师教学水平,也需建立大学历史课堂教学评价

建立课堂教学评价,其目的就是检测一堂课教学的过程与结果。为了提高课堂的教学效果,必须设法提高教师的教学水平。从目的推向原因,课堂评价是为了促进教学,更是为了促进教师的教学质量。

可以建立比较性评价。大学历史课堂教学可以从两个维度进行比较:一是课堂的自我比较,就是纵向比较;二是与同事的横向比较。这两种比较类型都是为了找出教学的不足,教教相长,从而提高自己的教学水平。纵向比较,是同一门课

程讲述了多次之后的比较。随着讲义的多次修改补充,随着学生的变化,随着学术研究的推进,虽然是同一门课程,但有着截然不同的讲述。而自我对这一变化过程的总结与归纳,就是纵向比较的具体实施。横向比较,则是与相同专业或不同专业的同事作比较。他山之石,可以攻玉。

建立课堂教学评价,力图达到规范化与时效化。规范化是指形成自己在教学过程中的制度定式,如重写讲义的年限、板书书写的格式、参考书目的给出、限定章节的研读等。比如讲义的重写,当教师在讲授一门课程超过 5 年时(这 5 年内的讲义必定是每次讲授都有修改补充的),就需要重新撰写讲义了,或者是全新的叙述,或者是多个新颖的观点,大量学术前沿知识的补充。这样可以形成规矩,5 年一次重写,每年一次小改,就是典型的规范化。而教学的时效化,是指课堂教学即时或短时的效果体现。如前后课堂教学的自我观照,根据学生的简单体会或者自我的感觉,对本次课堂教学表现出的不足加以改进。

(二)现行大学历史课堂教学评价存在的问题与反思

目前,中国的大学历史课堂教学评价取得了一些成绩,但同时也存在着诸多问题,主要原因是对课堂教学评价认识不清,有些大学与教师认为课堂教学评价意义不大。下面我们就此问题进行一些必要的探讨,希望对于历史教学有所裨益。

1.大学历史课堂教学评价存在的问题

较之与其他学科教学,大学历史课堂教学显得较为特殊,一是讲述过去发生的事情,二是以传承文化为己任。其教学效果绝不能以某一节课或某一时段学生的反应来评价,所以其课堂教学评价具有更多的复杂性。

第一,由于中国大学历史教学的特殊性,所以课堂教学评价亦较为特殊,主要表现在大学管理机构、大学、教师均对课堂教学评价认识不清。一方面是由于课堂教学评价专属于欧美大学,对于中国属于水土不服。二是课堂教学评价没有纳入任何一项官方的制度文件,与绩效或年终个人评价来挂钩。正因如此,中国大学的历史课堂教学目前正在实行的还是较为松散的社会舆论评价,而这一舆论评价的形成来源于学生毕业多年之后对于此专业、此课程的评价,也因此失去了时效性,具有了更多的理性审视。

第二,有些大学的管理机构与教师适当地引入并使用了课堂教学评价。但需注意的是,在引入课堂教学评价的同时,也引入并使用了大量的教学手段,如多媒体、田野调查、翻转式课堂等。教学手段的使用,其目的是调节教学视觉,改变课堂沉闷的气氛,力图做到愉快的学习。诸多教学手段的引入,固然对教学是一个较好的促进,但是直接冲击了课堂教学,对于课堂教学评价的确立毫无意义。

也就是说,课堂教学评价需要主体明确,需要对教学手段有多元的综合考量。课堂教学评价并不是针对教学手段的评价,而是对于教学效果的评价,简单说,就是学生听完一节课后,究竟学到了什么?学了多少?

第三,网评:大学历史课堂教学评价的实例分析。相对于之前的两项重要问题,其实在实施过程中,我们所遇到的最重要的问题是学生对于课堂教学最直接的评价——网评,也就是我们所说的学生打分。这项评价的效度和信度都值得进一步探究。

在我所处的大学,学生对某一课程(其实就是此课程的主讲教师)的网评是在选课之前发生的,也就是说,网评不完成,则无法选课。而选课多在午夜之后,学生众多,网路拥堵。在这样的环境与心境下实行网评,其效度与信度确实值得怀疑。在我们大学的历史专业里,有的教师没有课,却被网评了87分。更有甚者,对学生要求严格的教师得到了低分,而给学生考试划范围的教师却获得了高分。这一实例确实能说明问题。所以,有研究者认为:"学生对评教意义认识不够和对网评指标理解的困惑会影响学生评价操作过程和评价的公正性,对于恶意评价和随意评价如未经处理直接反馈给教师,会影响教师教学的积极性。"①

---

① 李慧贞、马令坤、郑恩让、张震强、张玲:《高校课堂教学评价体系及评价方法研究——以陕西科技大学为例》,《吉林工程技术师范学院学报》,2014年第3期。

2.大学历史课堂教学评价的反思

我们探究了大学历史课堂评价目前存在的一些问题,其主要原因是太过于关注学生对课堂的反应,而忽略了大学历史课堂教学的特殊性与复杂性;太过于关注终结性的评价,而忽略了过程评价;关注了教学管理,而忽略了教师自身素质及专业的发展。下面就此问题进行反思。

第一,大学历史课堂教学评价,其目的是为了促进教学,而非削弱教学。

**某样本院校课堂教学评价结果及使用**

| 等级 | 结论 | 综合分数 | 结果使用 |
| --- | --- | --- | --- |
| A | 优秀 | 90 分以上 | 评价结果与课时津贴挂钩,根据具体等级微调课时津贴,浮动幅度原则不超过 30% |
| B | 良好 | 80~89 分 | |
| C | 合格 | 70~79 分 | |
| D | 基本合格 | 60~69 分 | 职称评定晋升推迟一年,连续两次评 D 取消讲课资格 |
| E | 不合格 | 59 分以下 | 取消讲课资格,暂停取消晋升职称,一年后考核取得讲课资格,恢复晋升评定职称资格 |

正如研究者所说:"不同的分数段对应不同的结论,通过大量的量化指标对教师打分排队定位,并将评价的结果与教师的课时津贴、职称评定挂钩,重视课堂教学评价的最终结果,忽视教师课堂教学过程的具体变化,漠视高校教师作为高素质的专业人才追求自我实现和提高的需要,于无形中削弱了课堂教学评价的各项功能。"①

第二,现行的大学课堂教学评价主要是从教学管理的角度考虑而设立,针对的是运用一些评价体系将教师课堂教学加以系统化,目的是为了促进教学,但结果却事与愿违,使得课堂教学出现了千篇一律的模式。更为严重的是,教师教学陷入了管理的泥潭,无法抽身应对自身素质的替身与专业的发展。

基于大学的专业特点与大学的教学特点,教师的个人专业素质是至关重要

---

①图表及此引文均载张飞娟:《高校课堂教学评价体系及方法研究》,西北大学 2013 年硕士论文,第 30 页。

的,甚至一名教师的个人魅力与风度,远远超过了知识的传授与问题的解惑。所以,大学课堂教学评价目标的设立,必须考虑到大学的教学特点,不能一味地将课堂教学作为教师唯一的评价,更不能将其作为教师定性的依据。这样做,只能挫伤教师的积极性,对于教学的促进则于事无补。

# 第五章  答疑、课程论文及考试

大学历史教学，需要教师的课堂讲授才可以完成知识的传授，此为最主要的形式，辅之以读书、思考、讨论。在学习中，因知识的获取会产生思考，而思考就会出现困惑，这困惑就表现为问题。问题出现之后，就需要解答，最有资格解答的就是教师，也就是教师"解惑"的功能。所以，从这个角度看，大学教师要具备比学生更多的专业知识与更强的思维能力，要不然解答根本无法完成。能够产生疑惑、提出问题的就是爱学习、肯动脑筋的学生。前文曾一再说明，大学是传授知识、发展知识的场所，如果没有疑惑、没有解答，知识便无法发展。

解惑答疑也可以看作是对学生学习过程与结果的一种考核，能够提出问题，而且提出较为漂亮的问题就可以看出学习中所下的功夫。对学生而言，考核非常必需。考核不仅是对学习的检验，更是学习的一种动力，只有考核之后才会知道自己的不足，以及如何弥补这种不足。考核相对来说较为简略，而且似乎更针对思维能力，其中最主要的考核形式就是课程论文，更为严格的考核就是考试。考试可以分为开卷、口试与闭卷三种形式，都是为了检查学生对所授知识的点、面掌握以及理解能力的掌握。考试同时具有公正、公平、公开的特点，所以作为大学的专业性检查最为合适。

答疑、考核以及考试，表面看来是在检查学生的知识和能力，其实更是在检查教师的课堂教学与个人水平，所以检查是双向的，并且唯有如此，检查才是真实的。答疑是在考验教师的专业，是否可以在学生提问后马上作出解答，而且解答必须让学生感觉到满意。考核与考试亦是如此，学生被检查，其实隐含意义是教师教的如何,反映在学生的卷面上就是教师的专业以及授课的效果。所以,教师与学生,其中不仅隐含着"教学相长"的原理,还有"教学相验"的事实。

## 一、辅导答疑

辅导答疑对于大学史学专业来讲更为必要,首先这是由历史学科的性质决定的。历史学研究的是人类的过往,通过再现过往以期对人类的未来有所裨益。所以,史学专业的研究对象是人类过去的一切,内容庞杂,并且各个时段、各个领域交织在一起,错综复杂,难以通过一堂课的时间,或者一学期的课程来了解,这就需要教师的辅导答疑。其次,这是个信息丰富而且查询、传播极快的时代,学生可以通过手机终端或者网络迅速找到所要了解的知识,这就给教师提出了更高的要求,就是知识储备与思维能力的提高。其实在这方面教师的人脑永远无法与电脑、网络相比,教师只有在望网兴叹之余,加强自己的专业素养。再次,课堂讲授就是产生问题的过程,学生在听课之后会产生疑惑,进而向教师提问,这是课堂讲授的自然结果。

### (一)辅导答疑的必要性

在获取知识的过程中,学生会自然地产生疑惑,而解决此疑惑的办法只有两种,一种是向书本寻求答案,另外一种是向他人请教。检索书本有可能会得到想要的答案,如果你的问题非常简单而且容易查阅到答案,如《史记》有多少卷,《资治通鉴》记载了多少年的历史之类的,这些都容易查阅到。但是如果你的问题带有一定的学术性或者思想性,这时候向书本求助就不容易得到答案,而教师就成为了最好的求助对象。选择教师答疑,不但是教师知道得多,他或她还懂得与学生交流的方法。

第一,对教师而言,辅导答疑是课堂教学的延伸。教师在课堂教学中无论如何周全,都会因为时间或者状态、情绪的影响而出现遗漏,更因为史学本身内容庞杂,根本无法周全,所以课下的辅导答疑就会补上这一缺憾。如笔者曾用翦伯赞主编的《中国史纲要》为教材,关于井田制,此书中有这样一段论述:

古文献上说，周代实行过井田制。关于井田制，《孟子·滕文公》曾有这样的说明："方里而井，井九百亩，其中为公田，八家皆私百亩，同养公田，公事毕，然后敢治私事，所以别野人也。"

从这段话看来，井田制的主要内容是把土地划分为方块，井田之中，有公田，也有私田……因此，所谓井田制，实质上就是劳役地租制。①

从此段开头"古文献上说"之语会发现，研究者对周代是否实行过井田制也不十分肯定。2011级的学生也发现了同样的问题并向我提问，而笔者刚好仔细研读了赵冈与陈钟毅合著的《中国土地制度史》，就据此回答了学生的提问：

第一，记载井田制的不止一处，就是《孟子·滕文公》也有好几处。另外《司马法》《穀梁传》《周易》《荀子》中都有。

第二，孟子向滕文公进言，是一种建议，不是历史记载，这一点要考虑。

第三，孟子也是在研究古代的土地制度，他着重在"演变"。②

另外，辅导答疑也是教师单独给好学的学生"开小灶"。有的学生在听讲之后，会对讲授的内容产生浓厚的兴趣，希望可以与教师进一步的探究，所以就向教师提问。尤其对史学专业来讲，听讲、读书可以产生问题并积极寻求解答，这本身就是研究的体现，如果长期保持下去，就会进入史学研究领域。所以，教师应该特别看重这样的学生，重视这样的机会，让辅导答疑成为学术研究的敲门砖。

第二，辅导答疑对于学生又是一个难得的学习。大学教师一般没有办公室，上完课就直接回家，想找到他/她问问题很不容易，所以学生一旦有机会让教师解答疑问，其实是较好的探索机会。可以这样说，探索是双方的，教师通过答疑也

---

① 翦伯赞主编：《中国史纲要》（增订本）上，北京大学出版社2006年版，第27~28页。
② 参考赵冈、陈钟毅：《中国土地制度史》，新星出版社2006年版，第1~3页。

会受到启发,进而作进一步的探索。笔者就曾遇到类似的事情:2005 年上"中国古代史"的时候,有学生提问:什么是夏商周断代工程,教材上为什么不采用工程研究的成果? 在听到这个问题之前,笔者只对"夏商周断代工程"有一大致的了解,也没有机会深入探究。带着这样的问题,查阅了相关资料,并对其中主要的问题作了回答:

1. 夏商周断代工程解决了什么问题?
2. 天文历史年代学。
3. 江晓原:《回天——武王伐纣与天文历史年代学》。
4. 江晓原关于牧野之战、孔子生卒年的考证。
5. skymap 的下载及使用。

所以对于教师而言,辅导答疑也是学习的契机,可以以学生的提问为切入点进行较为深入的研究。这样的例子很多。当然,不是所有的问题都是有价值的,需要分辨。其实对于任教 15 年以上的教师,一听到问题就会即刻辨别出价值,这自然得益于长年的积累。

在辅导答疑的过程中,教师与学生处于平等交流、探讨的地位。学术为天下之公器,人人皆可以述说,皆可质疑,大学里更是大力提倡这一精神。公开、公平探究学问,可以交流、质疑,即使是学生对教师所讲、所写的质疑,都是合乎学术规范的,应受到教师的保护与大力肯定。在第四章笔者曾举一例,学生对长平之战的质疑亦在此列。在辅导答疑中,教师要认真听取学生的提问,不可中途打断,也不要学生一开口就说知道了,更不能对学生提问不屑一顾,要态度认真,并且要耐心作答。不要随意对问题给出评价,好问题或者坏问题,问题有水平还是没水平,这些价值判断不要随意讲出,否则会打击学生探索求知的热情,还可能会伤害学生的感情。教师一定要放平心态,要允许学生提出尖锐的问题,哪怕这个问题是对课堂讲授内容的否定。教师要将自己置于与学生平等的地位,这样的辅导答疑才有意义,不仅会起到解惑的作用,还会树立教师的形象,密切师生关系。

第三，辅导答疑可以形成讨论。在一些教学著作中，会将讨论看得非常重要，认为是大学教学中必不可少的环节。但是问题在于，讨论须有十分充分的准备，或者提前布置问题读书，或者围绕课堂讲授的某一问题进行准备，然后组织讨论，而这些都特别花费时间，这在目前的课程学时安排上难以做到。这种班级式的讨论无法每学期都组织，小范围却是可以的。如3~5名学生就会组成较好的讨论小组，而这种组织一定是在教师的引导之下，其主要的契机就是在辅导答疑中产生。

其实辅导答疑也是一种形式的讨论，只不过人数较少，规模不大，正常情况下仅是教师和提问的学生两人，也有三四人的情况，一般都是听到教师的回答被吸引参加的，这样就会形成小规模的讨论。正如罗曼教授分析的那样：

> 师生之间还有两种交流有时也被称为讨论。其中一种是指教师为学生提供一个明确教学内容或询问教师对相关问题的看法的机会。另一种讨论是指教师向学生提问，要求学生用通常从阅读中获得的具体课程知识回答问题。如果把两种方法分开来看，那么任何一种提问——回答的形式都不是真正的讨论，因为学生很可能只简单地记录或记住教师所说的话，而且讨论中所说的内容互相之间没有关联。不过，没有联系的对话或重复可以为进一步的讨论或解释做铺垫，因此，提问和回答也就成为学生广泛参与并积极思考的讨论会的开始。采用这种方法的高校教师应该记住，以提问作为开端比以提问作为结束更有意义。①

在这样的讨论中，教师一定要持中，不能偏袒任何一个学生，即使他或她说得有见地，也只能略微加以肯定，然后转向另外一个问题或者另一名学生。教师在其中就是积极引导，将讨论引向有意义的方向，并有意走向深入或者可能触发

---

① [美]约瑟夫·罗曼：《掌握教学技巧》，洪明译，浙江大学出版社2006年版，第103页。

学生兴趣的知识点。当然,虽然可以将辅导答疑作为引向讨论的契机,但并不意味着辅导答疑就等同于讨论,这两者既有联系,又有区别。一是辅导答疑有着明显的针对性,无论是提问,还是解答,都是针对这位学生个人产生,所以问题本身只适用于提问者,不适用于其他学生。教师的回答亦是如此,有针对性的回答只适用于提问者,对其他学生无效。另一方面,当有几名学生提出了同样的问题需要辅导答疑时,这说明教师的课堂讲授出现了遗漏或者产生了较大的效应,促使学生产生了共鸣。此时教师就不需要进行辅导答疑了,必须组织小范围的讨论来解决。这样的现象经常发生,当然多源于学生听讲后发生的兴趣。

(二)面对面辅导答疑

辅导答疑有多种形式,而其中最常见,也是最有效的方式就是面对面答疑。一般多在课后(也可能是在课前,解决上次讲课产生的问题),教师上完课后,就会有学生来提问,或者在校园中偶遇,或者是专门用一堂课的时间集中解决授课或者读书中产生的疑问,而这样的辅导答疑,一定是面对面的。与其他答疑相比较,面对面的方式效果较为显著。

1.面对面答疑与师生关系

辅导答疑与课堂教学一样,是专业性极强的学术活动,但是同时也表现为一种人际交往,而这种交往就发生在师生之间。罗曼教授认为讨论能够融洽师生关系,这个道理也适用于辅导答疑。[1]

教师答疑起到的作用并不只是解答问题那么简单,其中包含了更多的意味。言谈中,教师可以肯定学生所提问题的专业意义,并鼓励其继续探索,而这样的褒奖会对学生形成较强的暗示,学生会认为自己具有史学研究的天赋,具备较广阔的发展前景,于是会在答疑后会投入更大的精力钻研。

在答疑中,因为是面对面的交流,所以更要注意一些细节。教师采取的一定是有耐心的态度,而且还需要注意只就问题而谈论问题,不能加入闲聊成分,这会降低答疑的有效性。

---

[1] [美]约瑟夫·罗曼:《掌握教学技巧》,洪明译,浙江大学出版社2006年版,第102页。

### 2.答疑还要讲求一些技巧

在辅导答疑中,很多教师会遇到这样的情况:有的学生提问由两部分组成,之前会将教师的学术研究成果或者讲课内容简略复述一遍,表示自己非常熟悉,同时也表达了崇敬之情,然后再提出问题。一般来说,这两部分之间并没有必然的联系,所以有经验的教师会认真听取有问题的那部分,对于前部分的复述则忽略。这不是说对学生不礼貌,而是为了解答必须采取的办法。在回答时,教师首先得感谢学生对自己学术的肯定,并表示谦虚,然后再严肃地回答问题,这就是处理此类提问的技巧。当然,有的教师也会忽略后半部分提问,而认为学生对自己的评价较为重要,转而与学生谈及目前自己的研究领域,这也未尝不可。

教师在听完学生的提问后,如果学生表述得不够清楚,或者自己没有听清问题的主干部分或关键词,那么就需要请学生再重复一遍,以免答非所问,出现不必要的尴尬。当学生无法清楚地表达问题时,教师要鼓励学生重新组织语言,清楚地表达。这是做教师最基本的素质。对于学生最主要的是鼓励,当然适当的批评也是需要的。学生提问之后,教师不必着急作答,而是引导学生谈谈自己对问题的初步认识,这有可能就是提问的真实意义所在。提问者自有答案,虽然有时候答案完全不合理,但毕竟是自己的思虑所得,也可以从这看出提问者发问的目的所在。当问题与学生自己的看法都明了了之后,教师就完全可以发表议论了。

所以,辅导答疑在于有的放矢,而不是高谈阔论,也非答非所问。如果教师不认真对待学生的提问,那么就会给学生留下不严谨的印象,会使学生失去进一步探究专业的兴趣。

### 3.教师回答不能有情绪

之前我们就说过,教师在听问题、作答的过程中要有耐心,要认真,这既是解答问题的态度,也是作为教师的修养。但是事实上,一些教师无法每次都做到这样,尤其当学生的问题极其简单、幼稚,根本是没有认真听课或者认真读书所致,那么教师就会忘却自己的素养而对学生采取教育,甚至是呵斥的态度。这样的态度,甚至是有这样的口吻、语气都是不可取的,没有一位教师是采用了这样极端的态度而不后悔的。在这种失望心理的驱使下,教师会盛气凌人,会"谆谆教导"数落学生,而早已忘却了学生的提问。布鲁克菲尔德教授认为教师应该如此对待学生。

要仔细倾听学生们所说的他们关心的事,以及他们的忧虑和问题。如果没有听到什么,要安排机会鼓励学生们说出心中的所思所想。当他们表达出对某个问题的关心时——不管这在你看来是多么不合时宜或微不足道——不要很快地作出一个四面光的答案,然后就接着谈论其他东西。要给学生充分的时间来表达他们的思想。不要替他们说完他们的话。不要把他们刚跟你说的话作为好心地为他们解释他们的忧虑的一种方式而重述一遍。你或许会觉得这样做会免除他们的一些尴尬,但事实上,你是在发送给他们这样一个羞辱的信息:他们没有能力机智地表达自己。①

教师要特别注意自己的言行,尤其在与学生作面对面交流时更应该特别小心,因为学生能瞬间感受到你的态度。布鲁克菲尔德教授所论述的就是这样一种小心翼翼的情况,即使教师没有表现出嫌恶的情绪或者不耐烦的语言,就是在交流技巧上稍有不慎,都会被学生认为是羞辱,这一点教师要时刻铭记。

4.回答不上怎么办

不止一位教师遇到过同样尴尬的场面,就是当学生提出问题时,如果回答不上来,该怎么办?因为是面对面的交流,这样的尴尬会更直接,直击人心,教师会羞红了脸,甚至会出现情绪上的反应。按理说,这应该属于正常现象,一是学问没有止境,知识亦不可穷尽,教师回答不上一些问题,或者一些专业知识,属于情理之中;二是学生的提问是"突发事件",之前没有告知,教师也没有办法提前做准

---

① [美]斯蒂芬·D.布鲁克菲尔德:《大学教师的技巧——论课堂教学中的方法、信任和回应》,周心红、洪宁译,浙江大学出版社2005年版,第111页。

备。但是无论在理论上如何辩解,这样的提问都会发生,每一个教师在教书生涯中都不可避免地会遇到,有的可能还不止一次。那么遇到这种境况该怎么处理呢?笔者根据自己的经验以及与同行的交流,觉得只有一个办法最可行,也是最能免除尴尬的,就是坦然承认自己不会。

承认自己回答不了学生的提问,并不意味着教师的失败或者就此丧失了尊严,因此用不着边际的话或者离题万里的答案搪塞学生,只会使问题更加严重。教师认为学生所有的提问自己都应该准确无误地回答,这是一种认识的误区。布鲁克菲尔德教授认为,教学是一种复杂而又充满激情的体验,而教师身在其中会面临几种危险,其中就有"警惕完美教师的神话""承认失败是正常的""现实地看待自己的局限性"。对于此类问题他讲道:

> 失败是充满勇气、敢于冒险的教学所特有的。优秀教师的重要标志之一就是随时准备着冒险,尤其是在教学中遇上偶发事件时,冒险脱离预先写好的"剧本",转而利用这些"适合教学"的瞬间——这类瞬间时常在课堂上出人意料地冒出来,充满了活力的戏剧性——来随机应变。如果你决定要冒这样的风险,你必须事先就明确意识到失败的可能性。
>
> 最后,对于自己能力的局限性,你必须养成一种现实的态度。最优秀的教师总是一面努力地为实现自己的构想而奋斗,一面又能意识到生活中没有十全十美,事情不可能如他们所愿。①

其实当大多数学生察觉教师无法回答自己的提问时,一般不会露出蔑视的表情,教师说什么就听什么,即使答非所问,学生也不会再作别的表示。而作为教师,明确告诉学生自己不会时,接下来就应该是查阅资料,仔细思考出较为合理的答案,然后专门找时间给学生一个满意而详细的解答。

---

① [美]斯蒂芬·D.布鲁克菲尔德:《大学教师的技巧——论课堂教学中的方法、信任和回应》,周心红、洪宁译,浙江大学出版社2005年版,第6~7页。

## (三)使用通讯工具进行辅导答疑

大学的辅导答疑不限于面对面的交流,虽然面对面是最有效也是最为合适的答疑方式。一些教师使用了各式各样的方式进行辅导答疑,大体来讲有两种:一种是通过电话答疑,另外一种则是通过网络通讯工具。虽然微信、短信须通过手机终端才能实现,但终归是依靠网络进行的,所以归于网络通讯。无论电话还是网络,都与面对面的方式有着实质的区别,面对面可以互相看着交流,属于有感情的、动态的、真正的即时答疑。但是通讯方式就只能做到信息的交换,而由于缺少了感情、表情的加入而带有信件的意味,无法做到心理的沟通。

### 1.通讯工具答疑的特点

之所以称为"通讯工具",顾名思义就是以工具为通讯的手段和交流的方式。也就是说,如果以通讯工具为辅导答疑的手段,那么教师与学生的交流就是通过"第三方"来进行,而这"第三方"还不是自然人,是现代科技发明的产物,是属于真正"理性"的工具。

第一,以通讯工具进行辅导答疑,有一个非常明显的特点,就是教师与学生互相看不到表情,所以不用顾忌对方提问或者回答的心理状态以及神情表露。人与人之间的交流,语言之外,更多的是表情与心理。在辅导答疑中,学生提出问题时会伴有一定的表情,教师可以通过语言与表情来理解问题的内涵以及学生对于问题的掌握程度,相应,学生在教师回答问题时,也可以通过教师的表情一窥其心理活动,察觉出教师对问题的掌握。如果使用的是通讯工具,那么教师和学生都看不到对方的表情,也不用窥视对方的心理活动,只需要通过通讯工具提问、回答就可以了。这就是双方都不在现场的好处。

第二,看不到对方的脸,无法感知对方的表情,同时也就限制了辅导答疑效果的最大化。如果仅仅只是通过电话进行语言交流,或者通过媒介进行文字交流,那么辅导答疑的效果会大为削弱,甚至会否定"解惑"的功能。如学生提问时,可以根据提问的语气确定是疑问还是肯定的表述,如果是疑问就需要教师来回答,如果是表述,那就需要进一步的交流。但就是这样具体而简单的细节,是无法在通讯工具中得到表现的。这就极有可能造成一个结果,教师对学生的提问把握不准,教师的回答也就容易出现答非所问。显然,这样的方式已经背离了辅导答疑的初衷,甚至会给教学带来一定程度的困扰。

第三,使用通讯工具进行辅导答疑,问题与回答都用文字写就,无论遣词造句,还是思想行文,都会非常正式。这样就产生了两个问题:一是此种辅导答疑的形式较为正式。采用何种形式进行人际交流,这是交流能否成功或者说交流能否取得效果的重要一步。辅导答疑是课堂教学的一种延伸,是教学补漏的有效形式,既然课堂教学是面对面的,那么辅导答疑的形式也应该是面对面的。而使用通讯工具进行辅导答疑的教师就会出现一些状况,如如何使用文字有效地探究课堂讲授过的内容,或者将课堂上的内容做进一步的思考后再进行提问、解答,这样就失去了现场感。二是此种答疑的内容也是正式的。教师答疑之"疑",解惑之"惑",都须通过学生语言、表情的结合充分地表达出来,教师方能明确得知。但是通过通讯工具,我们会发现没有了语言、表情的参与,问题与解答虽然可以字斟句酌,但是却少了"非正式"的温情交流,显示的只有"内容",这种只用文字表达出来的"内容",无法全面体现辅导答疑的真实目的。

2.采用通讯工具辅导答疑的形式

可以为辅导答疑提供服务的通讯手段有哪些呢？大致说来,可以分为两大类:一是打电话,可以听到对方的声音;二是文字类,就是提问与解答都使用文字。如果再具体划分,可以有电话、短信、微信、电子邮件、QQ,或者其他交流软件。

第一,电话。学生打电话向教师提问,教师就地回答,这也是一种辅导答疑的方式,而且这种方式非常普遍。打电话解答问题有其优点,可以完整表达自己的想法。教师如果觉得学生表达不够清楚,可以追问,直至听清问题为止。学生如觉得教师回答不够明晰,也可以继续提问,直至问题解答满意为止。这就是电话答疑的优点。但是电话答疑也存在无法解决的弊端,如看不到表情,无法从表情来感觉问题的隐含意义。还有,提问、解答的双方都不清楚对方的处境。接电话是瞬间动作,根本不知道对方的意图,如果接电话的教师正忙于其他事务,希望尽快结束通话,而提问的学生却喋喋不休,此时教师的解答只能是匆忙而迅速的,根本无法进行深入的思考。

　　第二，短信。虽然都在手机这一通讯工具上实现交流，但是电话与短信却不一样，打电话可以听到声音，短信却只有文字，没有其他辅助形式。以短信进行辅导答疑，也是利弊各半。学生发短信提问，教师可以短信回复，也可采用其他形式回复，亦可约学生当面交流。和打电话、当面交流的形式相比较，短信的提问、解答就显得迟一步，也就是可以经过较长时间思考之后再发短信提问，看到短信里的问题后，也可以翻阅资料，或者思考后再回复短信。显然，经过思考再提问，以及思考之后再回复，这样的问题以及答案会较为准确，也会全面一些。但是也有一些弊端，如短信交流中的文字一般来说较短，大约在百字以内，不宜过长，而且在手机上打字交流甚为不便。另外，短信形式不适合问题的追问，而且没有表情、语言的辅助，容易出现误解，甚至会形成误会。

　　第三，微信。与打电话、短信比较起来，微信功能比较齐全，而且也便捷了许多，成为辅导答疑的重要辅助手段。微信有一些较好的功能，如文字可以携带表情图，也可以发送语音，这样能有效地帮助教师理解学生的问题，并且有效地理解问题背后的情绪，不致产生误会。还有微信可以组成微信群，班级学生可以在群里共同讨论问题。笔者曾经组织过一个"中国文化史"的微信群，群里有两个班的近70位同学。通过一段时间的交流，笔者发现以微信群做辅导答疑还是不够合适，如文字讨论会被其他人发的不相干的内容打断，教师又不能禁止其他人聊天或者发送微信。使用语音一两个还可以，人数多了就会特别嘈杂，无法一一听取，听不清楚还得重播。另外，微信会受到一些条件的限制，如费用、电、网络等。与微信相同的还有QQ及QQ群。

　　第四，邮件。在使用文字进行辅导答疑的形式中，邮件最为从容，解答也是最全面的一种。学生发送邮件进行提问，有可能只是简短的一句或几句话，当教师阅读邮件内容后，就会思考问题，并且会查阅相关资料后再行回复。这就是邮件辅导答疑的第一优点，可以从容地回复。从容意味着可以全面思考，也可以就此问题深入思考，而这也正是辅导答疑中教师所应具备的素质及体现出的精神。不能搪塞，也不能敷衍。除此之外，邮件还有附件功能，可以传输较大的学习资料。

如有学生向笔者提问课堂讲授时讲到的余英时近著《天人之际——中国古代思想的起源试探》,当解答了问题之后,又怕解答不清,于是就将此书的 PDF 格式传给学生,希望阅读后有助于进一步的理解。

第五,开发一些网络软件进行辅导答疑。之前我们一再声明,面对面的交流是最好的辅导答疑形式,但是学生众多,问题不一,教师精力有限,无法一一作答。所以有的教师希望借助于计算机与网络的便捷来实现辅导答疑的及时性,并希望顾及每一位学生,于是就有了辅导答疑软件的研制。如在 20 世纪 90 年代中期,广东机械学院的几位教师就研制了一种名为"DF"的答疑软件,其设计的基本点如下:

> 利用计算机来辅导答疑,首先要解决的是答疑课件的设计。我们把问题和解答的处理称之为节点,即问题节点、解答节点。每个问题节点可提供几个选择答案,选择答案对应相应的解答节点,就是说,节点的设计,即课件设计的基本点。
> 在设计问题的节点时,应根据教学大纲的要求,把课程内容按章节分成许多节点,同时注意对一些难点、重点加以突出,对学生容易混淆、容易出错、容易忽视的地方加以强调。而在设计解答节点时应注意准确,清楚易懂,针对学生的不同程度,有不同层次不同思路的解答。无论是问题节点还是解答节点,都应力求简单,一目了然,以方便学生的机前认读和理解,减少课件建立时文字输入工作量,加快程序的运行。对一些重复节点可作简化处理,以求简洁准确、快捷。①

这可以看出辅导答疑软件的基本特点,设定性与选择性。此类软件的内容是提前进行设定并输入编制完成,认为学生有一些普遍的难点或者重点会向教师

---

① 刘小康、林怡青、田桂兰:《答疑辅导课件的研制》,《广东机械学院学报》,1995 年第 13 卷增刊。

提问,于是就将这些难点、重点划分成若干小的内容编制输入,形成问题节点。同时认为教师会就这些问题节点作出若干相应的回答,于是将这些回答做成解答节点编制输入,提问与解答都提前设定,学生与教师只需就编制完成的内容进行选择即可。

3.使用通讯工具辅导答疑存在的问题

在通讯工具产生之前,教师与学生之间的辅导答疑都在面对面交流中进行,但是随着科技发明的普遍应用,一切都发生了变化。通讯工具成为了大力倡导的答疑工具。当然,以通讯工具为答疑工具有着较多的优点,可以成为面对面答疑的重要辅助,但是也只能作为辅助存在。

第一,以通讯工具进行的辅导答疑,教师与学生之间没有互动,也无法进行持续而深入的探讨。通讯工具其实就是横亘在师生之间的媒介,而这一媒介是冷冰冰的工具,无法在教师与学生之间传递感情,所以只能作为提问与解答的工具,无法做到真正的感情交流。因为只是一来一往的回答,无法做到就问题或者回答持续追问,而只有连续性的追问才会刺激反应,形成讨论。辅导答疑的最佳形式其实就是形成讨论,在言辞的互动中对问题深入探究,这样才是大学答疑的真正目的。而通讯工具造成的是一次性问答,无论微信也好,还是邮件,大多都是在提问、解答中一次性结束,而这一次性特点的辅导答疑就失去了讨论的可能性。

第二,通讯工具式的辅导答疑因为不是在现场进行,没有互动感觉,尤其是教师不用即时回答。不用即时回答,就有时间查阅资料,以求作答的准确性。但是在斟酌字句,该如何表达之时,其实就多了矫饰,具有了不真实的感觉。我们之前讨论过,课堂讲授最主要的特点就是"当下",而当下就在于师生的面对面,如果没有了面对面的情绪交流,那么辅导答疑也就成了简略而单一的信息交换方式。所以,辅导答疑在于情绪的交流,在于情绪支配下的学术探究。没有了情绪,也不掺杂心理,学术交流就无法完成。

第三,越来越多的大学以及教师认为通讯工具可以代替面对面而成为辅导答疑的主要形式,这一认识迅速蔓延,会成为现代信息教育技术进入大学校园的主要途径。所以,我们需要对问题有清醒的认识,通讯工具可以称为辅导答疑的工具,就如同多媒体也可以称为课堂教学的工具一样,这是时代科技发明的影响,不能回避,也不应该回避,但是必须明白,科技并不是万能的,不能盲目地崇拜并不加思考地采用。

**二、课程论文**

大学历史教学有各种考核,包括课堂提问、读书论辩等,其中最为重要的就是课程论文,也就是每一门课程的作业,学生称之为"小论文"。课程论文与毕业论文(学位论文)不同,后者是对四年本科教育的全面考察,带有极强的专业覆盖性,而课程论文是对课程内容的具体考察,具有较明显的课程总结以及对于一门课程的知识把握。课程论文是写好毕业论文的前提,没有每一篇课程论文的认真撰写与经验积累,就不可能写出质量较好的毕业论文。正因为如此,经验丰富的大学教师除了注重课程讲授之外,对于课程论文也投入了特别的关注。

课程论文一般在课堂讲授的中期布置,给予学生撰写的周期在20~30天。论文主题与课程内容相关,亦可以与学习此课的必读书相关。学生上交论文之后,教师最好抽出时间进行点评,这是让学生了解不足,并且体现专业训练的最好方式。有时间的话,一门课程可以在一学期内安排两次课程论文。如果一门课程不安排学生撰写课程论文,那么从教学流程上讲是不完整的,从教学环节上讲则无法衔接,会对专业训练造成影响。课程论文是大学历史教学活动的重要环节,无论教师还是学生都应认真负责地对待,以求完成正规的史学训练。

(一)课程论文的现状分析

在历史学本科教学中,课程论文是非常重要的教学环节,属于过程化教学管理与控制的范畴,与大学历史学本科培养的目标有关。这就需要学生在掌握史学的基础知识与理论之外,还必须掌握一定的写作技巧与专业科研训练,"尤其是经过新课程标准改革之后,中学历史课程内容已由原来的按照朝代顺序讲述历史知识改变为按照专题分类内容讲述历史知识。如何理解课程标准,如何分析历史教材,如何组织教学内容是关系到课堂教学质量的关键因素……这就需要提高中学历史教师的搜集资料、分析资料和解读资料的能力"①。同时,还要培养与历史学专业相关的各类人才,如文化产业管理、文博系统、考古专业等等,都需要一定的写作能力与分析能力,而这一切的养成必须依靠在校时的论文写作训练。

第一,大学历史学本科的写作训练主要是两种。一种是课程论文,就是在每门课程进行或即将结束的时候布置学生写相关的论文,主要是针对这一课程讲述的内容而言,要做到不抄袭,言之有据,论之成理,讲究史料的引用与问题的分析。四年本科时段大约要写三十篇课程论文。二是本科毕业论文,也就是最后的学士论文答辩,包括写作和答辩两个环节。主要对本科四年学习进行全面的考察,包括史料的爬梳与引用、问题的设定与分析、遣词造句的能力等等。需要注意的是,课程论文训练的扎实与否,直接与毕业论文相关,这也就是所谓的"过程化训练"。所以有老师认为:"要求导师在每个阶段要及时对学生提出要求,必须使学生明确各阶段的目标任务及完成任务的方法。导师既要认真指导和严格要求学生,又要充分发挥学生的主观能动性与创造力,从而使学生的综合能力和创新素质在毕业论文过程中得到系统训练和全面提升。"②这是对课程论文的写作与训练提出的要求,所以,我们有必要分析课程论文的相关问题,以对毕业论文有所裨益。

第二,课程的组织与实施者——教师的原因。课程论文是课程的有机组成部分,教师则是这有机组成部分的主导者与实施者。教师在教学中必须具备明确的课程意识,才有可能布置与实施、评价课程论文。"具有明确课程意识的教师往往以整合的理念和策略对待教育活动中的各个子系统和教育要素,并且只要涉及课程,便不再仅仅把课程视为教学内容,而是从系统的角度来把握课程问题。"③

---

① 白玉双:《内蒙古师范大学历史学专业过程化教学改革与实践》,《内蒙古师范大学学报(教育科学版)》,2012年第9期。
② 谢庐明、肖承志:《高师院校历史学专业本科毕业论文质量监控体系的研究与实践》,《黑龙江高教研究》,2003年第2期。
③ 张艳辉:《课程与教学视野中的大学教师研究》,中国社会科学出版社2008年版,第87页。

其一，教师的研究水平决定了学生课程论文的水平。目前各个大学提倡学术研究的地方化，就是所谓的"地方特色"。但是在大力提倡之后，有一问题接踵而至，就是所教与所研究距离的拉大。如讲的是"中国古代史"，而研究的却是"蒙古文入门"。那课程论文该如何布置呢？选题肯定须与课程相关，这样就对教师的科研指向提出了质疑。

其二，教师的责任心问题。大学教师要有不一般的责任心，美国芝加哥大学教授爱德华·希尔斯谈道："大学教师真正需要关心的事情是：他们在教学中提出的或者在研究中得出的陈述应该尽可能真实，应该立足于系统收集的和经过分析的证据，应该考虑到本专业领域的知识状况……正因为如此，我们才要迫切地提醒大学教师去注意他们在步入自己的学术生涯时所应承担的责任。大学教师热切地希望参与那些有助于促进社会平等或社会正义的活动，希望迎合人们的要求并且满足自己参与社会实践的愿望，以至于他们有时候竟然忘记了自己的至关重要的、与众不同的使命，那就是，在他们的一切研究和教学领域中维护真理，并且在他们的实践活动中尊重真理。"[①]

教师的责任心直接影响学生的课程论文写作。有的教师在布置论文题目时没有进行缜密的思考，随意性特别强，如布置"对中国古代史的思考"一类的题目，笼统而模糊，学生茫然无措。不制定严格的写作规范，不能严格按照论文的写作格式进行。因为课程论文写作的最终目的是为了毕业论文的写作，必须在一开始就要进行严格的专业训练。还有对史料的阅读与引用，必要要在阅读原典、原始材料的基础上进行，而教师多忽略了这一点。

其三，或许这一经验值得借鉴：

> 以小论文为例，有些学院从讨论、论据和分析、历史回顾、表达、形式等方面来评定课程短文作业的等级。例如，英国塔斯马尼亚大学哲学院认为，

---

[①] [美]爱德华·希尔斯：《教师的道与德》，徐弢、李思凡、姚丹译，北京大学出版社2010年版，第2~3页。

好的哲学短文作业具有4个特点:论述一个观点、有论据支持观点、承认对立情况以及很好地处理主题。英国伦敦大学学院(University of London College)对短文的评价更是从文章的发展,包括良好的简介、展开、合理的讨论、批判性分析的论据、洞察和创见、贴近主题、规定资源的使用、其他资源的使用、结论、对主题理解的展示以及其他特点,包括对指导的追随、文献目录资料、拼写、语法、句法、风格、组织、段的结构和综合介绍等方面来展开。①

这一经验确实值得我们借鉴。教师对课程论文的评价,也就是批阅环节还存在着问题。如直接给出分数,而且使用的是百分制。这一给分标准,就连教师本人也无法说出87分与86分之间的差别,所以文科的论文评价不能简单地使用百分制,而应该启用等级评价。另外在评语上,也不要主观臆断,同时不要太多大而无当的话语,如"语句通顺,分析合理,引文准确"等,没有一定的针对性,学生根据这样的评语无法作出修改。还有一点就是教师忽略了评价反馈环节,就是当教师批阅完的课程论文发到学生手中,学生还需要对评价作出及时的反馈,一方面涉及对教师的批阅评价是否认可,另一方面是在认可的情况下对课程论文进一步修改,而教师往往没有实施这重要的一步。

第三,在讨论课程论文出现的问题时,我们只针对教师、校方与社会进行,有意识地选择了回避学生这一环节。因为学生是我们培养的目标,无论有什么样的问题,都是教师与学校应该面对的或者是必须承认的,他们的问题不在讨论范围之内。

关于大学校方。对教师而言,校方是教学的管理机构,并会适时作出教学评价。但是大学之所以特殊,就在于大学的精神,也就是大学较为散漫的气质与自由的风气,并由此养成的批判精神。"牛津学者纽曼(1801—1890)在牛津大学生

---

① 李俊卿:《借鉴英国教学经验 提高作业的有效性》,载黄玉丽主编《借鉴 探索 创新——当代大学课堂教学改革的研究与实践》,首都经济贸易大学出版社2012年版,第194页。

活了长达 20 余年,他于 1852 年写的《大学的理想》(*The Idea of University*)一书,反映了当时牛津大学的思想。纽曼认为,大学乃是一切知识和科学、事实和原理、探索和发现、实验和思索的高级保护力量,大学教育要达到提高社会理智格调、培养大众的心智、净化民族的情趣等目的,为此,大学应该为自由教育(Liberal Education)而设,大学应该提供普遍性的和完整性的知识教育,而不是狭隘的专门化教育。"①

但是中国的大学完全不同,管理非常严格。如教学科研的量化规定,每学期要完成一定额度的工作量,每学年要公开发表一定数量的论文。还有各种的评价制度,如试卷评价、论文评价以及年终工作等级评价。还有职称评定、各种的考核以及学历要求。这一切并非不可以,但是有两项最不可取。一是忽略了大学的功能,只追求简单的量化,导致了教师教学方向的偏离;二是考核过于频繁,考核项目过多。这些都给教师设定了较多的限制,教师疲于应付各种教学之外的事情,而对教学本身,对于课堂教学、课程论文的关心就减弱了。另外,学校对教学环节也考虑不周全,只强调管理,却忽视了培养,"还有些学校为提高毕业生的就业率,对学生外出找工作采取宽容乃至放纵的态度,却没有考虑到对于正常教学秩序的破坏,也没有做出积极的应对措施。另外,学生离校实习、学校对毕业论文方面教学经费投入不足等原因都不同程度增加了教师指导工作的难度,这些无疑严重地冲击了学生论文的质量"②。

(二)课程论文的布置与评阅

就史学专业的课程论文撰写而言,主要有布置、写作、批阅、点评等环节,这几个环节共同组成了完整的课程论文教学环节,缺一不可。其中布置由教师与学生共同完成,而写作由学生在教师指导下独立完成,批阅与点评环节由教师完成。所以,任何一个教学环节都不是独立的,不能完全交由教师与学生中的任何一方独自承担,必须依靠两者的合作,有时候甚至是充满责任的合作才可以完

---

①马开剑主编:《大学教学论基础》,山东大学出版社 2011 年版,第 9 页。
②王红丽:《历史学本科毕业论文写作问题探究》,《绥化学院学报》,2009 年第 5 期。

成。从这一角度讲,目前流行的"翻转课堂"将教师与学生的地位完全颠倒,学生由被动变为主动,由受教变为传教,其效果如何,相信实行过此类方法的教师深有同感。

1.选题与论文的布置

课程论文写作的第一步就是确定题目,布置作业,并提出相关的要求。对于论文的选题,有大学教师根据自己多年的教学经验提出了一些建议:

> 对于课程论文选题,教师要提供具体指导。课程论文能否做好,选题是关键。本科生的自主选题能力较弱,或者不知道做什么,或者选题过大。教师在教学中可采用启发式方法帮助学生选题。例如告诉学生每章的重点和难点,还有哪些悬而未决的问题。或者直接提出一些问题,让学生自主选择,然后以论文形式回答。可要求学生交课程论文提纲,批改提纲,然后对学生的写作思路进行点评。①

笔者在布置课程论文时,也特别注重题目的选定,经过多年的实践,采用了从讨论中选取课程论文题目的方法。如,笔者曾在讲解"春秋时期"的"井田制的逐步瓦解与土地私有制的出现"时,就布置了战国时期的讨论课,有四个主题:

(1)论证战国时期封建中央集权制政体的形成

(2)战国时封建经济关系的构成

(3)列国变法运动的意义与战国社会的发展

(4)列国兼并战争与封建战争的发展

讨论题目布置了两周后,就组织讨论,讨论结束,就布置课程论文。课程论文的题目就是讨论的四个主题,学生可以任意选择。因为之前有过资料的查找与准

---

① 余一娇:《严格本科生课程论文写作训练的实践与建议》,《教学研究》,2010年第2期。

备,又经过课堂讨论的充分刺激与认识,当再次以讨论的主题作为课程论文的题目时,学生一般都没有什么异议,会欣然接受。由讨论进而布置课程论文的方式是奏效的,正如罗曼教授所说:

  布置写作作业最重要的一点是让每个人都明确该任务的目的。教师如果让学生明白写作目的并在课堂上进行讨论,那么学生就很有可能写出教师所期望的文章,而不是那种他们(根据中学教师或其他学生告诉他们的情况)认为高校教授想要看到的文章。①

2.课程论文的要求与指导

笔者给史学本科专业带的是"中国古代史"上半段,在第一学期课堂讲授时要涉及史学专业的很多基本问题,还有就是史学专业训练的一些规范。如课程论文的写作,就要提出非常明确而细致的要求,这一要求不仅仅适用于"中国古代史",同样也适用于史学专业的其他课程。具体要求如下:

第一,课程论文的选题要做到"问题较小,切入点恰当"②。选题不能只求新鲜或者好听,也不能大而无当,更不能与本专业无关。尤其"中国古代史"的课程论文属于史学专业学生进入本专业学习的第一篇或者第二篇学术论文,所以要有基本的专业训练和学术要求。如有学生选择"长平之战与冷兵器时代的战争规模",既有切入点"长平之战",也有了专业背景"冷兵器时代",可以作为课程论文的题目。

第二,对于课程论文的指导主要是在三个方面:一是论文格式与规范,这属于技术性的问题,可以全班整体讲解。二是论文写作过程指导。这其实是针对解决学生个体出现的问题,每个学生写的题目不一样,查阅的资料也不尽相同,甚

---

① [美]约瑟夫·罗曼:《掌握教学技巧》,洪明译,浙江大学出版社2006年版,第148页。
② 余一骄:《指导本科生课程论文选题的几点建议》,《教学研究》,2011年第1期。(注:此文作者"余一骄",与《严格本科生课程论文写作训练的实践与建议》作者"余一娇",应为同一人。)

至行文习惯以及遣词造句的能力强弱不一,这就造成了指导的困难。所以,需要教师耐心、负责地辅导学生写作,辅导的核心是如何论述问题,而且是专业问题。学生只要学会了如何论述史学问题,那么教师的指导就是有效的。当然,不要指望学生通过一次课程论文就学到这些,这是一个持续较长的过程。三是指导学生如何查阅文献资料。可以指导学生去图书馆查阅与此问题相关的重要论著,也可以指导学生在中国知网等文献检索系统查阅重要论文。

第三,论文规范。这是大学教师在布置课程论文时必须讲清楚的要求,因为论文规范决定了一篇论文的成败。如不能手写,必须使用电脑文档。论文格式、论文的组成部分,包括题目、关键词、正文、注释以及参考文献的字号与位置,都需将学校的规定告诉学生。论文不得抄袭。还有引文、注释要一次性查阅、摘抄清楚,以免引用的时候出现问题。还要告诉学生,论文质量非常重要,是论文的生命,但是论文格式、规范同样重要。

3.批阅与讲评

学生撰写完课程论文之后,教师需要对其进行批阅与讲评。可以说,课程论文是学生进入专业学习的第一部作品,无论写得如何,都期待教师的评价,所以教师的评价是不可缺少的环节。负责任的教师,一定要在教学计划中安排讲评课程论文的时间,说不定一次的讲评效果要超过你讲一次课的效果。

第一,关于课程论文的批阅。批阅课程论文就是批改作业,但又不同于普通意义的批改作业。一篇课程论文的字数大致在 3000 字,有的学生会写到 5000 以上,所以教师阅读起来非常耗时耗力。批阅论文主要在于三个方面:一是论文写作的基本技能,如文字是否流畅、遣词造句是否得当、意思表达是否清楚等,这都属于基本的写作能力。二是教师应在通读中进行批阅。通读就会发现语病,也会发现不流畅、不得当的表达,这都应该及时予以纠正。三是改正其中的专业错误,如时间、人物、地点,还有书名、著者、出版社、版次等。只要发现错误,教师必须标出并予以改正。

在批阅中,教师应该用红笔进行批阅,批阅的目的就是发现问题,并解决问题。有的教师只是将论文的问题标了出来,没有进行修改,学生看到后也无法理解错在何处,批阅就没有起到应有的效果。课程论文的批阅最终就是要让学生学会写史学论文,所以在批阅中教师更应该注意学生是如何提出问题、论述问题、最终解决问题的,这才是教师批阅的目的所在。教师不能只顾细节处理而忽略了论文的布局以及章节构成。批阅在打分之外,还需要写足够长的评语。当论文下发后,学生最急于看的,也是最爱看的就是老师的评语。教师写的评语要中肯,既要有批评,指出论文的不足之处,更要写一些鼓励的文字,让学生从中感受到被肯定,这样才会奋起学习。无论如何,写评语都要实事求是,尤其是批评的话,要具体指出问题所在。

第二,讲评。课程论文批阅之后,一定要在课堂上当众讲评。讲评有一基本的原则,就是"公正的评价通常是客观、有效并且可信。客观的评价总是以文章的质量而不是作者为评价对象"①。一方面论文中的有些错误属于大家共同的错误,所以没有必要单独辅导,只需在课堂上说清即可。如论文规范与格式问题,一般来说第一次写课程论文没有全部合格的,这属于正常现象。教师不必在课堂上大声呵斥,无需对学生进行严厉的批评,在课堂上把规范再详细讲一遍即可。另一方面要公布此次课程论文的成绩。凡是考核,一定以成绩的形式公布。只有公之于众,好的学生才会受到崇拜,并受到激励,差一点的学生会刺激其自尊心,好好读书,争取下次写好。笔者一般会将论文成绩划分为三个档次:优秀、中等、较差,而只将优秀的公之于众。

在讲评中,教师要做到对学生的课程论文非常熟悉,一般来说,说几个方面的专业问题:一是优秀的论文为何优秀,这是要重点讲评的内容。让成绩优秀的学生举手示意,然后让其他学生传阅优秀论文。教师讲评何以优秀,可以从遣词造句、材料使用以及问题论证诸方面着手,不能空谈,要举例说明。二是讲评写得较差的论文,可以点名,也可以不点名,这视情况而定。教师要讲评差在什么地方,当差的写法被指出后,教师还不能忘记要教给学生这一差的写法该如何修正,这其实是最为重要的。教师比学生强的地方就体现在教师不仅可以指出学生

---

① [美]约瑟夫·罗曼:《掌握教学技巧》,洪明译,浙江大学出版社2006年版,第149页。

的不足之处,还可以教给学生如何弥补这样的不足。在讲评中教师要特别注意语言的使用,不要过于严厉地批评学生,夸赞也不能过分,这也是体现教师个人素质、展示个人魅力的机会。

(三)课程论文的相关问题

课程论文主要在于教师的指导及学生的撰写。对刚开始撰写小型学术论文的学生来讲,教师的指导更为重要。教师需要在指导中向学生讲明撰写论文的格式、规范及如何在论文中阐述一个问题。学生需要在写论文的过程中积累经验,并逐步提高自己查阅资料、论证问题的能力。教师也是如此,在指导中改进自己的指导能力,及时总结较为成功及失败的教训,反思自己在课堂讲授、论文指导中的不足,不断改进。课程论文撰写是否成功,主要在于以下三个方面。

1.论文抄袭问题

教师在批阅课程论文时面对的第一问题就是抄袭。抄袭,正式的解释是"把别人的作品或语句抄来当做自己的"①。而有人将这种行为称作"剽窃","剽"有抢劫、掠夺的意思②,对学生用这样的字眼形容显得过于严厉了,所以还是使用"抄袭"较为合适。但是抄袭的问题仍然要面对,这一问题的产生责任自然在于学生,但对于指导教师而言,也负有不可推卸的责任。

第一,课程论文抄袭不仅仅是学术不端问题,还关乎做人的品质。教师的责任在于教书育人,教书可以评价,也可以展示风格,各有千秋,但是育人就只有一个衡量标准,社会自有公论。大学教师更要在育人上下功夫,想要育好学生、育成学生,教师自己就要以身作则,在撰写学术论文时不抄袭,不剽窃,更不能违反学术精神。只有自己做到了,才可以堂而皇之地要求学生,才有底气、有资格成为学生的榜样。从这一角度看,对课程论文中有抄袭行为的学生,应该予以重视。只要有抄袭行为,教师就不能姑息,更不能放任自流,要明确而严厉地指出抄袭的地方,尤其要将抄袭自哪本论著,甚至作者都要说清楚,要摆事实让学生心服口服,

---

① ② 中国社会科学院语言研究所词典编辑室编:《现代汉语词典》,商务印书馆2002年版,第145、971页。

进而指出此种行为的严重性。唯有如此，学生才会将抄袭视为品行不端之事，才会引起重视。

第二，我们要在态度上重视抄袭行为，并需要将其严格控制。抄袭会存在，那么就说明抄袭出现有其必然性。学生进入专业领域，新近接触到学术论文的撰写以及学术问题的论述，不免感到新鲜惊奇，但同时又无所适从，不知道该如何下手，也不会使用材料，遑论问题的论述。那么，学生自然就会寻找合适的论文范本来参照，当发现自己想说却无法说出，别人又说得这么好，于是就有了"参照"行为的发生。所以，这样看来，抄袭是一个可以理解的学习过程，但却不可以原谅。当我们明白学生何以会出现抄袭时，就对其抄袭的行为有了另外的理解。在理解学生抄袭行为的同时，要严厉禁止此行为的再次发生，更要让学生明白参照论文范本的意义。论文范本，可以拿来仿照，看得多了，自然就会写了。尤其要让学生阅读一些论述史学基本问题的论文。

第三，还有一种观点认为，无论质量如何，有无格式、规范，只要是学生自己写的，就应该予以肯定。当然，就抄袭与独立完成两者对比而言，后者较前者要遵守学术规范，更值得肯定，但是这样的肯定只能建立在与抄袭完成课程论文的对比之下。所以，认为学生只要不抄袭，可以独立完成的就是好论文，这样的观点不可取，甚至可以看成是一种"溺爱"的课程论文评价方式。学习，不能采取两害相权取其轻的办法，应该观点明确，禁止什么，提倡什么，教师要持论清楚，也要让学生明白。学生独立完成论文的态度自然值得肯定，但是同样需要在论文格式、规范以及写作的相关问题上进一步学习，自我完成，不断修改，如此才可以进步。教师要及时肯定学生独立完成课程论文的精神，并在课堂上公开表扬，让班里的其他学生都能认识到独立完成论文的重要性。

2.参考论文范本

指导学生撰写课程论文，这既是对课程知识的综合考察，也是在给毕业论文做必要的准备。想要使学生写好论文，可以给出论文范本，范本可以是教师自己已经发表的论文，也可以在一些较为权威的期刊中选择史学大家撰写的论文。当然，教师需做一些必要的讲解，否则学生难以领会其中的意味。下面就以笔者读过的一些论文范本为例作一评述。

于省吾的《略论图腾与宗教起源和夏商图腾》①,这是一篇学术水平非常高的论文,值得推荐给学生作为论文范本。先看此文的布局,全文分四个部分,分别是:略论图腾与宗教起源、夏图腾、商图腾、结束语。第一部分是对图腾的综合论述。由摩尔根对图腾的定义开篇,进而谈及欧洲的图腾崇拜,说到中国古籍中以及少数民族的图腾,最后谈到了图腾与宗教的关系,认为宗教起源于图腾崇拜,这是为驳斥宗教与图腾固有论而进行的探究。第一部分是综合性的认识,也可以看作关于图腾研究的学术前沿。第二部分研究的是夏图腾,第三部分是商图腾,论文以史书记载为研究对象,认为夏以"薏苡"和"化石"为图腾,商以"玄鸟"为图腾。这样的结论都是开创性的,且对中国图腾崇拜的研究具有重要意义。最后的结束语是概括性的总结,明确表达了自己的研究方法与理论根据。从这篇论文中要让学生学到该如何论述问题,论文应该分为几个部分来论述。反复研读,就会有深刻的体会。

第二篇是汤用彤与任继愈共同撰写的《魏晋玄学中的社会政治思想和它的政治背景》。②这是一篇研究魏晋玄学的代表性论文,在中国思想史领域有着重要的地位。此论文有三十多页,属于史学长文,当反复研读才能通晓其义。学生以此为范本,可以从中学到:一史学论文要研究什么。此文以史学界的普遍看法入手,但得出的结论却非常不同,魏晋玄学与现实政治之间密不可分。史学研究一定要出新意,与众不同,这才是研究追求的目的。二可以学到论文的布局。全文分为七个部分,由范围和目的、魏晋玄学思想产生的社会历史条件、魏晋玄学思想的萌芽——刘劭的人物志、何晏王弼为代表的"无为"政治的意义、以嵇康阮籍为代表的"名教"与"自然"对立的政治意义、以向秀郭象为代表的"名教"即"自然"的政治的意义、简单的结论组成。其中,最可注意的就是第一部分"范围和目的"。范围指的是此论文涉及的时间断限与思想范围,在正文之前如此限定会给读者一个

---

① 于省吾:《略论图腾与宗教起源和夏商图腾》,《历史研究》,1959年第11期。
② 汤用彤、任继愈:《魏晋玄学中的社会政治思想和它的政治背景》,《历史研究》,1954年第3期。

较为明确的框架,能对其后问题的论述有更为深刻的认识。至于目的,就是论述之前就将研究的问题说明,使得读者理解起来更为容易一些。

刘大年的《中国近代史研究中的几个问题》①,是一篇有着通史视野的学术论文,分量不言而喻。以此文为学习范本,最应该学到的是史学研究的对象是问题,而不是材料,也不是人物。首先,文章所谈论的都是中国近代史上的关键问题,如中国近代始于何时、太平天国革命的性质问题、中国近代历史分期。能够谈论这些问题的研究者早已逝去,在史学研究地域化、碎片化的今天,重读这些史学大家的文章,更觉得振聋发聩,弥足珍贵。老师不但要推荐给学生读,自己也要反复研读,从中汲取给养。这些问题现在的史学研究者已驾驭不了,但是可以反复学习,最起码要知道真正的好论文是什么样子。其次,研读此文最令人佩服,也是最赏心悦目的地方在于作者对理论的掌握与运用,尤其是对中国资本主义产生的分析,足见大家对于材料的运用,以及理论分析的能力之强。再次,结论一定是斩钉截铁的。通观全文,没有模棱两可的观点,如需下结论,那一定是极其肯定的语气。如:

> 指出鸦片战争是近代的起点,目的只在于说明这以前和以后的社会本质有区别。不承认这个区别,就会不可避免地要对近代中国的社会性质、帝国主义的侵略、资本主义和资产阶级的地位和作用等许多重大问题作出错误解释,失去历史的本来面目。②

3.教师要检索课程论文的相关研究

教师在指导学生撰写课程论文时,自己还要做一件事情,那就是检索与学生所写论文题目相关的资料。这一必要的工作为多数大学教师所忽略,认为在选题时已经对论文主题做了研究,没有必要再重复工作。其实不然,选题的确定只是就题目是否适合研究而言的,对其更为宽泛的研究并不可能作出多么细致有效

---

①②刘大年:《中国近代史研究中的几个问题》,《历史研究》,1959年第10期。

的了解,而检索工作就是弥补这一疏漏。

第一,检索可以了解学术前沿。学术前沿并不是指该问题的最新发布,而是指最新的最有价值的研究成果的发布。检索相关论文,就可以对此进行全面的了解。一般来讲,引领学术风尚的论文会刊发在较为权威的期刊上,如《历史研究》《中国史研究》等,但是这仅仅是依据经验作出的推测,就目前的论文发表环境来说,也可能会发表在地方性的学术期刊上。所以,仅仅检索重要作者与重要刊物不一定能够了解学术前沿,还需要对史学领域的学术风尚做持久的、全面的跟踪,这才有可能把握到学术前沿。

第二,做这样的检索工作,可以了解课程论文的研究深度。这是就某一篇课程论文而言的,如学生撰写以《武则天与隋唐妇女地位》为题的课程论文,教师检索题目就会发现,研究隋唐妇女地位主要在于做官、出游、着装等方面,其中代表性论著如高世瑜的《唐代妇女》[1]、段塔丽的《唐代妇女地位研究》[2]。当教师阅读完这两部著作后,就会对学生的课程论文有更深的认识。应该如何指导学生获得较为全面的研究资料呢?学生的这一题目该如何论述才能够有新意呢?这都是教师在检索之前不可能发现的问题,只有检索之后,掌握了大量资料后才能有这样的认识。

第三,这样的检索对于教师也是一种学术上的积累。大学教师的学术进步依靠的是孜孜不倦的阅读与研究,同时还要有思想上的碰撞与学术上的切磋,此为较为宏观的说法。但就具体而言,就是寻找各种机会充实自己,只有这样,才会集腋成裘,才会等来学术上的飞跃。课程论文自然也是较好的机会,指导学生的同时,教师也应该学习,因为没有人能够穷尽所有知识。当指导了一个班 40 名学生写完课程论文时,教师就会了解 40 个相关题目的学术研究状况,那持续下去会如何呢?答案不言自明。

---

[1] 高世瑜:《唐代妇女》,三秦出版社 1988 年版。
[2] 段塔丽:《唐代妇女地位研究》,人民出版社 2000 年版。

### 三、考试

大学本科史学专业的学生在校期间,会遇到多次考试。考试是教学的基本环节,侧重于对学生所学知识掌握程度的测试,是无法替代的学习测评方式。根据测试要求,考试分为好几种,有考卷、口试以及闭卷,还有小论文的形式,与课程论文无二,只不过是在期末上交而已。考试一般都经过出卷、监考、评卷、试卷评析等工作,只是不同的形式内容略有变化。大学考试与中学有相同点,也有不同点。学习虽然属于自愿行为,但是学习中蕴含着竞争,更有学习之后的社会认可在起作用,所以就有了高下之分。从这一角度出发,学习就是自我淘汰的过程,愿意学习、力求奋进的学生就会取得好成绩,而甘于现状的就会原地踏步。同样,校方管理者与教师会制定出具体的测评方式,将学生置于相同的体系之下进行测评,从中既可以考察出学生的学习状况,也可以看出教师的教学水平以及校方的管理能力,所以考试不仅仅是教师考学生那么简单,教学的承担者——教师、教师与学生的共同管理者——学校,一同接受了考试。史学专业的学生因为更在乎日常读书思考的学习,只有在学期末进行一次期末考试,而少有期中考试与平常的小测验。

#### (一)开卷

有的教师愿意采用闭卷的形式考试,认为开卷过于简单,不能起到考量学生一学期学习程度的作用。其实不然,开卷、闭卷,不能只看作是形式上的不同,其不同还在于被测评的课程,以及测评目的的不同。每一学科都有基础课与选修课之分,基础课是对学科知识的系统性学习,主要在于夯实基础,而选修课属于专门性质的,是较为精深的课程,属于拔高类的学习。基础课一般会采用闭卷,而选修课会采用开卷,这样的选择就是课程性质决定的。另外,这也是由学生的学习负担决定的。史学类专业的学生要在四年里读完教师规定的很多必读书,往往一门课至少会列出十余种必读书,再加上一些诸如普通话、计算机、教师资格证等的考试,学生可以自由支配的时间少之又少。从减轻学生学习负担考虑,校方管理者提倡教师采用开卷考试。

1.开卷考试适用于研究型的课程

基础课适合采用闭卷形式的考试,而研究型的课程则应该采用开卷考试。就史学本科专业而言,选修课属于研究型课程,如中国文化史、中国思想史等课程。研究型课程是在系统讲授基础知识的前提下所开的专门性课程,是对史学专业较为精深的探索,一般来说,由有研究心得的教师开设。研究型课程有系统性,但更突出的是教师的研究特色,如笔者所开的"中国文化史"课程,就有自己的文化定义以及对中国文化的粗浅认识。这样的课程一般来说没有特定的教材,也没有准确的知识点,教师在课堂讲授时会有更多的发挥,对学生有着启发思考的意义,更适合采用开卷考试。

2.考试安排及试卷

既然是考试,那么开卷考试也需要有一定的考前工作,如考试时间的安排、答题纸的领用等,其中最主要的就是出卷子。开卷考试一般会安排在本课程的最后一堂课进行随堂考试,时间是 90 分钟,试题的难度与数量一定得参照时间的长短。教师最好是在确定了考试时间后,提前两周通知学生,以便学生去图书馆借书或者从网上购买相关书籍。开卷考试可以采用名词解释、问答题及论述题,但就笔者的经验,最适合的题型是论述题。90 分钟的时间,出三道论述题比较合适,前两道题每题 30 分,第三道题 40 分,卷面总分是 100 分。关于试卷的内容,必须与讲课内容及所读书籍相关,还要给出学生可以思考、自由发挥的空间。但是必须注意,考试内容不能太过生僻,要是查阅基本书籍都无法答题的话,那么题就出得不合适。

3.评阅试卷

评阅开卷考试的试卷需要花费大量的精力和时间。开卷不像闭卷有具体答案,而且提前会设计好得分标准,所以阅卷相对来说较为轻松。开卷是考查学生组织材料、分析材料,以及思考的能力,这是无法设定标准答案的,如果说有一把衡量的标尺,那就是教师的水平。如果教师看出学生有比重较大的抄袭的话,就需要单独标出进行处理。评阅开卷试卷,主要看学生在有限的时间内,根据材料以及参照他人的研究成果,能否较为准确、清楚地表达自己的观点。其实每一道论述题就是一篇小型论文,在集中地论述一个问题。教师要仔细阅读,看论述是否恰当,语言表达、材料组织以及学生的认识水平。教师在评阅时,整体的感觉非常重要,可以忽略一些细节的错误。学生在论述中会体现出专业性,这是教师阅卷时需要特别注意的地方。

4.开卷考试也有局限

开卷考试的局限有两个方面:一是无法避免抄袭。闭卷阅卷中的抄袭会很容易发现,但是开卷就较为困难,除非教师阅卷就是在刻意发现作弊行为。开卷考试学生会被允许翻阅大量资料,而且没有数量的规定,尽自己所能将参考资料带入考场。这样,在答卷上就可能会出现几十种论著里的内容,有的是材料,有的是观点,还有可能就是几句话,而这些论著教师不可能全部读过,即使读过也不可能记住所有的内容,这就给阅卷带来了困难。一般来说,教师无法发现开卷考试的抄袭行为,除非抄袭量过大,或者是学生之间的抄袭。另一方面则是教师的评判。在这样开放式的答卷模式中,教师该欣赏什么样的观点,批判什么样的观点,这是必须要作出的选择,而且要根据选择作出成绩的评定。这其实是对教师专业水平以及专业阅读量最大的考验。

(二)口试

口试是另外一种较为特殊的考试方式,采用的是教师提问,学生口头作答的形式。罗曼教授对口试的认识较为透彻。

> 虽然无论是具体的问题,还是涉及面广的综合性问题,学生都能口头回答,但本科教学极少采用这种考试形式,因为它有一个缺陷,即学生不能修改自己的回答,而教师打分时也无法回头看学生的答案,除非进行录音。但有时,有些学生因为身体缺陷无法写字,这就有必要采取口试的形式。而且,对将要攻读研究生或即将进入职业学校的学生来说,口试可能是一次很好的锻炼机会。①

---

① [美]约瑟夫·罗曼:《掌握教学技巧》,洪明译,浙江大学出版社2006年版,第169页。

笔者在本科教学中,曾采用口试方式进行过四次考试,有两次是针对史学专业本科生"中国文化史"课程的,一次是国际教育学院研究生班的留学生,以及阿拉伯学院研修班的学生,虽然专业不同,试题也不尽相同,但学生的表现及作答给笔者留下了深刻的印象。

1. 口试考察的目的

什么样的课程可以采用口试方式呢?对于此问题,很难作出较为确定的回答。在本科教学中,只有实践性极强的课程无法采用口试,如史学专业中的教育技术,或者网络技术及操作类课程,而一些知识性较强的课程采用口试较为合适。口试在于考察学生的口头表达能力,而口试中的口头表达至少有两个条件在起作用:一是专业学习,二是口头表达。专业学习决定了口试中的"言之有物",口头表达则将"物"流畅、清楚地表达出来,这两者结合才会有口试的完美呈现。所以,口试考察的也是两方面,一是专业水平,二是口头表达能力。

2. 口试也需要提前出题

一般来说,一个班有40位学生,那么教师出题至少应该在50个,这样就可以保证当第40名学生抽题时,还有11道题可供选择,这对于第40名学生较为公平。按照学号抽题准备、作答,一人一题,用完此题即作废。教师应该注意的是,出的题要适合口头表达。如在"中国文化史"课程口试中,笔者曾经出过一道这样的题:请参照《史记·匈奴列传》谈谈农耕文化与游牧文化的异同。虽然学生已经在另一教室做了5~8分钟的准备,但是在作答的过程中,还是语无伦次,因为其中的一些史料无法口述,而且表达较为反复,这其实是题目不当所致,应该改为"请谈谈自己对于农耕文化与游牧文化异同的认识"较为合适。

3. 口试的评判

口试有特别明显的局限,就如罗曼教授所言,学生无法修改自己的答案,教师也无法回头看学生的答案。作答是一次性的,评判也是一次性的。想要解决口试的弊端,罗曼教授给出的解决办法是录音,但是这一办法不可取,因为口试的特点就是口头的一次性表达,教师也是一次性地听取,正如说话、聊天,都是一次性的表达,绝不会出现重复与反复,也不应该使用录音设备,除非是另作他用。作为评判者(不是评阅者),教师要及时、认真地听取学生的口头陈述,其间教师可以略作提示(可以为每一位需要提示的学生提示),并在学生陈述结束时作出评判,给出成绩。需要注意的是,教师要打出成绩,并把成绩当场告知学生,取得学生的认可,也可以采用学生在成绩单上签字确认的方式。另外,在口试考场还要安排记录人员,考试的时候应有第三人在场。

(三)闭卷

在大学史学专业中,被广泛采用的考试形式就是闭卷考试。闭卷考试是指在规定的时间和地点所进行的考试,与开卷考试的区别是,闭卷不允许携带任何参考资料,否则会被视为作弊。闭卷主要考察的是学生对于专业知识的背诵记忆程度,以及在此基础上的思维能力,当然更侧重于考察记忆,这也是闭卷考试近几年广受批评的主要原因。反对者认为大学生不应该以死记硬背为学习方式,应该加强对形象思维能力以及思考能力的培养。但是,就目前的大学培养状况而言,专业基础知识学习只有一种方法,那就是背诵记忆。只有牢固、深刻、持久的记忆,知识才可能融会贯通,才有形成思考的可能性。这也是处在教学一线的大学教师为什么会常年采用闭卷进行考试的原因,唯有如此,才可能测评出学生学习的真实情况,教师才会有的放矢,也才有可能做到因材施教。当然,闭卷也不是完美的,并不适用于所有的本科课程考试,可以与口试、课程论文搭配使用,形成较为多元的测评方式。

1.提前告知考试形式

教师必须要告知学生此门课程采用的考试形式,尤其是闭卷考试,更需要提前告知,以便学生听讲的侧重,以及课堂笔记的记录,还有对于这一学期所学课程轻重缓急的安排。根据笔者常年养成的教学习惯,一般会在开学的第一堂课讲清本课程的教学目的、教学时间以及需要阅读的参考书目。同时,会明确告知学生以什么样的形式进行考试。开学就告知考试形式,一方面方便学生,另外一方面促使教师在课堂教学中明晰重点、难点,而且会有意识地将重点、难点安排为考试内容。那么,提前告知与期末告知有何不同呢?笔者也曾经尝试过,在期末告知学生此课程会采取闭卷考试的方式,学生一片哗然,表现为不能接受。虽然往届同样的课程也是闭卷,但学生依然有此反应。所以就教学计划来说,开学就告知会显得更为从容一些。提前告知考试形式,学生会认为教师认真、负责,而且教学有方,会增强教师的权威性。

2.闭卷考试的试题

大学史学专业闭卷考试试卷,一般会有名词解释、选择题、史料分析题、简答题和论述题,而其中争议最大的要数选择题了。罗曼教授就说过:"许多高校教师都轻视选择题,认为选择题只鼓励对孤立的客观事实的记忆。许多人文学科的教师都认为,如果一个学生没有通过写作来表达自己的理解或表现思考过程就被认为通过了这场考试,那么这种教育方法很荒唐。"①选择题对于一些容易混淆知识点的测试较为有用,也有一些教师在采用。其中被广泛而持久采用的是论述题,罗曼教授较为中肯地阐明了论述题的价值。

> 涉及面广的综合性论述题或讨论题是人文学科和许多研究生课程考试中常见的题型。学生做长篇论述题时可以展示已掌握的具体知识和对综合内容的理解。论述题尤其适用于评价学生批判性思维、独立思考和创新思考的能力,其考查对概念的综合能力和对各种理论的比较能力的功能远远胜过选择题和简答题,是考查高层次的分析、综合或评价能力以及提高写作技巧的一种理想的考试形式。②

可见论述题并非只是你问我答如此简单的形式,其中包含了对多种能力的考查与培养。关于论述题的编制,一般大学教师不是很讲究,笔者曾在一间教室的黑板上看到了这样的期末考试题:"请谈谈你对大学生活的认识",这就显得较为随意了。教育专家认为编制论述题需要注意:

---

①②[美]约瑟夫·罗曼:《掌握教学技巧》,洪明译,浙江大学出版社2006年版,第164、168页。

编制论述题时要尽量选用适当的行为动词来陈述试题内容,以保证对复杂的认知目标的测量。要避免使用"谁"、"什么"、"何时"、"何处"、"列表"等词语编制论述题。因为使用这类词语通常只能测得能否记住,记住多少等低级的认知目标。①

进而列举了十二种测量目标,如比较、因果关系、辩护、摘要、概括、推论、分类、创造、应用、分析、综合以及评价②,值得仔细琢磨。

3.闭卷考试中的作弊行为

与口试、小论文相比,闭卷考试中的作弊行为要多一些。作弊是学校管理中最难消除的现象。有研究者认为,导致高校作弊的原因是考试管理问题,如教考合一的弊端、考场管理不严密、忽视阅卷管理等。③当然,原因肯定不限于这些,也有研究显示:

考试作弊的原因根据统计比例的高低,依次是:考试管理不规范、大学扩招而致生源良莠不齐、知识经济条件下人才竞争愈加激烈、因父母期望高而追求高分、市场经济的负面效应而使个人产生享乐主义、教学安排不合理、学籍制度不合理。④

可见目前大学考试作弊的严重性,但是必须要注意,作弊不是学生单方面的问题,还有校方管理以及教师的原因,还可以将社会的因素考虑进去。就笔者从教以来遇到的情况,作弊可以分为三种:第一种是学生的作弊行为,第二种是教师的作弊行为,第三种是学生及家长类似作弊行为。关于第一种论述的较多,下面只谈论后两种。

第一,教师作弊。主要是考前漏题与阅卷给分。有的大学"教师在考前划范

---

①②王汉澜主编:《教育测量学》,河南大学出版社1987年版,第131、132页。
③胡敏慧:《我国高校课程考试管理研究》,华中师范大学2007届硕士论文,第10~12页。
④卢丽笋:《高校学生考试作弊的成因与管理对策分析》,复旦大学2009届硕士论文,第10页。

围、暗示或明示重点,自己命题、评卷的过程中掩盖得无声无息,严重影响着教学质量"①。教师在考前漏题或阅卷给分,这样的行为或许出于简单的考虑,如想让自己的学生成绩好一些,这样能显出自己教学优秀。动机虽然单纯,带给学生以及教学环境的影响却非常严重,即使采取措施,也很难在短时间内消除影响。

第二,要分。这也是大学教师经常遇到的。考试结束后,一般是在分数没有公布之前,就有学生或者学生家长通过各种方式要分,要么是熟人说情、打电话、发短信等,措辞委婉,但是态度坚定。笔者曾经在数年前接到过一位沿海城市家长的电话,说该生的目的就是要保研,然后出国,希望老师高抬贵手,帮助成全。这样的行为虽然不如考场上的作弊那样证据确凿,但是就其性质而言,已是作弊无疑,所以要坚决予以制止。所以,大学教师既要教育学生认真求学,不能作弊,更要自身做出榜样。

---

① 胡敏慧:《我国高校课程考试管理研究》,华中师范大学2007届硕士论文,第10~11页。

# 第六章　史学专业本科生毕业论文指导

大学本科学生在毕业之前有一项极其重要的任务需要完成,此事有可能在前一年就开始,整整一年后才落幕,整个大学期间没有哪个教学环节会如此耗时,会如此受重视,这就是毕业论文。毕业论文的写作需要教师与学生配合完成,教师担负指导工作,学生自负写作任务,两者密不可分,缺一不可。史家陈寅恪是这样指导毕业论文的:

进入三年级,同学们都要写学年论文。唐朝的武则天、唐太宗等历史人物一时成为热门选题,高守真去请教陈寅恪,陈为高选了一个冷僻的人物——太平公主……

他几乎是用最浅白的话语,将平生治史的心得尽诉予高守真:"历史上太平公主的史料不多,搞现成的东西没有意思,人云亦云最讨厌,正因为资料少,可以逼着你去看更多的书,努力作些新发现。"

陈寅恪太厚爱高守真了。他甚至将自己对太平公主的评价也告诉了高守真,在后者收集资料碰到不少困难时还屡屡为之鼓气:"写文章不是为了一举成名,你就当是一场学习吧,你有耐心,还能按照我的意思去做,基础尚有一些,可以慢慢试试。"这些话,高守真当时就记录下来,今日成为追寻陈寅恪历史心迹的一个参考。①

---

① 陆键东:《陈寅恪的最后二十年》,生活·读书·新知三联书店1995年版,第184~185页。

## 第六章
## 史学专业本科生毕业论文指导

20世纪40年代,石泉在燕京大学求学时师从陈寅恪,他是在陈寅恪的指导下完成硕士论文的。我们此处探究的虽然是本科论文,但与硕士论文异曲同工,可以借鉴。关于论文的指导,石泉有这样的回忆:

> 当时陈师问他想作什么毕业论文题目,对哪方面感兴趣,石泉回答说,对中国近代史感兴趣。近人王信忠写了《中日甲午战争的外交背景》一书,自己则想探索甲午战争中国惨败的内政背景,从研究晚清的满汉关系入手,进而说明为什么中国当时不能像日本明治维新那样形成强有力的核心领导集团,以推动改革、维新,反而在太平天国失败以后,导致湘淮军等地方实力派的逐渐得势,由统一趋于分散,终于演成后来的军阀割据。其中满汉之间(特别是满族当权派与汉人之间)的民族隔阂与矛盾究竟起了什么作用?而这对于甲午惨败又有什么影响?石泉当时有此想法与愿望,却未敢信其必能实现,因为大家都知道陈师的主要研究领域是魏晋南北朝至隋唐五代史。不料陈师听后却表示同意,认为此题可作,但材料隐晦,必须下功夫搜寻,并善于分析、鉴别才行。陈师最后说:"我可以指导你,其实我对晚清历史还是熟习的;不过我自己不能做这方面的研究。认真做,就要动感情。那样,看问题就不客观了,所以我不能做。"这使石泉大为意外,也喜出望外。后来就与陈师商定以《中日甲午战前后的中国政局》为题,开始搜集材料。一九四八年写成了一篇十五万字的论文,惜原稿已在文革中全部丧失,思之怅恨!
>
> 在写作论文过程中,从搜集史料到整理、鉴别与解释史料,形成观点,最后写出初稿,都经过陈师的指点、问难与审查,每完成一小章或一大节,都要念给陈师听。老师记忆特别好,往往事隔多日后,听下一节的内容时仍然记得以前章节的内容,前后左右,纵横贯通地进行联系、分析,提出很有启发的意见。①

---

① 石泉、李涵:《追忆先师寅恪先生》,载钱文忠编《陈寅恪印象》,学林出版社1997年版,第144~145页。

这是目前见到的陈寅恪指导学生论文最为完整的记载，其后还有陈寅恪就此论文提出的史料查找及观点的指导，只可惜文章过长，不宜再加引述。我们从陈寅恪指导学生毕业论文的相关文字，可以总结出以下几点：

第一，如何选题以及选题来源，如因冷僻而选太平公主。
第二，搜集材料、鉴别材料，如史料的比勘对照。
第三，教师如何指导论文，如指点、问难与审查。
第四，撰写论文的注意事项，如不能动感情。

看似简单平实的几个步骤，却包含了指导论文、撰写论文的全部环节，这是陈寅恪指导学生论文的真实写照。可见，写论文没有捷径可走，从选题到定稿，每一步都得走到，且都得踏实稳健。这就是我们学习的榜样。

**一、本科论文存废问题**

自近代教育制度在中国确立后，毕业以撰写论文申请学位逐渐成为定制，如撰写合格，答辩通过，则会授予相应的学位。可以这样理解，学位论文与学位的取得密切相关，撰写学位论文是取得学位的关键性一步，这就是学位论文存在的必然原因。但是进入21世纪之后，中国社会出现了一种质疑学位论文、取消学位论文的声音，这样的舆论本为正常现象，但是因为一些学界人士的参与，从而成为大学教师必须面对的严肃问题。事实是，至今为止没有一所大学公开宣布取消学位论文制度。

（一）质疑、废除本科论文

呼吁取消学位论文，尤其是本科论文的呼声在2004年较为集中。2004年3月29日《中国青年报》上署名文章《弄虚作假 滥竽充数 本科论文不如取消》，文中引述了上海交通大学、上海水产大学的几位学生对毕业论文的看法之后，引述华中师范大学教育科学学院涂艳国教授的观点：

## 第六章 史学专业本科生毕业论文指导

  本科毕业论文并非必不可少。在美国,不仅本科生不写毕业论文,连硕士研究生都不用写毕业论文。绝大多数高校的师资力量、图书资料和实验设备不能适应本科毕业论文的要求。而且本科毕业论文弄虚作假和形式主义倾向严重,在这种情况下,与其让"掺水"论文泛滥,不如取消本科毕业论文。①

  如果文中引述的确为涂艳国教授本人所言,那就是对美国教育制度不清楚所致。美国既有写毕业论文的硕士研究生,也有不写毕业论文的,二者并存。②到了 2007 年,质疑的声音更加明显,《中国改革报》上的一篇文章从三个方面陈述了取消本科论文的理由:一是学生认为找工作重于写论文,二是教授承认拼凑论文无奈评合格,三是专家建议取消本科毕业论文。最后以专家的建议作为结论:

  "与其滥竽充数,东拼西凑,不如取消本科毕业论文。"有些教育学者提出了这样的看法。华中师范大学涂艳国教授建议取消本科毕业论文。"本科毕业论文并非必不可少。在美国,不仅本科生不写毕业论文,连硕士生都不用写毕业论文。高等教育日益大众化,取消本科毕业论文可能是大势所趋。"

  首都师范大学教授陶东风建议,本科生应该学会写论文,但这种能力可以从平时的教学过程中培养,比如在学期中增加小论文的训练。中国人民大学教授顾海兵认为,毕业论文应该改变形式,比如写调查报告,与社会实践联系得更紧密,这样学生就业也能从中获益。③

  这就是较为典型的对本科毕业论文质疑的有关报道。还有大学教师从事实、

---

① 周凯:《弄虚作假 滥竽充数 本科论文不如取消》,原载 2004 年 3 月 29 日《中国青年报》,转载《新疆师范大学学报(哲学社会科学版)》,2004 年第 2 期。
② 请参阅洪成文:《美国硕士生教育发展的历史考察》,《学位与研究生教育》,2002 年第 2~3 期。
③ 代小琳:《专家建议取消本科毕业论文》,《中国改革报》,2007 年 4 月 9 日。

理论以及学术的角度认为大学应该取消本科毕业论文。①当然其中也有点以偏概全,但是暴露出的问题却值得高等教育制度的制定者、大学管理者思考,最应该反思的应是大学教师,因为他们是大学教育最直接的实施者,是本科毕业论文的指导人。正如质疑的报道所言,本科论文确实存在着不少问题,最显著的就是"炮制"与"东拼西凑",前者指在极短的时间里制造出一篇论文,后者不是指抄袭,而是用更多的论文拼凑成一篇论文。正是这些无法消除的现象,导致了质疑声音的出现,并呼吁取消。当然,社会制度没有一项是完美无缺的,只要是人类创造的制度,一定会有缺陷,这既是人类社会进步的空间,也是人类智力的局限所在。对每一项社会制度都会出现质疑,但这种质疑会化作制度修正的动力,而非彻底否定的理由。

(二)改革本科论文

当然,在出现否定声音的同时,也出现了一分为二的说法,就是既肯定又否定,肯定其中有理的部分,扬弃已成障碍的部分。对本科毕业论文还是要保留,虽然这样的保留是有前提而且是有选择性的,但只要不是彻底地废除,并予以否定,那就是一种较为慎重、客观的态度。

对于一些教育专家认为美国连硕士生都不做毕业论文的说法,反对者如此回应:

> 2004年,教育部的有关规定指出:"毕业设计(论文)的质量是衡量教学水平、学生毕业与学位资格认证的重要依据,各省教育行政部门(主管部门)和各类普通高等学校要认真处理好毕业论文与就业工作等的关系,从时间安排、组织实施等方面切实加强和改进毕业设计(论文)环节的管理,决不能降低要求,更不能放任自流。"
>
> 据了解,国外的许多一流大学虽然没有本科毕业论文,但自始至终非常重视本科生的科研能力,甚至设立了科研学分,如美国麻省理工学院在

---

①饶家辉、张乃生:《综合性大学取消本科毕业论文辨析》,《高校教育管理》,2014年第3期。

1969年就创设了"本科研究机会计划";加州大学洛杉矶分校在20世纪80年代设立了"本科研究中心"等。此外,有学者表示,美国的学生虽然没有毕业论文的硬性要求,但是他们的很多课程都是通过学期论文或研究综述来考核的,他们的研究能力和论文写作量可能比国内的学生还多。①

所以,当本科毕业论文成为新闻的热点,并被社会所关注时,教育行政部门与大学就开始了反思,反思的重点在于是否要取消本科毕业论文,或者说本科毕业论文是否一如新闻报道那样问题百出呢？教育部门对此问题是这样回应的。

教育主管部门和教育科研单位为什么不支持取消呢？取消本科生毕业论文？不可能。能会像拉闸停电一样说取消就取消？没那么简单！就像高考虽然有其弊端,但仍旧是目前相对比较客观公正地选拔考生的一项不可或缺的重要制度,我们不能因噎废食,不能倒水时把洗澡盆里的孩子也给倒掉,而只能通过改革不断地加以完善。所以,对于高考,目前的基本结论是,不但不能取消,反而要通过改革和调整使之更趋于合理。至于本科生毕业论文,目前对于广大在校生来讲,除了平时的考试外,另一项能够具有检验和约束作用的也就是毕业论文了。有不少的学生平时都是在混60分,要是再把压轴的论文取消的话,这些学生肯定都要"放羊"了,特别在最后一学年。在这种情况下,学生的质量和素质能否有效保证实在令人怀疑。这种局面,稍微有良知的老师,谁也不愿意看到。②

本科毕业论文本来是大学生与大学教师的事情,却引起了如此大的反响。大学在反思之余,有的大学教师进行了较为深入的研究,并以问卷的形式展开调查,欲以事实说话,用数据证明,毕业论文是否应该被取消。

---

① 何志坚:《近五成人赞成取消本科毕业论文》,《中国改革报》,2007年12月27日。
② 单中惠、刘尧、刘振杰:《大学本科毕业论文再遭质疑》,《社会科学报》,2007年8月2日。

调查结果表明,论文指导老师、本科毕业生、研究生一年级学生,都认为论文有必要做,毕业论文不能取消。对论文撰写过程中存在的问题,要有所改进。虽然论文写作对本科学生来说是一次有挑战的任务,但学生们在强制性要求下,也能从中取得较大收获。所以,大多数学生对待论文的态度是积极的,而非像网上、报刊上所批评的,思想不重视,敷衍了事。只是少数同学思想上认识不深,加上就业、考研等事情的冲击,所以消极对待。①

(三)对本科毕业论文的建议

本科毕业论文是中国大学近代以来的重头戏,四年学习,究竟水平如何?专业学到了什么样的程度?对于教师而言,教学的结果反映在学生身上,该如何知晓这一结果呢?凡此种种,都为着一个目的,就是本科培养的结果如何。除了日常的课程论文与期末考试外,最后揭晓答案就在于毕业论文的撰写与答辩。毕业论文可以集中地检测学生的专业水平,包括语言文字、逻辑思维、文献检索以及综合分析能力。如果说在课程论文中表现的是局部,或者说是一部分知识与能力,那么毕业论文就是整体的、集中的表现。

第一,本科毕业论文可以质疑,可以诘问,但是不能取消,更不能彻底地废除。我们承认,一项制度历经多年,不会自臻于善,毫无瑕疵,我们能做的,只是不断地完善、改进,力求其达于完美。况且,批评与指责特别容易形成,尤其当这一批评来自于完全不同的行业时,将成为更为容易、直接,甚至是激烈的指责。但是我们更得承认,本科毕业论文有着不少的问题,正如新闻报道所讲,在扩招政策与市场经济的冲击下,问题更为突出,有着严重化与普遍化的趋势。我们需要仔细思考这些问题,谨慎改进,这才是理性的做法,不能跟着新闻报道亦步亦趋,那样只会自乱阵脚。

第二,就笔者的教学经验,关于毕业论文,学生的建议是简化程序,突出能力,而教师的建议则是如何将毕业论文的撰写与专业能力的培养更紧密地结合

---

①黄春梅:《本科毕业论文是否要取消——对武汉四所高校的问卷调查》,《中国高等教育评估》,2007年第3期。

起来，让论文真正成为专业的聚光灯。虽然经过四年的专业训练，但一些学生还是没有对史学研究真正产生兴趣，也不可能投入精力，更没有旨趣撰写论文，所以学生认为在论文环节可以自愿申请，如果通过可以获得相应学位，反之则无法获得。这一办法有两个关键：一是本科生毕业论文与学位仍然挂钩，不能脱离，这就保证了论文的有效性与学位存在的价值；二是学生必须自愿，其实这也是近代以来大学教育的基本精神。学生根据自己的专业素质决定是否撰写论文，这就给予了学生在专业上最大的自由与选择。大家试想，如果学位不是普遍获得，这是不是说明其珍贵与难得呢？

第三，教师的灵活指导。在目前的本科论文指导中，多数学校采用的是过程控制，就是每一个学生都会被指定指导教师，教师把控好论文的每一个环节，从选题到答辩，全程参与，可以决定论文选题，也可以决定论文格式。这样的指导方式会降低学生的主动性，学生其实也就没有了选择的自由。其实学生可以有两种选择方式：一种是教师为选题的提供者。每一位教师可以根据自己的研究方向提供10个左右的选题，学生根据这些选题来选择指导教师。这是由选题而选择指导教师的方式。二是学生直接选择指导教师。学生喜欢一位教师，肯定是缘于一门课，由于有听课的经历，选题就不会有太大的出入。这是因选教师而选选题。灵活指导并不代表降低了指导的要求，而是将目前的全过程控制简单化、个性化。有的学生不需要指导教师，可以自行研究、撰写学位论文，如能通过审定，那就可以直接参加答辩。论文质量的最终评价在于答辩环节，由答辩决定论文的一切。

第四，有效答辩。我们在其后会专门讨论答辩，此处只就目前的答辩现状做一改进的讨论。答辩是检验论文质量的唯一方式，论文写得如何，教师指导得如何，全由答辩确定。目前是每一位学生都写论文，每一位学生都会参加答辩，学生负担过重，教师也有不小的压力。答辩的改变在于三个方面：一是即使学生写成了论文，如果不想答辩，也应予以同意。撰写论文是自愿的，那么申请答辩亦是自愿的。自愿申请其实也是一种淘汰方式，只不过这种优胜劣汰较为隐蔽，而且采用的是自我淘汰方式。二是严格答辩。从答辩委员会成员的组成到答辩的程序都要严格要求，如可以校际相同专业的教师互为答辩委员，严格实行投票制或者打分制等。只有严格才能被重视,才能提高含金量。三是采用第三方出席听证。这一制度是对教学环节,乃至教育的一种监督,可以由家长、他校或者管理机构组成。

## 二、史学本科论文的写作与指导

史学专业的本科生在学习了四年专业知识之后,都要做一篇毕业论文,通过答辩则会获得历史学学士学位。撰写毕业论文是大学毕业的重头戏,时间长,投入精力大,教师全程参与,并且会动用自己所学的所有知识,即使是非专业的,可见毕业论文分量之重。毕业论文大约由导师见面、选题商定、过程指导,以及最后答辩组成,历时一年左右,也有更长时间的。一名教师会指导 1~4 名学生,有的会更多,但是就教师指导的精力与知识而言,4 名学生是最高限度,太多就无法做到尽心尽力。论文写作中学生是主体,一切环节皆由自己独立完成,而教师在写作过程中起到方向盘的作用,帮助学生理清思路、点拨学术发现。

### (一)初次见面

教师一般不是很看重见面的,其实论文写作成功与否,很大程度上取决于初次相见。见面是论文写作的开始,教师和学生双方会就撰写论文在某些方面达成一致意见,并共同商定初稿、二稿以及修订稿的日期。教师还需在初次见面时就说出自己的规定,有了这些共同的商定,论文才有可能顺利撰写完成。第一次见面一般不会涉及论文的具体内容,因为此时选题还没有确定,所以只能进行一般性的交流。

第一,告诉学生论文撰写的规范。论文规范是论文的主要形式,这一形式可能会决定论文的命运。如投稿,先要看论文格式与规范,接下来才会看论文写得如何。答辩时,有答辩委员对论文格式的在意会远胜过论文质量。这就是指导教师在与学生初次见面时要详细告诉他们论文规范的原因。论文规范需要参照两个方面的格式,一是上一年级的论文格式,这是最有效、最直接的方式。借一本上一级的论文,参照其是如何撰写的。二是详细阅读校方或者院方对本科毕业论文的撰写所制定的规范,一般都极其详细,甚至规定了字号的大小。

论文规范包括题目、关键词、摘要、正文字号以及题目的分级,还有就是注释与参考文献该如何处理,是尾注还是脚注,参考文献该使用什么样的标准,这些教师都应该提前了解清楚,并明白无误地告诉学生。这些虽然是细节,但对初次撰写论文的学生来说,最好彻底弄明白,这会给论文写作带来极大的方便。

第二,撰写史学论文的关键在史料。虽然观点也很重要,但一定是论从史出,史料比观点要重要。选择了中国古代史方向的学生,首要的任务就是阅读原始史料,而且是大量地阅读。在阅读史料时,要带着论文题目或相关的问题阅读,看到合适的史料,一定要及时、准确地摘抄下来。摘抄史料一是不能拖延,不要以为书就在图书馆,以后写的时候再过来摘抄也来得及,有这样想法的同学往往会失去机会,因为其他同学有可能把书借走了。二是要准确,史料的关键在于准确,摘抄时不能有错别字,连标点符号都不能错,这是摘抄史料的基本规矩。不能用手机拍照,应该手抄,这样有利于加强理解,形成对文献史料的初次感觉。

另外,阅读非史料性的专著时,要注意所使用的史料以及观点,这些都需要摘抄在笔记本上,既可以启发自己对论文的思考,另外也可以验证、补充自己阅读史料的不足。

第三,指导教师还需要告诉学生史学论文的特色所在。程天芹博士对此有深刻的体会。

历史学论文的要点是需要向学生强调的内容,不然学生做出来的论文会失去了"历史感"。历史学本科论文要点:

一是参考文献,主要包含三种类型:古代典籍、最新研究、最具代表性研究。二是时间表述,历史学(尤其是中国古代史)论文时间表述,不能仅仅以现代的公元纪年方式,应为中国古代皇帝纪年在外,对应的公元纪年在括号内标注紧跟其后,全文纪年方式要统一,可用"至元二十三年(1286年)"的方式。三是语言,不能出现感情性的语言,应用平实的语言叙述。①

---

① 程天芹:《历史学本科毕业论文分阶段指导及师生互动》,《出国与就业》,2011年第9期。

这也是史学论文形式上的特色，更明显的专业特色在于研究的是历史的问题，解决问题须用历史学的手段，可以在论文中再现历史的场景，也可以用历史观看历史人物、历史事件。关键词在于"历史"。

第四，师生初次见面，不仅仅是联络、熟悉感情，对双方的表达方式以及学术诉求有一定的了解，还要有一定的纪律要求，当然是教师对学生的纪律要求。第一要求是不能抄袭、剽窃。论文质量如何那是能力问题，但是如果论文涉嫌抄袭、剽窃，那绝对是不能原谅的事情。如果学生论文有抄袭、剽窃的行为，不仅会被取消论文答辩资格，而且会以作弊论处。一定要告诉学生，写论文是大学里的最后一个教学环节，千万不能出错，不能以一错而否定了以前的辛苦努力。第二要求是指导论文的教师须指定一名学生负责联系，并通知有关事宜，且规定每次见面指导论文时都需带笔记本与笔，将指导中涉及的问题记录下来。记录指导过程，不仅对论文写作切实有效，而且会成为论文写作历程的有效见证。

初次见面只是论文指导的开始，师生双方还在熟悉阶段，题目也没有商定，所以在见面中教师要明确告诉学生，如果做不到以上的专业要求，那么可以考虑在一定的时间内更换方向。

(二)选题

本科毕业论文的选题非常重要，一篇论文的成功与否，很大程度上取决于选题是否成功。论文题目是最简单明了的"纲"，看文章重在看题目。所以，本科论文的写作首要解决的就是选题，"论文选题是本科毕业论文的重要环节之一，好的选题等于论文成功了一半"①。有的教师通观论文指导过程，发现选题是其中最为重要的一环，"在指导毕业论文的过程中，发现最大的问题是学生不知如何选题。选题是解决'研究什么'的问题，是决定论文内容和价值的关键"②。

---

①王淑霞:《历史学专业本科毕业论文存在的问题及建议》,《社科纵横》,2013 年第 9 期。
②刘丽丽、段永富:《历史学本科毕业论文选题与学生问题意识培养》,《长春师范大学学报》,2016 年第 3 期。

1.选题现状

一些大学教师总结了指导论文选题的情况,认为目前指导选题主要存在三个方面的问题:一是偏向于宏观研究或以偏概全;二是对热点问题趋之若鹜,创新性不足;三是选题过于平淡。① 其实对于史学专业来讲,且不论本科生,就是教师自己,找到没有被写的题目谈何容易。中国古代史从司马迁开始,一直研究到现在,几乎不存在没有被研究过的题目,创新谈何容易!所以,可供选择的题目就显得平淡,但平淡不是指追求四平八稳,如"论春秋战国时期的土地制度"或"论武则天"等。

还有的教师列举了近年自己指导的论文选题,指出了其中存在的一些具体问题:

> 论文选题不当。所谓"题好一半文",选题是论文写作的第一步,关系着论文的质量。本科生史学毕业论文题目不当大多表现为话题大而空或难而深,对于本科学生来说不容易驾驭把握,不适合完成。如:"历史上的爱国主义问题研究"、"中华民族凝聚力问题研究"等,这样的题目以本科生掌握的知识情况以及教育条件很难完成,不仅没有达到本专业基本写作训练的目的,而且影响了学生实际研究能力的提高。也有些论文立意平平,毫无新意,如,"论朱元璋"、"论唐太宗"等,仅是对以前研究成果进行简单的重复,缺失锻炼研究能力的实际价值。②

王红丽认为目前史学毕业论文选题存在的问题是,大而空、难而深,大而空的论文题目学生无法下手,更不知道在何处立意,纵然有教师的指导,还得学生自己琢磨,自己写,所以这样的题目会让学生不知所措。还有就是题目不能太难,

---

① 刘丽丽、段永富:《历史学本科毕业论文选题与学生问题意识培养》,《长春师范大学学报》,2016年第3期。
② 王红丽:《历史学本科毕业论文写作问题探究》,《绥化学院学报》,2009年第5期。

或者说教师觉得合适的题目,对于学生就不合适,难度超过了本科生。对此,笔者有深切的体会,如吴婷同学的《〈天人三策〉的政策性演进探析》①,以及黄靓的《明代九边重镇设立的政策性考察》②,这两个毕业论文的选题虽是不同的年级,但选取的方向却是一致的,极有可能与笔者当时阅读的书籍有关。这两个题目对于本科生来讲,难度显然大了一些,如吴婷的论文,笔者的意思是写从对话成为政策的演进过程,黄靓的题目是准备写成九边重镇设立的政策表现,虽然最后完成的论文质量还不错,但仍然没有达到教师指导的意图,笔者这才发现这两个选题的难度超出了本科生的接受程度,当然责任在指导教师。

2.该如何选题

选题诚然关键,但是选题不是由学生单独完成的,需要指导教师的参与,更多情况下指导教师会起决定性的作用。这自然缘于学生对教师的极度信任,认为教师选的题目会既有材料又有意义。有大学教师根据自身指导论文的经历,认为史学专业本科生毕业论文应该从三个方面选取:

第一,从第一手史料中发现问题。
第二,选定别人从未研究过的题目。
第三,从学术界的争论中发现可以研究的问题。③

这三个途径固然不错,但却是对指导教师而言的,因为只有教师才可以做到看第一手史料,并及时关注学术前沿。教师可以给学生介绍一些帮助选题的书籍,如《中国史研究入门》④《魏晋南北朝隋唐史学的基本问题》⑤《宋元史学的基本

---

①吴婷:《〈天人三策〉的政策性演进探析》,宁夏大学 2015 届历史学专业本科生毕业论文。
②黄靓:《明代九边重镇设立的政策性考察》,宁夏大学 2016 届历史学专业本科生毕业论文。
③金城:《浅谈历史学本科生毕业论文的写作》,《陕西师范大学继续教育学报》,2002 年第 1 期。
④[日]山根幸夫:《中国史研究入门(增订本)》,田人隆、黄正建等译,社会科学文献出版社 2000 年版。
⑤[日]谷川道雄主编:《魏晋南北朝隋唐史学的基本问题》,李凭译,中华书局 2010 年版。

问题》①《明清时代史的基本问题》②,或者是《困学纪闻》③,学生可以通过翻阅这些书籍,寻找自己感兴趣的,或者是适合自己的题目。

在选题的时候,应该注意以下几个方面:一是学生对此问题已经积累了较多的材料,而且长时间地关注,这样的选题可以由学生自定,教师不必干涉。如笔者指导过的学生中,刘化强同学的《清代雍正朝火耗归公改革之探析》④,以及张晴同学的《西汉初期(前206年—前141年)政府救济措施初探》⑤就属于此。在师生就选题的商讨中,刘化强当即表示自己对此问题非常感兴趣而且经常关注,而张晴积累了丰富的材料,复印的、摘抄的,厚厚的几大本,每次见面都会带着。二是学生根据自己的生活地域或学习经历而形成的特有的学术选题,这是其他同学,尤其是同班本地同学所不具备的。廖夕婕同学的《壮族通灵巫师初探》⑥就是如此。第三种选题情况较为普遍,教师提供题目,学生自己决定,其间自然会有多次的商讨,如杨平贵的《项羽形象的选择性塑造》、魏小雪的《以吏为师——秦的复古与创新》⑦均属于此。

在地方性院校的论文选题中,有一种非常明显的现象,这一现象受到过表扬,但也被一些专家所批评,这就是地方性选题。有大学教师已经注意到了此类题目的选择:

> 地方性选题是我们历史学科大有可为的方向。对一般学生来说,学术性选题是一个很大的挑战,由于他们各自的基础知识背景、视野、方法有

---

① [日]近藤一成主编:《宋元史学的基本问题》,王铿译,中华书局2010年版。
② [日]森正夫、野口铁郎、滨岛敦俊、岸本美绪、佐竹靖彦编:《明清时代史的基本问题》,周绍泉、栾成显等译,商务印书馆2013年版。
③ (宋)王应麟:《困学纪闻》,(清)翁元圻等注,栾保群、田松青、吕宗力校点,上海古籍出版社2008年版。
④ 刘化强:《清代雍正朝火耗归公改革之探析》,宁夏大学2009届历史学专业本科生毕业论文。
⑤ 张晴:《西汉初期(前206年—前141年)政府救济措施初探》,宁夏大学2012届历史学专业本科生毕业论文。
⑥ 廖夕婕:《壮族通灵巫师初探》,宁夏大学2014届历史学专业本科生毕业论文。
⑦ 杨平贵:《项羽形象的选择性塑造》,魏小雪的《以吏为师——秦的复古与创新》,宁夏大学2017届历史学专业本科生毕业论文。

限,发现有学术价值的选题,写出具有浓厚学术意味的论文比较困难。但是为了培养他们的历史感,检验四年历史专业知识学习的成效,可以指导他们把毕业论文选题放在比较熟悉的乡土历史上。乡土历史具有十分广泛的内容,比如家乡的历史故事、历史人物、古老传说、风俗习惯以及山水庙宇等等,都可以作为论文选题。①

笔者任教的大学地处西北,特色鲜明,所以学生在选择毕业论文题目时会考虑两个方向:一是宁夏地方史,二是西北史地。对于地方性的选题,指导教师一般会予以肯定,因为做此论文方向的学生有着得天独厚的条件,如2004年毕业的张瑶的论文《试论伏羲文化在天水的发展》②就是如此。张瑶在甘肃天水出生、长大,对家乡文化较为熟悉,所以就商定以此为题。有两种不同的地方性选题,一种是学生自己的家乡,但有可能与教师不在同一家乡,二是学生与教师在同一家乡。后者对指导教师而言,在论文指导中应该不会有什么大的困难,因为师生的基本认识不会产生分歧。但前者就完全不同了,学生的家乡对教师来说是完全陌生的,师生有可能在一些基本认识上不能达成一致,这就需要教师补习这方面的知识。

3.日常学习与论文选题

鉴于论文选题出现的问题,有的大学采取了提前选题的办法,不料却出现了一些弊端。

> 内蒙古师范大学历史文化学院在每学年第二学期时,就要求一年级各班级学生报送自己的论文选题方向,不少学生由于专业知识不够充实,选题仓促,所选题目要么过大,要么空泛,在实际写作过程中困难重重,不得不中途改换题目,浪费了大量时间和精力,影响了毕业论文的质量,甚至无

---

①丁健:《有关本科毕业论文设计问题的思考——以历史学为例》,《当代教育理论与实践》,2013年第12期。
②张瑶:《试论伏羲文化在天水的发展》,宁夏大学2004届历史学专业本科生毕业论文。

法完成论文写作,只得延期答辩。①

提前准备不失为一种好办法,但是否有效就要看提前准备的是什么内容了。从内蒙古师范大学的经验来看,提前报送选题显然不可取。如果将日常学习与论文选题相结合,那效果就会完全不同。如济南大学的教师建议"孕育"选题:一方面是为学生开展与论文写作相关的讲座,主要是专家讲解自己的经验,传授给学生;二是专业教师可以在课堂讲授时注意引导学生熟悉学术前沿,学会如何选题与写作论文。②

将日常学习与论文选题相结合,关键在教师而不是学生。教师在日常课堂讲授与辅导答疑中要对学生有意进行引导,使学生及早接触学术前沿及史学基本问题,这对日后的毕业论文撰写会有所裨益。如有的大学在此方面进行了探索,称之为"123模式",其中最关键的就是:

一堂理论课程,对历史学本科学生继续开设史学论文写作理论课程,要通过调整使学年论文能够和毕业论文更好地衔接,学年论文总结和毕业论文启动同时进行,为毕业论文的写作打下坚实的基础。两论文,即两个写作实践,包括历史学本科学生学年论文和毕业论文。③

对于日常学习,笔者认为只需在课堂讲授与师生互动时进行即可,如果既开设了史学论文写作课,又让学生撰写学年论文,这会引发两大问题:一是学生负担过重,二是教师工作量过大。

---

① 王利中:《内蒙古师范大学历史学毕业论文写作质量改进途径的探索》,《教育教学论坛》,2014年第3期。
② 王淑霞:《历史学专业本科毕业论文存在的问题及建议》,《社科纵横》,2013年第9期。
③ 王晓晖:《历史学本科学生史学论文写作教学与实践的改革创新》,《大学教育》,2014年第4期。

## (三)写作

确定了选题之后,接下来就是紧张的写作了。作为史学本科毕业论文最重要的环节,之前所有的缺憾都可以在这一环节弥补,如选题的斟酌与更换、提纲的调整,或者史料的编排等。写作就是四年专业训练的一次集中演练,专业素养究竟如何,就体现在论文的撰写与答辩中,这就是专业特点。与撰写论文相比,四年中的课程论文以及期末考试是另外一种检验方式,可以检验知识点的记忆与对史学某一方面的理解,但要看出学生对史学的领悟以及有无学术发展的潜力,检验的唯一标准就是本科生毕业论文,这是经验,也是事实。

### 1.提纲

当学生阅读了一定量的文献后,就需要撰写提纲。提纲需要表达论文的主要观点、分论的小观点以及论文的整体结构,并且一定要简明扼要。指导教师审查通过提纲后,不宜再有大的改动。我们来看一份真实的论文大纲。

题目:以吏为师——秦的复古与创新

一、以吏为师,三代之旧法

(一)学在官府——官师合一,孕育着"以吏为师"的传统

(二)私学的兴盛——"以吏为师"与私学并不是不可共存的对立物,相反两者是可以相辅相成

二、秦之"以吏为师"

(一)秦始皇推行吏师制度的原因

1.思想传统

2.政治需要

(二)秦国吏师制度的具体内容

1.社会教化

2.学吏教育

(三)评价

三、秦"以吏为师"之复古与创新

(一)复古:秦人以吏为师,始复古制,对三代旧法的继承与强化

(二)创新:秦之"以吏为师"将育才与教化有机结合,学校教育与社会教育相统一,实现君主权力一元化,巩固了统一

1.突出法在国家政治运作中的功能,推行"明法"之社会教化

2.设立"学室"培养"刀笔小吏","学吏"教育伴随着选吏制度而存在

余语:"以吏为师"与"以吏唯师"辩证比较①

魏小雪的这份论文大纲较为典型,有两大特点:一是结构完整,二是观点明确。结构完整是指每一部分的逻辑关系明显,先说什么,后说什么,前后衔接紧密,能够较为完整地体现论文题目的内涵。在每一部分都有关键语句将观点表达出来,如"秦始皇推行吏师制度的原因",这样在撰写过程中就起到了提醒的作用,有助于史料的编排与观点的进一步论述,而不至于离题。

在提纲中还应该有论文闪光点的体现,一般会是文献、观点或者写作技巧。如你掌握一手的文献,如胡适收藏的甲戌本《红楼梦》,那就是孤本秘籍,会增加论文的分量,只不过本科生毕业论文似乎还无法做到,但不能否认有学生做到的可能性。还有就是观点,在提纲中要非常明显地列出自己完全不同的观点,做到一目了然,这样在撰写时就会紧密扣题。

2.初稿的指导

提纲通过后就进入了实战阶段。实战一般分为初稿、二稿与定稿,当然也有可能多出一两稿,但不能少于三稿,否则论文质量就无法得到保证。一般情况下,学生在初稿上花费的时间与精力最多,所以指导教师要充分利用这一机会,督促学生写好初稿,这会收到事半功倍的效果。在撰写初稿阶段,教师要催促学生阅读基本史料,并不断提醒牢记提纲中的论点,要紧扣题目、紧扣论点,

---

① 魏小雪:《以吏为师——秦的复古与创新》,宁夏大学 2017 届历史学专业本科生毕业论文,该大纲写于 2016 年 11 月 10 日。

以防偏题或离题。就笔者的经验,在撰写初稿阶段可以集中召集见面三次左右,如果有个别学生有问题,还可以单独约见教师。大部分学生会在撰写中卡壳,如杨平贵在撰写《项羽形象的选择性塑造》时就遇到了困惑,项羽形象到了东汉年间为什么会有一次"重构"?作为指导教师,笔者就从刘邦、项羽的关系上进行了解答。初稿要解决最关键的问题,即论文结构的呈现以及主要论点的摆出。

一般来说,初稿会出现以下问题:

第一,论文结构混乱。有的学生初稿会特别成功,也有学生论文属于凑合将就,但无论如何,指导教师在拿到初稿时,应该高度关注论文结构。论文撰写的如何,结构是否合理是极其关键的一环,结构合理就可以顺利地写下去,较为通畅,而结构混乱带来的则是不忍卒读。所以,指导教师要认真阅读初稿,调整论文结构,使之逻辑通顺,这也是指导教师最见功夫的地方。论文结构只能大改一次,如果初稿通过了,二稿又要修改结构,学生就会认为教师没有仔细看初稿,会对教师的专业水平和敬业精神打个大大的问号。

第二,观点不明显。初稿中要将自己的主要观点全部列出来进行论述,观点要鲜明,论述要有力。学生一般很难理解这样的说法,什么是观点鲜明、论述有力,需要用最浅显的话语说清,就是直接说出观点、论述紧扣观点、把观点阐明即可。指导教师在批阅初稿时,要特别注意两个方面:一是观点与题目的连接,就是观点要紧扣题目,不能游离在题目之外,更不能与题目无关。二是观点与论点之间的联系。论点要表现观点,是观点的具体体现,观点藏在心中,而论点就是将藏在心中的观点表达出来。还要注意总论点与分论点之间的关系,分论点支撑着大论点,总论点集中体现分论点。缺少了分论点,论文就会不坚实,没有了总论点,论文就没有力量。

第三,史料的使用。初稿中的史料有可能不很充分,学生会使用不合适的史料,或者把所有的史料都放进去,不知道该如何选择,这就是史料的使用问题。指导教师需要细心阅读,找出这方面的问题,加以处理。还有就是修改论文中不合适的说法,如类似"奴隶社会"(除非是论述中国存在奴隶社会)的说法,这些已经成为了学术史,不宜再出现在现在的论文中,所以要加以修改,这是指导教师需要认真对待的地方。

3.二稿到定稿

初稿一旦用心批阅,那么到了二稿、定稿就相对容易了。二稿至定稿之间指导教师需要重点关注的不再是论文的结构与观点了,而是一些细节的技术性处理,还有就是论文整体的梳理,从结构到字句,从题目到史料,需要细细琢磨,尽量做到尽善尽美。

第一,题目要仔细斟酌,摘要与关键词要注意。有的学生论文成稿之后,发现与题目不太相符,要么就是超出了题目的约束,要么就是题目的帽子太大,这些问题在初稿时发现最好,否则就得在二稿中处理。杨平贵同学的论文题目一开始是《史书中项羽形象的选择性塑造》,但是到了二稿笔者才发现,论文中采用的史料不只是史书,还有冯梦龙的《情史类略》,此书属于文学作品,根本不是题目所限定的史书范围,于是笔者建议将题目改为《项羽形象的选择性塑造》。摘要是论文的高度浓缩,是用最简略易懂的文字将论文的主题表达清楚,使人读后就会明白论文的基本内容。所以,对摘要的要求就是,"要体现全文中心,不能泛泛而谈,不宜过长,不能出现引用和问句"[①]。关键词是为检索而设,但也从另一方面体现论文论述的主要内容。须注意关键词不能直接由题目分解而来,那样就无法真实地反映论文陈述的内容。

第二,定稿需要全面审定。本科论文写作历经修订,最终形成定稿。定稿更需要指导教师与学生共同把好最后一关,将错误消灭在答辩前。定稿的审定主要有以下几个方面:一是全面审读。指导教师如果时间充裕,可以将论文通读一遍,这样就会发现很多问题,其中最主要的就是能够读出词句使用是否得当或者语句是否通顺。在保留学生个人特色的前提下,修改不合适的地方。二是对题目、摘要、关键词、结构关系的梳理。指导教师可以从论文中将题目、摘要、关键词、结构(目录)单独列出,看它们之间的联系以及结构安排是否合理。三是对错别字的检

---

① 程天芹:《历史学本科毕业论文分阶段指导及师生互动》,《出国与就业》,2011 年第 9 期。

查。错别字是论文的大忌,也可以看作硬伤,所以必须消灭。错别字主要出现在如下地方:一是文献引用中的错误,相似的字更容易出错,有的学生就将"范文澜"写成"范文涧";二是常用字也容易出错,如"的、地、得"的使用。

定稿是答辩前的最后一道关口,需要指导教师认真、负责地审读,更需要学生认真、耐心检查,只有师生密切配合,才能写出一篇合格的毕业论文。

**三、史学本科论文答辩**

如果说从选题到定稿只是指导教师和学生在合作的话,那么到了答辩,就有了第三方的参与。一篇论文究竟写得如何,在答辩中就会揭晓。答辩是目前为止发现的对学位论文最合适的评价方式。答辩至少有三个功能:一是对本科毕业论文的全面考察和最终评定。二是对教师指导论文的能力以及职业态度的一次考察。三是答辩中蕴含着一种仪式感,而这种仪式感会使学生将学术看得神圣。正如一位大学教师研究所言:

> 答辩制不仅具有质量控制与综合性评价功能,实际上还具有其他形式所不具有的仪式化功能。通过有组织、有准备、有计划的规范化论文答辩形式,通过论文作者与答辩委员会的答与辩,既能让学生全面总结大学之所学,体识专业与大学之精神,感悟对科学研究之"真"与"假",培育对科学研究的敬畏感,又是对学生大学生涯的肯定性总结,增强学生对自身所承担的社会使命的认知。①

**(一)答辩前的见面**

在答辩之前,指导教师要组织一次师生见面,需要将答辩事宜告知学生。其实这样的见面很大程度上是在增强学生的答辩信心。答辩是你问我答,其实是一

---

① 徐理响:《评审—答辩制:本科毕业论文评价与答辩机制的优化》,《淮南师范学院学报》,2014年第1期。

种智力,更是一种心理、精神的较量。答辩之前的这次见面会必不可少,可以在答辩前两天进行,这样还有宽裕的时间去准备。

1.答辩的程序

指导教师要事先了解清楚论文答辩的程序较以往,尤其是去年,有没有变动。这一点非常关键,如果有所变动,指导教师再按照以往的程序辅导学生,其结果可想而知。笔者任教的大学,史学本科论文答辩的程序一般是学生陈述5~8分钟(根据每年答辩中国古代史方向的学生人数决定陈述用时),然后由答辩评委当场提问(2017年之前是当场提问、回答,2017年给予学生准备的时间),然后就是答辩委员会合议、计算成绩、评出等次。

指导教师在告知学生程序时需注意两点:一是让学生知道程序的先后次序与基本内容,这样在答辩现场就不至于慌乱。二是使学生明白哪个程序对自己最重要,其他可以忽略。

2.准备

指导教师要告知学生一些答辩的准备工作,这些准备不仅有心理上的,还有学术上的。

第一,要将论文大纲整理出来再熟悉一下。大纲是论文的灵魂,熟悉了大纲,就等于熟悉了论文本身,而且陈述的时候需要以大纲作为基础进行发挥。或者将论文的观点重新罗列,以便于陈述。陈述的重点在于论文的闪光点,这在现场一定要表达清楚,所以必须提前写好,如果到时候因为紧张无法发挥,那么照着念出即可。

第二,答辩时还要携带重要的参考书。在陈述时,如果提到某个重要的参考书,可以举起该书展示。有可能评委不会过多地注意学生的举动,但一定有评委会因学生的认真而产生好感。选择参考书,如果是校图书馆藏的,大家都能见到,没有必要展示,展示的应该是学生在外地图书馆复印或者费心购买的图书,或者是经过艰难渠道得到的图书。

第三,心理上不要紧张,就把答辩当作一次普通的面试。要让学生在认识上正视答辩,这仅是一次正常的学术交流,只需要认真准备即可。

### 3.熟悉论文

很多指导教师和学生会忽略这个细节，认为论文是自己写的，非常熟悉，没有必要画蛇添足。就笔者的经验而言，有不少学生在答辩时张口结舌，语无伦次，一定程度上是由于紧张，但现场忘记论文内容也是主要原因。论文要熟悉到答辩委员提到关于论文中的任何一个问题，学生都能不假思索地找出。另外，学生在作陈述时，有时会有一定的发挥，而这一发挥超出了大纲范围，却可以在论文中找到，那么学生就要及时找到并给评委示意。

如果答辩时评委就论文提出一个问题，而学生无法回答，会产生两种结果：一种是评委认为该生过度紧张所致，可以理解；另一种是评委会就此对论文是否是学生自己所写产生怀疑。无论哪一种，对答辩都会产生不利影响。所以，熟悉论文至少有两个意义：一是可以证明论文就是自己所写，非借鉴，亦非抄袭；二是可以证明自己撰写论文的艰苦历程，以博评委的认可。

### 4.答辩所提问题的梳理

指导教师将以前答辩的一些常规性问题梳理一下，讲给学生，让学生记录下来，以备答辩。

第一，关于错误的问题。在答辩中，评委会找出论文中的错别字、文献引用等明显性的错误，对这样的提问学生只能承认，不能辩解，更不能以打字打错来回答。撰写论文是非常严肃的事情，既然出现了错误，指导教师、学生都有责任，当错误被指出时，唯一能做的就是勇于承认。

第二，常规性的问题。也就是学术性的提问，有论文的创新之处和闪光之处，或者就论文的某一观点提出问题，这些都必须回答，而且要回答的从容、清楚。

第三，有的评委会全盘否定，认为论文全无新意，或者就题目、观点作出否定。对此，学生可以辩解，不过学生要情绪平静，态度良好，不能意气用事，更不能认为评委是在为难自己。

## (二)答辩现场

答辩现场，教师既是指导教师，又是答辩委员，面对的学生既是自己所指导的学生，又是答辩者，会被其他委员所提问，这就是真实的答辩现场。答辩现场的仪式感极强,就连答辩双方桌椅的摆放都有"对立"的意味。答辩过程充满了浓浓的火药味,让人不寒而栗,但同时,答辩者会因此而产生庄严肃穆之感。答辩的实质在于诘难,就是挑剔与质疑,以论文为依据,对其中的内容和涉及的相关问题逐一责问,答辩者需要一一回应。答辩有着学术的争鸣,希望在答辩中使得论文的错误与价值愈加凸显,错误需改正,价值需继续挖掘。如果错误的程度已经严重到了评委无法容忍时,答辩的结果就是终止论文命运的时刻。有的研究者认为,答辩是解答疑惑的机会,其实就答辩的形式与过程来看,都具有明显的审查意味,任何问题的解答都是为了论文的通过,所以答辩就是一场考试,而且是面对面的考试。

答辩由答辩委员会与答辩者组成,答辩委员会由学位委员会责成组成,有条件的可以请外校的专家、学者,一般情况下由本专业的教师组成即可。

第一,答辩委员一般在学生陈述结束后进行提问,所提问题大致分为以下几种类型:一种是直接指出论文中的毛病,如错别字,或者书名、作者名、出版社、出版年份写错,引文中的错误,文字表达上的错误,史学术语运用的不当,以及各种技术上、学术上的错误。第二种是全盘否定,不过较为少见。有的委员会直接否定选题的意义、论文的主要论点或结论,甚至是对论文价值的整体否定。第三种带有一定程度的"答辩"意味,就论文中的一些主要方面或者细枝末节进行提问,如"一本什么书是研究这一问题的主要著作,你看过没有"等诸如此类的问题。答辩委员在提问时会尽量依据论文内容,一般不会全盘否定,更多的是给予鼓励,指出本科生能写到如此程度实属不易。

第二,作为答辩者,学生有两部分的表现:一是陈述,就是在规定的时间内将自己论文的主要内容、观点以及创新、闪光点一一道出,也可以说出自己在论文撰写中的困惑,解决的问题或无法解决的问题。陈述中不能有疑问,更不能对自己的论文不自信。二是答辩。其实在这一环节中,学生答的成分较多,辩的机会较少。就回答问题而言,学生一般可以应对,如果遇到实在不懂或无法回答的问题,就可以直接回答"不知道"或者"没有考虑清楚",评委都会理解。遇到懂的或者就是自己论文中的问题,就不能放过这一机会,应该大讲特讲,要让评委感觉到自己对论文的把握。如果感觉评委对自己论文的评价不合适,或者觉得评委根本没有仔细阅读论文就提出不相关的问题,那么学生可以进行适当的"辩解",在"辩解"中注意情绪要稳定,言辞要合适,不能嘲讽评委,更不能恶语相加。

第三,在答辩现场有一种特殊的关系,就是作为指导教师的评委与被指导的学生。指导教师是任何一个学生的评委,而他或她的学生会被任何一位评委所质问,于是就出现了一种较为特别的场景,就是自己的学生被其他评委当场质问时,指导教师的表现特别重要。一般来说有三种情况:一种是当自己指导的学生被他人过分对待时,指导教师会奋不顾身,直接为学生辩护,而提问者就会迫于情面,偃旗息鼓,不再追问。第二种是只要自己的学生被提问,指导教师就会直接与提问者当面论战,迫使提问者退兵,但是如果提问者执意不肯的话,那么就会演变成一场论辩。第三种就是学生被提问,无论问题如何刁钻,指导教师都会遵守答辩规则,保持沉默,希望学生以一己之力回答问题,通过答辩。其实无论哪种情形,对于指导教师来讲都是一种考验,所以应该采取回避制,这样就从制度上规避了尴尬的产生,有利于正常的学术争鸣。

(三)答辩反思

答辩结束之后,指导教师应适时组织学生反思答辩。反思是对答辩的及时总结与反省,总结经验教训,反省教师及学生的不足,在总结与反省中将答辩所发现的问题归类、分析并讨论消化,最终落实到对论文的修改中。笔者组织过多次的答辩反思,其中有"责任谁负"的问题,这是反思中必须要面对的。答辩中总会出现这样那样的质问,而且是针对论文本身的,无论问题大小都说明论文质量确实存在问题,要么是作者本身,要么就是指导教师把关不严,这就产生了责任应该由谁来负的问题。所以,在答辩反思中,必须先解决这一问题,然后才能进行下一步。

1.责任划分

指导教师在反思中首先要承认自己在指导方面的失误,有重要的参考书没有给学生列出、论点不够清晰,或者结构、题目上有问题。但是指导教师在承认自己失误的同时应该指出,如果让学生修改而学生没有修改那就是学生的责任,这一点必须明确。责任划分不是互相推诿,更不是推卸责任,而是要让教师、学生明确自己在论文撰写中的失误,以防下次再犯,同时面对责任要敢于担当。在责任划分时,指导教师要特别注意不能将答辩失误归于答辩委员的故意刁难。

2.问题梳理

在答辩反思中,搁置一些技术上的以及全盘否定的较为偏颇的意见,重点在于梳理答辩过程中的提问与回答,将其梳理、归类,就学生的回答进行点评。一般来说,提问有几种类型:一种是论文中的问题,一种是论文外但与论文相关的问题,还有一种就是完全与论文无关的问题。指导教师要对学生的表现进行评价,如谁能够在回答问题时迅速地找出论文相应的页码,这就表明对论文非常熟悉,应该大力表扬。有的学生在回答问题时底气不足,好像论文是别人写的,自己在代别人答辩,这样不但答辩效果不好,而且会影响评委对论文的评价。

3.反思论文与反思指导

在答辩反思中,除了反思答辩现场,还要进一步反思何以在答辩中会出现问题。反思论文的同时,还需要进一步深入反思答辩中的一些建设性意见。指导教师要与学生一起面对这些责问,正视这些善良友好的意见,一起探究如果论文依照委员的意见修改是否会更为合理,是否还需要修改或调整。有些是要落实到论文中的,而有些只能当作现场学习。反思,对于教师与学生都是一个非常难得的成长机会,化责难为动力就是最好的学术态度。

### 四、相关问题

史学专业本科毕业论文的完成不仅在于撰写、指导以及答辩,还有一些方面也在起着作用,如学术不端以及如何在选题中胜出,还有论文的创新等。这些环节看似简单,也不会明显地体现在论文的过程中,但是不能不重视其存在的意义。如学术不端,这是较为文雅的说法,其实就是抄袭、剽窃或者造假,属于违反学术道德的行为。只要是学术不端就会直接否定学术成果,所以这也就成为本科毕业论文的第一评价标准。还有就是选题的创新性,我们在答辩中经常会听到委员提出这样的问题:你的论文的创新性在什么地方?这问题不只是在答辩时需要回答,更要在选选题、撰写时就应该明确。史学论文的创新何在?如何创新?目前大多数高校通过各种措施监控撰写过程来提高论文质量①,但是就笔者经验而言,过程并非就能走向预期的结果,过程就是过程,永远无法代替结果。

(一)查重率

对史学本科毕业生来讲,在撰写论文前指导教师会明确告知,论文不能抄袭、剽窃,引述他人的学术成果一定要加以注释标注,否则就会被视为学术不端。但是,还是有学生为了轻松拿到学位采取这样的手段,因此有大学采用了"查重率"防止这种学术不端的出现。

> 所谓"查重",也就是通过学术不端文献检测系统进行的论文相似性检测,目前已经作为预防和制裁学术不端行为的重要做法,被广泛地运用于学位授予工作中。②

那么问题在于,这样的软件系统是否科学,能否做到预防学术不端呢?有人将目前较为流行的知网、万方、维普三大相似性检测系统从版本、资源库、指标体系、检测技术、系统功能方面做了对比,并用自己撰写的论文进行了检测,最终的结果是:

> 笔者将本人2013年撰写的文章《读秀学术搜索系统与文津搜索系统的比较分析及启示》分别在三个系统进行检测:知网总文字复制比5.5%,万

---

① 谢庐明、肖承志:《高师院校历史学专业本科毕业论文质量监控体系的研究与实践》,《黑龙江高教研究》,2003年第2期;张祥稳:《本科毕业论文撰写与研究性教学模式实施的思考——以历史学专业为例》,《池州学院学报》,2009年第2期;王丽英:《历史学专业本科毕业论文的规范管理与有效监控探析》,《历史教学(高校版)》,2009年第8期。
② 卢威:《学位论文"查重热"的冷思考》,《研究生教育研究》,2015年第1期。

方总相似比 0,维普总相似比 15.31%。通过分析三个报告,作者认为知网的结果相对准确,万方没有检测出来相似之处,维普的语义分析功能欠缺,另外把表格里的内容与别的文章里相似的词语计算到总相似比中,包括参考文献跟其他文献的引用或参考文献相似也计算在总相似比中,导致相似比过高,不符合实际情况。①

可见检测系统的标准也不统一,那么选择哪一款软件进行检测呢?不同的检测系统会出现不同的结果。就引文而言,0%和 15.31%之间的差别过大,哪一种软件的可信度较为科学呢?至今没有更权威的研究报告可以给出。同时,这些检测系统并非免费,收取的费用有多有少,结果自然也就各不相同。这就将原本只是学术性的本科毕业论文变得更为复杂,或者说趋于商业化。如果 1 万字的检测费用是 5 元,那么一篇 1.5 万字的论文就是 7.5 元,如果一届毕业生为 5000 人呢,那就是 37500 元,所以管理方一般不会组织检测,而由学生自行检测,并需将检测报告粘贴在论文后。而学生为了省钱,会采用收费较低的系统,那么检测出来的可信度究竟有多高呢?

笔者手中有一份史学专业本科生毕业论文第一次相似性检测的报告②,总体相似度是 28%(最终降到 13%),这份检测报告有几处值得注意:

第一,关键词"明代、士大夫、死谏、文化考察"也被检测出,而且相似度是 57%。

第二,论文中的人名和史学专用语的相似度过高,如"谏武宗南巡,谏世宗崇道等"是 88%。"太常寺少卿姚继岩廷杖"75%,"大理寺评事杜鸾廷杖"74%。

第三,引文的相似度也过高,如"普天之下莫非王土,率土之滨莫非王臣"是 70%,而引自《明史》的史料,"国家养士百五十年,仗节死义,正在今日"是 94%。

---

① 李志明:《知网、万方、维普论文相似性检测系统比较研究》,《大学图书情报学刊》,2015 年第 1 期。
② 马光荣:《明代士大夫死谏的文化考察 PaperTest 检测报告简明打印版》,宁夏大学 2016 届历史学专业本科生毕业论文。

引文的检测结果也不一样,有的没有被检测出,如《松窗梦语》中的一句话,而有的是100%。

第四,参考文献部分检测的结果是,"台湾中央研究院历史语言研究所1962年校印本"是100%,而"中华书局""上海古籍出版社"等却没有被检测出。

可见,这样的相似度检测出的是字、句的相同或相似,而不是代表学术不端的抄袭、剽窃。学术审查不是可以通过机器检测的,需要高水平、权威的专家进行专门的审验,如陈寅恪、金岳霖等对冯友兰《中国哲学史》的审查报告就属于此类。况且,学生在检测出了超出校方规定的相似度后,就会按照检测报告修改文字,直至检测通过。在修改中,不再关注学术的表达与史料的采用,而只是一味地降低相似度,这样修改过的论文质量是降低了?还是提升了?答案不言自明。

(二)学科交叉

本科生毕业论文重在选题,选题的关键是要有新意,而新意是什么呢?有两层意思:一是做以前没有做过的题目,这在史学领域中基本不可能存在;二是选用新的理论、新的视角、新的话语将研究过的重新作一诠释,这一方式较为可取。有大学教师以马占山研究为例,提供了这样新的角度。

> 比如关于马占山领导的江桥抗战,以往多从政治、军事史角度来研究。江桥抗战爆发后,国内媒体《申报》和《大公报》、苏联的《真理报》和《消息报》、美国的《纽约时报》、英国的《泰晤士报》和《每日邮报》、法国的《法文上海日报》、日本的《朝日新闻》等纷纷在显著位置报道江桥抗战的最新消息,有的专门派记者赴前线采访,如哈雷特·阿班(Hallett E.Abend)是《纽约时报》派驻中国的首席记者,在马占山抗战期间共发表相关报道20余篇。这些报道成为当时美国新闻界塑造和传播中国形象的关键文本,其研究价值不言而喻。所以我们可以引导学生将新闻传播学与历史学相结合,把马占山江桥抗战放在国际公众视野下来透视,以中外媒体的报道为考察对象,

分析当时国际公众舆论对中国抗战的反应以及对政府施政的影响。①

选题想要避免平庸、平淡,采用多学科交叉的角度进行突破不失为一种较好的方式,如引文中以历史学与新闻学交叉来研究马占山江桥抗战就是典型的例子。在此方面,笔者指导过的毕业论文中也有成功的范例,如2004届毕业生袁学荣撰写的《吕后的个性心理与临朝称制》就采用了心理学来研究、分析历史人物,如其中探究吕后自卑心理的产生就具有明显的心理学特色。

  第一,贫困动荡的下层平民生活以及楚汉战争中两年的人质生活使其产生了严重的自卑感。
  第二,年长失宠而戚姬得宠,对此产生深深嫉妒与自卑。
  第三,刘邦好色,移情别恋。
  第四,儿子的仁弱。②

该论文中最精彩的论述也是心理学与历史学交叉研究的最佳运用,如谈到刘邦好色而导致了吕后自卑心理的产生。

  刘邦好色,名声久远。而吕后早已人老珠黄,单作为一个女人来说,已使刘邦失去兴趣,而戚姬以她独特的魅力集爱一身。刘邦是一个多重性格的人,他经受了严酷的考验,有胆有识,有智有勇;他还是一个感情极为丰富的人,又是一个富于文学艺术天赋的人,大半生的戎马倥偬、出生入死之后,他需要感情生活的满足,需要心灵上的知音,甚至也需要不拘礼俗的放任,而能满足他的这些心理需求的是戚姬而不是吕后,因此,"戚姬常从"而

---

① 刘丽丽、段永富:《历史学本科毕业论文选题与学生问题意识培养》,《长春师范大学学报》,2016年第3期。
② 袁学荣:《吕后的个性心理与临朝称制》,宁夏大学2004届历史学专业本科生毕业论文,第4~5页。

日益被吕后疏远。对吕后来说,贫贱夫妻战争生死相随,助夫夺取天下却没有守住刘邦的"心"与"爱",这使得吕后不仅深深自卑而且精神、感情都再次受到伤害。损失感、威胁感和不安全感以及为人妻的失败感齐拥而上,为吕后的情感扭曲、心理变态埋下了隐患。①

虽然有成功的范例,但这并不能表明所有的学生都适合采用这样的研究方法。学科交叉的前提是要对交叉的学科有较为透彻的了解,了解其基本理论以及研究方法,这样才可能与历史学有机结合,才能对历史上的某一问题进行交叉式的分析。所以,在选择这方面的选题时,要多与学生沟通,考察学生的学术潜力。

(三)论文的创新性

目前,史学专业本科毕业论文与其他专业面临同样的问题,就是创新性如何实现。还有学校将创新性列入了论文评价标准,一时间"创新"成为本科论文最热门的话题。如有大学教师认为,论文创新首先是选题,要注意选题新颖,而且要选择时代感较强的题目,过久的不要选,有现实意义的才可以选。②还有大学教师认为,创新带有一定的研究意味,所以本科毕业论文的创新需要从研究性教学模式中进行培养,"培养师生(主要是学生)的问题意识、创新意识、合作意识和探索精神"③。从这些研究中,我们不难发现,研究者认为在创新中能够真正起作用的还是学生,所以加强培养学生独立自主的学习能力与思考能力才是创新实现的可能所在。

要注重培养和提高学生独立思考问题、研究问题的能力。要营造平等开放的教学环境,实施启发式教学,培养学生的发散思维,使学生养成从不同角度、不同层面思考和分析问题的习惯,开阔思路,激发学生的创新冲动。要做到这一点,一

---

① 袁学荣:《吕后的个性心理与临朝称制》,宁夏大学 2004 届历史学专业本科生毕业论文,第 5 页。
② 金城:《浅谈历史学本科生毕业论文的写作》,《陕西师范大学继续教育学报》,2002 年第 1 期。
③ 张祥稳:《本科毕业论文撰写与研究性教学模式实施的思考——以历史学专业为例》,《池州学院学报》,2009 年第 2 期。

是要把知识和学科的发展历史结合起来,使学生以发展变化的眼光看待所学的知识;二是要把所讲的观点和其他不同的学术观点进行比较,使学生加深对所学知识的理解和把握,培养研究兴趣,经过长期的关注、积累、观察、思考,产生创新的冲动,实现由学习到创造的飞跃。①

我们得承认,文化的发展在于创新,只有创新才可以传承,这是传统文化几千年来的明证。就儒家文化而言,从孔子到董仲舒,从韩愈到朱熹,都是创新在起作用。本科毕业论文亦是如此,要将创新视作论文的灵魂,要将创新看作论文写作的根本,如此,论文才具有学术意义与价值。同时,我们需要明了,培养学生独立学习、独立思考的能力没错,但是就本科生而言,独立思考就可以创新吗?事实上,一些多有著述的大学教师在自己研究的领域里没有创新之处,只是人云亦云,学舌而已。讨论至此,创新的话题似乎已陷入了困惑,一方面既然承认了创新对论文的意义,另一方面又说本科生的论文无法创新,其实这就是对创新的理解不同所致。创新,不能一概而论,不能一把尺子量到底。不同的学科、不同的专业,其创新的要求及标准也应有所不同。对史学专业的本科毕业论文而言,只需要选好题目,认真阅读经典,将问题阐述清楚明白即可,这就是冯友兰所说的"照着讲",因为还没有达到"接着讲"的能力。②

(四)论文在过程还是结果

目前本科生毕业论文出现了较多的问题,归根结底在于质量不高,所以诸位方家纷纷出招,希望借此解决问题。于是有人祭出法宝,就是以监控论文过程来提高论文质量,主要表现在两个方面:一是将论文写作过程拉长,用整整四年时间来指导本科毕业论文。

> 过去历史学专业学生毕业论文一般是在大学四年级利用2—3个月时间仓促完成。而前三年期间除了一些选修课程要求撰写结课小论文之外,学

---

① 王淑梅:《本科毕业论文创新性存在问题及对策探讨》,《河北农业大学学报(农林教育版)》,2013年第2期。
② 冯友兰:《新理学》,生活·读书·新知三联书店2007年版,第1页。

生几乎受不到任何论文写作训练,以致影响学生科研意识与科研能力的提高。有鉴于此,近年来学院在总结过去几十年本科论文指导工作经验的基础上,开始实行论文指导导师制——本科生论文写四年的论文指导模式。其基本含义是指学生从入学后的第一篇学年论文到毕业时的专业毕业论文都由同一位指导教师相对稳定地进行指导,实行四年不间断的指导模式。①

二是不拉长论文写作的时间,只是在论文写作的各个环节进行把控,如选题、指导以及答辩,并就此对指导教师提出要求。要求指导教师对学生撰写论文提出明确要求,并对论文的撰写实施阶段性的督促。指导教师既要对学生严格要求,又不能管束太死,还要充分发挥学生的主动性,希望在撰写中使学生的思维能力得到较大的提升。②

此为两种过程监控的方式,都取得了一定的成效。笔者任教的大学史学专业本科生毕业论文工作在三年级学期末前开始,到答辩前整整一年的时间,在时间上不长不短,较为适中,各个环节紧密相扣,指导教师严格把关,论文质量得到了提升,这也说明过程在一定程度上可以决定论文的质量。但是在提倡实施"过程决定论"时,必须注意以下几个问题:

第一,过程不能完全决定结果。史学毕业论文的撰写依靠的是日常阅读量的积累与对历史的体悟,其中起关键作用的是对历史的体悟,阅读量可以通过勤奋、努力达到,但是对历史的体悟与感觉却无法通过时间和勤奋获得,这就是人文哲学类学科的专业特性。所以,过程可以获取某些先天不足的东西,如知识、信息,人们希望通过量变以达到质变,但质变的条件却不只是量的积累。监控论文撰写的过程,只是从一个方面提供了保证论文质量的可能,还不能真正决定论文的质量。

---

① 白玉双:《内蒙古师范大学历史学专业过程化教学改革与实践》,《内蒙古师范大学学报》,2012 年第 9 期。
② 谢庐明、肖承志:《高师院校历史学专业本科毕业论文质量监控体系的研究与实践》,《黑龙江高教研究》,2003 年第 2 期。

第二,过程监控会拉长时间,会凸显环节的重要,这就增加了教师的工作量与工作强度。对学生而言,极有可能会成为学习负担。其实就目前的大学教学规定而言,毕业论文只是其中的一个教学环节,教师所承担的工作量与上一门课不相上下,那么过程监控会不会影响到其他的教学环节、教师科研呢? 答案无疑是肯定的。所以,要求本科生毕业论文的质量,不能希望以过程控制解决所有问题,过程还在论文之中,需要从论文外寻求解决之法。

第三,本科生毕业论文写作看的是结果,而不是过程,如果从这一角度想,那么过程就不是特别重要了,而结果的重要性就突显了出来。如果忽略了过程监控,那么管理方只需要做论文查重以及组织答辩,对论文做最终的审定。其间的所有事务,可以交由教师与学生负责,无论时间长短、无论选题新旧,这些都只在最终的论文成稿中呈现,其质量高低亦在答辩中得到检验。这样既减轻了管理方与教师的负担,又给予教师和学生更大的自由来写作论文。

# 第七章　史学专业本科教育实习

如果说论文的撰写与答辩是理论演练的话，那么教育实习就是大学史学本科教育的实践演练。实践演练，顾名思义就是将在大学里学到的专业知识与人际交往合适地运用到工作中去。而此处所言的工作，并非真正意义上的工作岗位，而只是一种简单的"适应"，只不过这"适应"的环境却是真实的。史学师范专业的本科生会被安排在第七学期实习，主要是在初中和高中进行课堂教学、担任班主任以及人际关系实践。这一学期的实习，既是工作也是学习。有的学生如鱼得水，觉得自己非常适合在中学工作，于是会早做打算；也有学生经过实习，发现自己与中学格格不入，甚至不愿意和一群孩子天天打交道，于是就会放弃教师行业而选择别的职业。这就是教育实习，是每一位大学师范专业的学生必须面对的教学环节，正如教育专家所言：

> 教育实习是师范院校的学生在教师指导下，到普通学校进行教育和教学的实践活动。它是师范生走上工作岗位的"实战演习"，是师范教育的重要组成部分，其在教学计划中的地位极为重要。[1]

也有大学教师从实习的基本功能出发，结合学科论与课程论，对实习进行了专业性的定义：

---

[1] 朱绍禹主编：《教育实习全程解说》，山西教育出版社2005年版，第9页。

# 第七章
## 史学专业本科教育实习

教育实习是师范院校进行教育教学的一种实践活动,是师范教育贯彻理论联系实际原则、实现培养目标不可或缺的教学环节,是教学计划中的重要组成部分。教育实习有助于师范生提前了解中学教学现状,熟悉教学流程和教学环境。通过教育实习,能增强学生的感性认识,并把所学知识综合运用于教育教学的实践当中,从而锻炼学生从事教育教学工作的能力,加深和巩固专业思想,为学生顺利走上工作岗位打下一定的基础。①

那么就非常清楚了,教育实习同时具备两个性质:一是大学师范专业的一个必不可少的教学环节,抑或是一门课程;二是走上工作岗位的一次演练。前者在很大程度上决定了后者的可能性,也是后者存在的前提条件。所以,从这一角度看,教育实习其实就是大学教育的一次综合检验。这一检验带有明显的社会性质,是否取得社会认可,就在于教育实习是否获得通过,这也就是一直以来大学想尽办法提高实习成绩的主要原因。

### 一、教育实习的意义

如上文所言,教育实习就是为师范专业的学生走上工作岗位提供的一次学习机会,提供场所进行的一次热身与演练。教育实习的意义不仅在于学生对工作的选择,还在于对大学所学知识的检验。而实习的大学生既是知识的载体,又是知识的输出者,更是大学教育实习意义的最大体现者。

#### (一)检验专业知识

一位中学校长告诉笔者,在大学考试成绩优秀的学生,成为一名中学老师后一定是个好老师。这句话特别值得深思、琢磨。在大学里有两种考试,一种是背诵式的普通考试,另一种是学术研究式的考试,如课程论文以及毕业论文的设计

---

① 史风春:《内蒙古师范大学教育实习现状分析及改进思路——以内蒙古师范大学历史文化学院为例》,《内蒙古师范大学学报(教育科学版)》,2012年第5期。

和撰写。中学校长指的一定是前者,不过他的说法可以这样理解:中学课堂上所需要的知识很大一部分来自于知识的准确性,而不是学术探讨。

第一,学习的实践性。需要清楚的是,从大学到中学实习,是将大学里学到的知识带到中学进行实践,也就是从知识的输入者转换为知识的输出者,其中关键就是学习实践。这是由大学的教育性质决定的,也是由社会职业分工决定的。这是教育实习的基本特性,也决定了教育实习的基本特点。所以有教师将教学实习看作如同医学训练医生、法学训练律师一样,是一项教师的专业培训。[①]这就是大学师范教育的"学以致用","学的如何"要在实际工作中检验。经历过教育实习的学生会在实习中一旦发现自己的专业知识在某一方面存在不足、欠缺,回到学校就会重新学习、充实自己。

第二,基础知识的检验。中学教学特别讲求知识的准确性,而这一准确来自于教师对专业知识的把握。所以,大学生到中学实习,首先要做到的就是知识的准确性。历史学知识的准确,就是指时间、地点、人物、事件,基本的来龙去脉要和教材、史书一致,这些基本的知识点是不需要进行探讨的。如秦朝有几个皇帝,都怎么称呼,这就是最基本的。当然,基础知识也有特别精彩的,如有的中学教师会在课堂上背出几十个春秋时期的诸侯国名,或者在讲到魏晋南北朝时把此阶段建立的36个政权全部背诵出来,这新的课堂该是多么轰动啊!这就是基础知识的力量。

第三,知识的系统性,这是大学学习被检验的重要方面。系统性是就知识的完整而言的,表现在中学教学上,就是能够告诉学生前因后果,还可以由此讲到彼。如对一朝代,可以从开国皇帝讲到亡国之君,也可以土地制度为线,从三代讲到现代,这就是系统性。知识的系统性可以使你在中学讲台上游刃有余,也可以随时炫耀你的技艺,会获得学生的好感,从而激发他们学习的热情。笔者曾经听过一堂非常平淡的中学历史课,但是当这位看似无趣的教师把中国历史年表从

---

① 王继平、李玫:《谈高等师范学校历史专业的教学实习》,《伊犁师范学院学报》,2005年第2期。

头到尾背了一遍之后,学生以及听课教师都被震惊了。可以这么说,几乎没有几个人能够做到这一点,将中国历史如此系统地呈现。

第四,一般认为中学历史教学只要求知识的准确与系统,是排斥学术性的。有这样看法的人说明他完全不懂中学历史教学的基本原理,任何以知识为基础的教学活动一定根植于学术性。学术性至少可以用在三个方面:一是回答学生的提问。有学生会在读完《史记》《汉书》之后与教师讨论。笔者就曾遇到过读完《纲鉴易知录》的中学生。二是解答试卷中的某些习题,尤其是高考试卷。高考试卷中有的试题带有一定的研究性质,这对讲解教师会是一种专业上的挑战。三是讲解中学教材中的内容,学术性的知识一定用得上。如讲到"百家争鸣"时书中有一方块"历史纵横",提到了"十家"[①],但是没有给出具体的解释,如果有学生提问:阴阳家是什么?名家是什么?教师该如何解答。如果教师读过《史记·孟子荀卿列传》、读过庞朴的《公孙龙子译注》[②]就可以回答了。

(二)工作演练

教育实习的另外一层意义在于开始了自己的"工作",虽然这一"工作"只是暂时性的锻炼,但毕竟已经有了若干体验,包括上讲台、批作业、处理班级事务、上下班、看自习,甚至与同事打交道。所以,教育实习明显具有了工作演练的意味。教育实习就是锻炼着当一名中学教师,而做教师并不容易,尤其中学教师角色重叠,如任课教师、班主任、团干部,同时还是一名被管理者,还要处理相应的人际关系,不过其中肯定会有一种角色在起着最主要的作用。

第一,讲课是教育实习最基本的锻炼,或者说到了实习学校最重要的就是完成教学任务,否则教育实习就毫无意义了。讲课是一名教师最基本的任务与最重要的技能,所以实习生在讲课上下的功夫最大,付出的精力最多。讲课可以检验实习生的一些技能,如口才。平常做学生时看教师在课堂上口若悬河,滔滔不绝,感觉语言表达很容易,等到自己做了教师就会发现口才对教师而言特别重要,有

---

[①] 人民教育出版社、课程教材研究所、历史课程教材研究开发中心编著:《普通高中课程标准实验教科书·历史·必修3》,人民教育出版社2007年3版,第4页。
[②] 庞朴:《公孙龙子译注》,上海人民出版社1974年版。

先天的因素，也有后天的努力。还有就是粉笔字，以及如何将一堂课顺利地讲下来，如何面对中学生的刁难或者有意的恶作剧，该如何处理此类突发状况。这都是需要锻炼的，而且这些都可以让实习生明显体会到工作的难度，发现做老师没有那么容易，从而对教师这项工作产生敬畏感。

第二，教育实习的另一项任务就是担任班主任工作。"班主任是学校任命、委派、全面负责一个班级学生的思想、学习、健康和生活等方面的教师。他作为班级的组织者、管理者，主要职责就是组织、教育、引导学生并且与学生一起管理好班级，促进全体学生的全面发展。"[①]可见班主任工作对中学的重要。可以这么说，如果班主任的工作顺利，那么学校的工作就顺利了。实习生在上课的同时，还需要一份班主任的岗位进行锻炼，就是让实习生试着去管理一个群体，服务一个群体，更要学会与学生、家长打交道，学会处理一些问题，而这样的问题有时候与课堂教学毫无联系。

第三，在教育实习中，处理人际关系是实习生最耗精力的方面。笔者带过的几位实习学生在谈到了这一话题时，众口一词都说是人际关系最为困难。经过笔者分析，实习生的人际关系大致可以分为这么几种：与同事；与校长、教务主任、政教主任、年级组长等管理者；与学生、家长。实习生坦言，最难接触的就是同事。管理者对实习生比较关心，甚至有了小错都会原谅。与学生和家长打交道较为容易，因为只有一个目的，就是学习。而同事是有利益冲突的，虽然是实习生，但是也有一些较小的利益在其中，这就有了冲突。教育实习不仅使实习生对工作有了鲜活而真切的体验，还会对工作环境——中学有切实的感觉，更会对教师角色有深刻的认识。

(三)走向社会的热身

教育实习工作或许只是一门课程而已，但其客观上产生的意义已非教学所能解释。从大的范围来看，教育教学无论对实习生个人、对大学、对中学都有着重要的作用，而其中最深远的影响是成为实习生走向社会的热身。关于这一意义，

---

[①]周世杰：《班主任与班级管理》，上海师范大学2011届硕士学位论文，第1页。

可以从两个方面认识：一方面实习生之于社会是新生力量，是社会建设的补强，所以需要培养实习生的社会责任感；另一方面社会之于实习生，是一种与学校生活完全不同的环境，需要以另外的态度相待。走向社会就意味着离开了校园，就会上班、工作、娶妻生子、挣钱养家，从浪漫走向真实，从呵护走向独立。

第一，教育实习使得实习生有了认识社会的机会。社会是一个无形的存在，有着自我运转的规律，还有个人的身份和角色，以及社会群体与组织。利益在其中起着一定的支配作用，所以有理论家强调说："最好把社会看作一个不停地为权力而角逐的竞技场。"① 在全新的工作岗位与工作环境中，实习生会感到新鲜而刺激，但同时也见识到了社会的复杂与残酷。我们每一所大学与每一位指导教师把实习生送到实习学校的时候，总会说上一句，请把实习生当作一名真正的教师严格要求。有的中学没有当真，而有的当真严格要求实习生，于是实习生就对"实习"有了深刻的认识。有实习生告诉笔者，学校怎么会有这么严格的等级制，新来的总被人差遣。笔者回答，这就是社会，这才仅仅是个开始。

第二，短暂的实习会让实习生感觉到工作的不易，社会的艰难，更会对自己有更多的认识，尽管这一认识稍显肤浅。实习生的自我认识是建立在环境的对比上的，如大学的学习环境，同学的和平相处，教师的教诲呵护，构成了较为温馨、和谐的生活和学习环境。在这一方天地中，只有学习与考试是最重要的事。实习之后，发现一切都变了。我们没必要粉饰实习，将其美化成海边的一次散步。在经历过实习之后，学生会有一种"浴火重生"的感觉，算是经历了人生的第一次洗礼，于是学会了独立，开始独立面对并处理一些自己的"社会事件"。

第三，对大学生而言，教育实习是培养其社会责任感最好的时机。有大学教师有同样的看法：

> 师范生的社会责任感是师范生群体对于自我、社会自觉履行教师义务的意识、道德判断和情感体验的综合。师范生的社会责任是在家庭教育、学

---

① [美]戴维·波普诺：《社会学》（上），刘云德、王戈译，辽宁人民出版社1987年版，第173页。

校教育、教育实习和其他社会实践中逐渐形成的。师范生社会责任感的培养是一个由低到高、不断提升的过程;由对自己负责到对他人、社会、国家和民族负责,由负小责任到担负大责任的渐进过程。教育实习在师范生担负社会责任、磨炼自我品质的过程中起到重要的作用。[①]

教育实习对实习生而言有"初来乍到"的感觉,而在这短暂而重要的感觉中,所有形成的印象与看法会很深刻,甚至无法改变。所以,这就是一个培养责任感的最好时机。教师与医生一样重要,医生负责拯救人类的肉体,而教师担负培养人类的精神。教师之于社会,犹如医生之于人类一般。

**二、实习任务与环节**

教育实习是大学生的一次工作"演练",更确切地说,应该是一次实战性质的"演练"。实习就是"实际学习",或者可以说成"实地学习",也可以理解为"实务学习",那么教育实习就是在中学实际学习怎么做一名教育工作者。史学师范专业的学生在教育实习时,不仅要学习如何做一名历史教师,还要尝试着承担别的教育任务,如班主任、团队干部,甚至要成为一段时间内办公室里的勤杂工。

(一)动员与准备

对即将实习的大学生来说,如果不了解何为教育实习,则会影响教育实习的成绩与效果。所以,在进点实习之前需要一次实习动员。在进入实习点之后,也会有一次动员大会,这主要是动员中学指导教师指导实习的热情。动员是制度上的准备,也是心理上、人员上的准备,有的大学还提供相应的物质、经费准备,这些不可或缺的准备为教育实习的顺利开展提供了必要的条件。

1.大学里的实习动员

进入实习点之前,大学一般要开两次实习动员大会,一次是校方召开的,另

---

[①] 连新:《师范院校教育实习对师范生社会责任感的培养》,《内蒙古师范大学学报(教育科学版)》,2015年第3期。

外一次是院系召开的,目的、任务各有不同。

学校会在实习任务下达时就召开实习动员会,参加人员主要是学校实习的管理人员以及院方实习的管理人员,还有就是各实习点的负责人。在动员会上,实习管理人员会通报此次实习的专业、人数以及实习点、实习指导教师的基本情况,会对实习的纪律、安排、进程做出具体的要求,并会印发相关文件、材料以便实习点负责人联系中学实习点。

在校方的实习动员会后,院系也会召开相应的会议,主要是针对大学实习指导教师和学生的。会议由管理人员、大学实习指导教师以及实习生组成,会上会对指导教师以及学生就实习作出相关要求,会具体要求到每天的上下班时间、学校晚餐的开饭时间、实习点是否住宿等。指导教师须与实习生见面,熟悉基本情况,了解学生的基本要求。

2.大学指导教师与实习生见面

大学里的指导教师与实习生见面,这一环节较容易被忽略,因为之前已经就实习开过两次动员大会了,再组织师生见面颇有画蛇添足之嫌。这种看法绝对错误,见面非常的必要。教育实习归根结底是当教师的实习,需在教师(中学与大学)指导下实习。当进入了实战环节后,校方与院系就会退隐幕后,真正负责任、起作用的是指导教师。

见面必须有所要求,分为三个方面:一是到了实习点,一切听从中学的安排,不得擅自行动。一切听从中学指导教师的安排,向中学教师多请教上课、带班以及人际交往的经验和方法。二是与同去的实习生和谐相处,不要发生矛盾,尤其是办公室的卫生,要排值日表。三是遵守职业道德,不能和中学生谈恋爱,也不能自行组织中学生出外游玩,更不能让中学生到实习生的大学宿舍。还须指定一名学生为实习点史学专业小组的负责人,负责每天的考勤通报,上下班时给指导教师各发一次信息报告考勤情况,约好去实习点的时间,了解实习生的一些困难与要求。

3.实习点的动员会

大学实习指导教师约好时间,与学生一同来到实习点。经过接洽,实习点的教务负责人会安排一次动员会。一般情况下,中学对实习生的到来不会多么热情,因为实习会打乱他们的教学安排及进程,而且实习生的教学也会带来一些副作用。这些情况作为大学指导教师必须要有所了解,以便在接洽时进行沟通。

中学的实习动员主要是针对中学实习指导教师,需要就实习作出若干安排,进行实习生的分配,安排实习生的办公室,以及对实习生提出纪律要求。当实习生与中学指导教师见面后,大学指导教师的作用就有所降低了,只做一些协调或者简单的工作,而真正的业务指导就交由中学教师来实施了。大学指导教师此时要做的事情非常简单,但是非常重要,就是带领每一位学生拜访中学指导教师,聆听其对实习的指导意见,并商量该如何要求实习生见习、备课、说课以及上课,还有安排班主任工作。同时,还得问清楚中学教师对实习生的具体要求。合作指导实习正式开始。

(二)见习工作

实习生进入实习点之后,并不能马上开始教学工作,还需要一段时间的准备,这就是见习。见习其实就是了解、熟悉中学的基本情况,多走多看,多问多请教。见习是为实习工作做好业务以及心理准备,较为关键的就是处理好同事关系。融洽的人际关系是顺利实习的重要保障。

1.了解、熟悉中学

中学不只是环境与大学不同,教师、学生以及教学规律、人文精神都有着明显的区别。指导教师需要告诉实习生,大学、中学、小学之间没有高低之分,千万不能带着这样的偏见实习,否则实习的道路会坎坷不平。

实习生首先要熟悉中学的位置、环境,要清楚地知道操场与厕所的具体位置,还要知晓校长室、教务主任、政教主任的办公室位置,请假或有一些具体事情的时候可以及时联系并找到。其次,要了解该校的课程设置,这其实就是中学版的《人才培养方案》,作为教师很有了解的必要。更进一步讲,要了解历史课程的设置,周课时数,以及任课教师的基本情况。再次,需要了解一下自己上课班级及带班主任的班级具体情况,尤其是班主任与任课教师之间的关系,以及师生的关系。

需要接触中学生,或者是自己带班主任的学生,或者是任课班的学生。接触中学生在于了解他们的基本情况,如喜欢读谁的书,喜欢听什么样的歌,喜欢玩什么样的游戏,甚至可以打听班级里的一些八卦,这样会拉近与中学生之间的距离,让他们对实习老师产生亲近感,有助于实习工作的顺利开展。

2.熟悉教材、教案

之前的熟悉只是在为上课做准备,所有的一切都是为了教育实习的顺利开展。在上讲台之前,还得做好一项工作,那就是熟悉上课的必备文本——教材。

> 教材是教师和学生据以教学活动的材料,教学的主要媒体,按照课程标准的规定,分学科门类和年级顺序编辑,包括文字教材和视听教材。而实习生最应该先熟悉或者是先行阅读的就是课程,也就是教科书,是依据课程标准编制的系统反映学科课程内容的教学用书。教科书是课程标准的具体化,课程计划中规定的各门学科,一般均有相应的教科书。①

历史专业实习生需要熟悉的教材较多,而且补充读物以及相关的课外读物也较多,需要花费较大的精力与时间仔细钻研。首先应该通读教材,就是将初中一整段或者高中时期的历史教材通读一遍,这样的通读会使实习生对中学历史教学有一个概观式的了解,对教材内容及重点、难点会有大致的了解,同时在通读中可以知道自己在哪一方面较为欠缺,应该加紧充电。其次,要重点阅读这一学期的教学内容,尤其是与自己实习相关的内容需要重点阅读,与相关的教学参考用书对照阅读,并与大学学过的内容作一细致的对比,找出中学历史教学的特点。再次,可以仿照一些优秀教案,自己做一些简单、粗略的教案准备工作。

3.课堂教学见习

课堂教学见习就是听课,跟随中学指导教师随堂听课,这是见习阶段最关键的一环。课堂教学见习也可以称为观课见习,"是课堂参与者相互提供教学信息、

---

①《中学教育学》编写组编:《中学教育学》,西北大学出版社2011年版,第91页。

共同收集和感受课堂信息,在充分拥有信息的基础上,围绕共同关心的问题进行对话和反思,以改进教学的教师研修活动"①。观课见习的原则是"多听多想,及时总结"。实习生在课堂上听课,要做到认真,要注意指导教师上课的每一个环节,教材内容的讲述,以及如何控制课堂,这都是实习生应该关注的地方。在听课的同时,要做笔记,将听课的重点环节或者自己有疑虑、不明白的方面及时记下来,以便在课后请益解惑。所以,有教师这样总结课堂见习的重要性:

> 系统地听课加见习在几种实习中也是一个重要环节。主要是学习和了解任课教师的各种教学和教育方法。听课后实习生应该写小结,巩固听课所得,作为实习工作的借鉴备用。②

在课堂见习中还有一个重要的问题就是该不该模仿指导教师上课的风格,这是实习生重点考虑并需付诸实施的。教师上课,主要在于风格的呈现,风格中熔铸了言谈、学识、修养甚至生活品位,在课堂上集中加以体现。初上讲台,实习生较容易被吸引,进而模仿。需要注意的是,风格是自然地形成,也是自然地呈现,不能刻意修饰,更不能装模作样,那样就会引起中学生的反感。课堂教学见习以不少于一月为限(每个学校规定不同),实习生应认真对待这一环节,只有课堂见习做好了,才能顺利地走上讲台。

4.班主任工作见习

班主任工作是实习生必不可少的实习环节,尤其是历史教师因为工作量的缘故,更易于被委任为班主任。见习班主任要付出时间与精力,跟随指导教师学习如何处理班级事务。班主任对于班级事务的管理还是为了学生学习,就是营造喜欢学习、积极学习的班级人文环境。班主任的工作特别辛苦,不仅付出爱心,还必须付出足够的时间才能够管理好一个班级。

---

①陈辉主编:《中学历史教学论新探》,高等教育出版社2014年版,第318页。
②王牧兰:《教育实习环节浅析》,《语文学刊》,2009年第8期。

班级事务的处理主要有三个方面。首先是常规性事务的管理，如考勤、课堂纪律等，这样的一般性事务可以按照校方规定办理，较好处理。实习生在学习处理这方面事务时，需要进一步熟悉学习的相关规定，比如请假如何办理、旷课如何处理，这都需要提前熟悉。其次是组织带有娱乐性质的活动，如英语周、爬山等。这样的活动是班级管理的重要组成部分，也是班风形成的必要条件，班主任既要在成绩上下功夫，也要分出较多的精力组织这样的活动。此类活动看似"无用"，其实蕴含着"大用"。再次就是要处理的班级的"突发事件"，如学生打架或者受伤，这都是班主任必须第一时间得知而且要及时处理的。当然，关于此类事件的处理校方也有规定，但是事件的突发性以及不同性，只能依靠班主任的经验和能力才能作出及时的处理。

(三) 课堂讲授

在见习一段时间之后，就进入了实习阶段。走上讲台，开始了真正的课堂讲授。这虽然是实习，但也是实战，当走上讲台时就不再是实习，而是真正的讲课。

1. 备课

在见习期，实习生会熟悉教材、教参，尝试着写教案，做些备课的相关工作。"备课是教师从事课堂教学的起点和基础，是决定课堂教学质量高低的第一个重要环节，也是课堂教学的重要组成部分。"[①]备课时要熟悉教材，还要认真研读新课标，有大学教师在研究了课标之后，认为应该通读新课标，重点研读课标内容，以及注意课标的弹性、课标与教材的关系处理等，其中最为重要的就是：

> 要重点研读课标中的"内容标准"部分。在这部分里，通过使用不同的行为动词，把知识与能力、过程与方法、情感态度与价值观等层面的内容作了不同水平的划分，这是确定教学重点的主要依据。如：高中课标把历史知识与能力的学习基本上分成三个层次：第一层次为识记层次，使用了"列举"、"知道"、"了解"、"说出"、"讲述"、"简述"、"复述"等行为动词；第二层

---

① 王承吉主编：《中学历史教学论》，北京师范大学出版社2010年版，第72页。

次为理解层次,使用了"概述"、"理解"、"说明"、"阐明"、"归纳"等动词;第三层次为运用层次,使用了"分析"、"评价"、"比较"、"探讨"、"讨论"等动词。这些词语表明课标对教学内容的要求是不一样的,这就需要我们认真解读、领会其内在的含义,只有这样才能在教学中处理好各教学内容。①

可见课标对教材内容的理解、掌握有着重要的帮助。在熟悉了教材,继以研读了新课标后才能做好备课工作。备课是为上课做准备,就是准备上课要讲的内容,所以阅读范围不仅仅局限于教材与课标,还要进行其他的补充。如讲述秦始皇的时候,可以熟悉一下秦始皇兵马俑的相关材料,以备急需。备课的最终结果会反映在教案上,教案会安排好这堂课该怎么上,会保障课堂讲授按部就班、有条不紊地完成。但是实习生必须注意,教案是上好课的最低保证,不能完全依赖教案。

2.说课

说课是中学特有的一种教学活动,实质上是备课的一种形式,更是一种科研、交流的模式,在教学中发挥着重要的作用。那么什么是说课呢?有研究者在综合了说课的各种定义后,重新下了这样的定义:

> 就其一般含义而言,说课是指教师述说授课的教学目标、教学设计、教学效果及其理论依据的教学科研活动。具体地说,说课就是教师在备课的基础上,面对评说者(教师或领导)述说教什么,怎么教和为什么这样教。接着进行实际操作,然后述说成败原因及改进意见,进而由评说者进行评议和讨论,达到相互交流、共同提高的目的。②

可见说课就是说清楚自己上课的基本思路,是一种思维的整理,也是一种语

---

① 赵妍、史风春:《历史教育专业本科教学实习准备工作探讨——以人民版高中历史必修二"血与火的征服与掠夺"为例》,《内蒙古师范大学学报(教育科学版)》,2016年第5期。
② 徐颖:《中学历史说课研究》,扬州大学2015届硕士学位论文,第19页。

言的表达,"简言之,说课是对课程的理解、备课的解说、上课的反思"①。实习生在正式上课前,一定要努力学会说课的基本方法以及各种技巧,使自己在上课前有一个较为充分的准备。说课时会有集中的评议,这也是对教师的一种帮助与提高,可以将一些不成熟的想法或者不妥当的观点进行及时修正,以免在课堂上出现错误。说课有一关键点,就是说清楚教学目标,对历史教师而言,就是要说清楚新课标中规定的"过程与方法""情感态度与价值观"。

"过程与方法"、"情感态度与价值观"两个目标在传统的教学大纲中是没有提出的,或者说没有明确提出的目标。由于历史教育的学科特点和教育功能与价值的特性,这两个目标的地位显得尤其重要。因此,教师应认真研究课程标准和教材,认真分析学生认知水平、生理心理特点,在此基础上把课程标准的要求、教学内容与学生特点相结合进行精心设计。②

3.上课

上课是实习生最重要的工作,也是最重要的教学环节。备课、说课都是为了课堂上的讲授,所以无论如何准备,上课会决定一切。这里需要注意的是,实习生的上课和老教师完全不同,老教师可以有更高的要求,而实习生的要求只有一条,或许对某些实习生来说是最低要求,那就是顺利上完一次课。只要第一次上讲台能够顺利地讲下去,等到下课铃响离开教室,那就是最大的成功。根据经验,笔者总结了三条给初上讲台的实习生的建议。

第一,吸引学生。在课堂讲授中,吸引学生非常重要③,对于初上讲台的实习生而言,此条甚为关键。教师上课,关键在于抓住学生眼球,吸引学生,使学生围着自己转,能做到这一点,就说明其基本成功了。历史教师在此方面有些得天独

---

① 陈辉主编:《中学历史教学论新探》,高等教育出版社2014年版,第247页。
② 黄勇、杨扬:《试析中学历史学科说课的类型、要素与技巧》,《成都教育学院学报》,2006年第10期。
③ 王承吉主编:《中学历史教学论》,北京师范大学出版社2010年版,第148页。

厚的条件,如为了吸引学生,在正式讲课之前可以讲讲历史故事,最好与近期热播的影视剧相关,那就会牢牢吸引住学生,"用以吸引学生的注意力,同时引出本课的主题"①。讲唐朝历史时,可以先讲一段"玄武门之变",通过形象的表达使得学生萌生兴趣,接下来的课就会顺畅许多。

第二,控制课堂。课堂控制得讲究技巧,可以通过眼神,也可以通过提问,还可以通过讲课把控整个课堂。控制课堂的意思就是课堂的主动权在教师而不在学生,尤其是指对课堂纪律的控制。只要课堂纪律好,不出现调皮捣蛋的学生,或者一些说俏皮话、搞小动作的学生扰乱课堂秩序,那么实习生讲完一堂课就有了基本的保证。

第三,实习生讲课不要有太高的要求,或者要求有自己的风格,或者要求表达风趣、幽默,或者难点、重点突出,这些要求对于初上讲台的实习教师来讲是较为严苛的。实习生上课,最基本的一点就是顺利讲完内容,按照教案的要求,从哪讲起,到哪结束,认认真真走好每一步,这才是实习生最应该做的事情。顺利完成,看似简单、容易的要求,只要做好,就是良好的开始。

4.评课

在实习生上了几节课,心理上已有一定的准备后,可以邀请指导教师或者其他实习生听课。听课结束后,需要及时评议,在评议时讲课的实习生一定要在场。

第一,实习生不能有心理负担,也不能有负面情绪,更不能因为评议者指出自己讲课的问题和缺点就不舒服,认为是对自己的不满,这些心理都是不可取的,一定要摆正心态。实习生实习的目的就是要锻炼上好课,如何成为一名合格的中学历史教师,这是实习的基本诉求。而想要达到这样的诉求,只依靠自身的努力远远不够,还需要指导教师的倾力相助,需要指导教师凭借多年的任课经验指出自己的不足,这样自己才能改正错误,才会有所进步。

第二,评议者包括所有听课的,甚至学生也可以参加,这样会较为公正。因为学生也听了多位教师的课,积累了一些经验,有可能评价会客观一些。在评议时,

---

①于友西主编:《中学历史教学法(第3版)》,高等教育出版社2009年3版,第195页。

指导教师的意见尤为重要,但必须注意,指导教师要尽可能地指出课堂上的一些问题,这样的意见不能过于理论化、宏观,最好是技术上的,可以及时修正的,要有切实的可操作性。

第三,在指出讲课问题的同时,指导教师必须进行肯定,因为面对的是一位初上讲台的实习生,更多需要的是鼓励。只有鼓励与适当的肯定,他或她才会有足够的勇气登上下一次的讲台。所以,在提出意见时,指导教师要斟酌言辞,注意不要过于犀利,以免伤害到实习生的自尊心,打击其上课的积极性。对于初上讲台的实习生而言,最重要的是建立上课的自信心,唯有如此,才会有相当热情的投入,才会用心上好每一节课。

(四)实习班主任工作

历史学专业本科生教育实习主要有两大内容:一是课堂教学,这方面与专业联系较为密切,故实习生会有较多的投入,也会更为用心;另一部分就是实习班主任工作,因为是附带的工作,实习生投入的就会少一些,所以在实习评价以及实习总结中所占的比重不会那么明显。这其实是一种错误的看法,其实在中学,课堂教学的效果不能完全取决于任课教师,很大程度上与班级的班风相关,班风的形成则完全取决于班主任的工作,可见此项工作的重要。所以,有大学教师这样评价班主任工作。

在我国,教学班是学校领导工作的基层组织。学校的教学、思想品德教育、体育锻炼,以及课外活动,主要是以班为单位进行的。为了协调各方面的工作,建设坚强的班集体,培养全面发展的人才,每个班都必须配备班主任。班主任是学生的组织者、领导者和教育者,是联系各科教师的纽带,是沟通学校和家庭、社会的桥梁,是学校领导对学生进行教育管理的代表和助手。班主任工作的重要性决定了班主任实习的必要性。①

---

① 吴丽君:《教育实习中应重视班主任工作的实习》,《张家口师专学报(社会科学版)》,1997年第2期。

笔者任教的大学对实习班主任工作较为重视，在接洽中希望中学在不影响教学的前提下为每一位实习生安排班主任工作。

1.实习班主任的形式

实习班主任，其实就是为了让实习生学习如何管理一个班，为以后走上工作岗位做准备。在中学实习点进行实习动员的时候，会安排实习班主任，一般会指定一名中学班主任带1~2名实习生，有时候与任课班级重合，但很多时候是不同班的，这就给实习生带来了一些难度，也带来了一些挑战。实习班主任在指导教师（班主任指导教师）的领导下进行，主要有三种形式：一种是放手不管，让实习生独立自主地管理班级，处理班级事务。二是将实习生定性为副班主任或者辅导员，在指导教师的领导下负责某一方面的工作。三是实习生不参与任何班级管理工作，还是指导教师在负责。据笔者带实习生的经历，在这三种工作形式中，第二种较为合适，也能取得相应的实习效果。

就第一种而言，指导教师放手不管，让实习生独立自主地负责处理班级事务，这一形式看起来似乎是对实习生的高度信任，给予实习生工作锻炼的机会，但实际上却引发了诸多的问题。首先是实习生管不住中学生，从而导致班级纪律松散，出现混乱。这对一个班级较为关键，管理好一个班级需要长时间的努力，使一个班级变乱则较为容易。其次，既然实习生无法有效地管理班集体，那么就会使实习生与指导教师的关系趋于紧张。班级纪律出现了问题，最后还得指导教师收拾局面，而指导教师也会就此会对实习生的能力产生怀疑。再次，实习生无法管理班集体，与指导教师的关系趋于紧张，但与中学生的关系却会由此而亲近，当中学生与实习生的关系亲近时候，就是实习生与指导教师关系紧张的时候。

第三种情形较为少见，指导教师害怕实习生扰乱了自己精心管理的班级，所以不愿让其参与班级事务，因此整个实习期实习生都无法进行班主任的实习工作。无论从实习效果还是班级纪律、指导教师的心情来讲，第二种是最为合适的实习方式。实习生没有工作经验，只有一腔热情，不能独自担当大任，最好的安排就是在指导教师的领导、主持下负责一部分或者某一方面的工作，如考勤、主题班会、晚自习等，这样既锻炼了工作能力，又不至对班级造成大的影响。将实习生设置为副班主任或者辅导员,仍然由指导教师负责全局,即使出现了失误,指导教师也会及时发现并处理。这样一种形式,既保证了实习工作顺利、完整地进行,又保证了班级的稳定。

2.了解学生

班级工作看似简单,其实千头万绪,作为实习班主任该从何处入手呢?有经验的干部上任伊始,首要的工作就是调研。调研就要熟悉各部门的基本工作情况,这样才会有的放矢。班主任工作也是如此,实习生应该从了解学生开始。有大学教师认为"了解学生"是班主任最基本的工作,也是实习班主任所要锻炼的最基本技能,也是班主任工作的中心所在。

> 我们认为全面了解学生是做好班主任工作的一条线索。未来的班主任必须受到这种技能的锻炼。师范生如果在实习期间,初步掌握了全面"了解学生"的技能,那么他毕业后,担任班主任时,就可以满怀信心,知道怎样开始班主任工作。①

实习生应该从了解学生入手开始实习班主任工作。了解学生重点在三个方面:一是学生自身的情况,二是家长及家庭情况,三是学生的人际关系,这三者缺一不可,共同构成了班主任了解每一位学生的钥匙。了解学生,就是需要知道该生的身体、学习、兴趣、爱好以及各种表现,尤其是在校内、班级里的各种表现。察其言,观其行,有经验的班主任往往会从"事件"的角度集中认识学生。在观察学生个体的同时,需要了解家庭情况,如家长的职业、家长与学生的关系,甚至需要了解学生在家中是否受到体罚等,这都是班主任需要注意的方面。有心的班主任还会从学生的人际关系方面了解学生,看其平常结交些什么人,或者和哪些人联系密切,这都会对该生的学习、生活造成影响。

---

① 汪德亮、李超然:《"了解学生"作为实习班主任一项基本工作的探讨(参加教育实习体会之一)》,《华南师范学院学报(社会科学版)》,1958年第2期。

对于实习班主任来说,最有效的了解学生的方式就是观察法与谈话法。

(观察法是指)班主任在自然状态下,有目的、有计划地对学生进行考察的一种方法。这是学生入学后对他们进行全面了解的主要方法。班主任通过"听其言"、"观其行"进行有目的的感知,及时发现学生个性特征的变化及班集体的各种迹象、征兆。及时调整教育措施,提高教育效率。①

观察法需要实习班主任花费较多的时间与耐心,但是观察法不能单独使用,需要与谈话法相结合。谈话有多种形式,可以是就某一目的与学生单独进行,也可以是与几个学生同时谈话,这是一种获取信息的有效途径。在谈话时,实习班主任应注意:

态度要亲切、诚恳、与人为善,平易近人,使学生感到老师的关怀、爱护,从而消除拘束、紧张的情绪,愿意与老师谈心、交心。同时,班主任与学生谈话时,决不能讽刺、挖苦学生,如果摆出一副整人的架式、训人的姿态,那只能使学生望而生畏,产生对立情绪。②

3.师生关系

在实习中,实习生尤其要学会处理人际关系,如与同事的关系。在同事关系之外,还存有一种"师生关系":一是指实习生和指导教师之间的关系(主要表现在实习班主任工作上),二是指实习班主任和中学生之间的关系。这两组关系共同决定着实习工作的成败,所以实习生要特别加以注意。

中学班主任与中学生之间实质上并非理想中的平等朋友关系,而是教育者

---

①汪顺国:《浅谈全面了解学生的基本方法和原则——初中班主任工作随笔》,《保山师专学报》,2000年第4期。
②普明军:《再谈中学班主任了解学生的几种常用方法》,《保山师专学报》,2001年第3期。

与被教育者的关系。实习班主任也应如此,不能与学生打成一片,分不清师生,将自己等同于中学生就会失去威严,无法在学生有错误的时候实施作为教师的功能与职责。所以,实习班主任要认清自己的身份,摆正自己的位置。

实习班主任与指导教师之间则完全不同,必须要清楚,这不是同事关系,而是一种指导与被指导的关系。

> 实习生与原班主任的关系,基于前述班主任工作实习的指导与考查主要是由实习学校的领导人与原班主任教师负责的精神,实质是师生关系,师傅与徒弟的关系。这一点,无论在实习生方面或原班主任方面,都必须明确肯定。就实习生说,必须认定实习是向实际工作者学习的过程,应虚心诚恳地向原班主任学习,在实习学校的领导人与原班主任指导下进行实习;就实习学校原班主任说,要认识教育实习是配合师范学院培养人民教师所必需的工作,对实习的指导与考查,是党与祖国委托的任务,必须严肃认真来完成。①

这篇文章虽发表于20世纪50年代,但是实习工作中的这一关系仍然如此,一直没变。实习班主任与指导教师之间是"教"与"学"的关系,也就是说,实习生只有在指导教师时刻、耐心的指导帮助下,才可能学到技巧、方法,才能够完成实习任务。所以,实习生在与指导教师相处时,需要做到以下两点:

第一,思想要端正,态度要诚恳。实习生在做实习班主任工作时,要坚定思想,自己就是来拜师学艺的,要认识到自己学习的地位,要寻找一切机会向指导教师学习,这在思想上一定要有深刻的认识。实习生要不时地向指导教师请教有关班级事务管理的方法、技巧,要虚心、诚恳,不能使用与同事商量的口吻,最好不要让指导教师感觉到不舒服。

---

① 徐时中执笔:《关于高等师范学校学生实习班主任工作的一些体会》,《上海师范大学学报(哲学社会科学版)》,1959年第5期。

第二,努力完成指导教师交办的任务。有经验的指导教师在指导实习班主任工作时,会分为两个阶段:第一阶段是交办一些较为容易做的工作,如点名、看自习或者领操,这是一种简单能力的锻炼;第二阶段会交办难度稍大一些的工作,如处理抄作业、打架或者组织主题班会。这是一种由易到难的、循序渐进的锻炼。实习生需要做的是,努力完成每一件事,这就是经验的积累、方法的学习。

4.独立做班主任

实习班主任在与指导教师相处时,会处理一些简单的班级事务,也会学到处理的技巧、方法,并经过不断的积累,形成自己处理班级事务的方法。在短暂的实习期内,一定要争取一次独立组织班级活动的机会,要不然就没有机会锻炼自己的组织与带班能力,也无法证明自己在实习班主任的岗位上是否合格。

可以选择组织一次主题班会。目前的实习点一般不允许实习生组织中学生去野外活动,那样安全无法保障,所以只能组织一些较为安全的且有意义的活动,主题班会就是最佳的选择。

> 一堂优质的主题班会对教化学生具有不可或缺的作用。概括起来讲,主题班会有助于学生认识自我,树立正确的世界观、人生观和价值观,正确处理个人与社会的关系。在主题班会中,学生以饱满的主体意识参与,从鲜活的体验中深化对自我价值的认识,有助于学生在养成团队合作精神的同时,激发他们的竞争意识,大大地激活学生的创新精神和创新能力,还有助于培养学生的实践能力和培养学生良好的意志品质。[①]

主题班会对学生个人的成长、班风的形成都有重要的意义,所以实习班主任可以先从组织主题班会开始。首先,需要了解班级的最近动态,是纪律松散,还是打游戏泛滥。主题班会不能无的放矢,需要有一定的针对性,了解班级动向可以确定班会主题。其次,实习班主任要准备相关材料,尤其是在主题班会上宣读、朗

---

① 蔡琴:《中学班主任应如何开展主题班会》,《铜仁师范高等专科学校学报(综合版)》,2006年第2期。

诵、展示的材料。实习班主任必须一一过目审读,以防出现错别字、语法错误,或者其他问题。再次,作为主要组织者,实习班主任一定要亲临现场,不能将事情完全交由班委处理。自己在现场,可以随时掌握班会动态,以防出现不必要的麻烦。在主题班会结束后及时进行总结,将自己事先没有计划好,没有想到的地方记录下来,向指导教师请教,以备日后工作需要。

实习班主任在组织主题班会之外,还可以组织一些体育活动,如跳绳、羽毛球、乒乓球、足球、篮球赛,既锻炼了身体,又增强了班级凝聚力。但是在组织体育活动的时候,必须注意如下几点:一是实习班主任最好能够自己参与,可以显示自己的体育技能,也能在比赛中与学生拉近距离,融洽关系;二是要给学生阐明比赛的真正意义,不是为了争输赢,而是锻炼身体,还要讲清楚比赛的相关规则,做到"友谊第一,比赛第二";三是要尽量动员全班同学积极参与,即使没有体育特长的学生也要赋予一定的工作,如拿衣服、准备饮料,或者组织拉拉队。这些看似是小事,其实对于班级凝聚力的形成却非常重要。这一点实习班主任一定要注意。

### 三、教育实习总结及相关问题

史学专业本科教育实习进入尾声时,需要完成实习评价及总结,这是教育实习必不可少的环节,否则教育实习的结果便无法衡量。实习评价是指对实习生进行成绩评定和书面鉴定,由中学指导教师和大学指导教师协商确定,以保证公平。实习总结可由会议或者其他形式构成,会议中会对此次实习的相关问题作一评述,有可能会对实习中有突出表现的关键性人物和事件进行通报。总结会的召开标志着教育实习完全结束。

(一)实习总结

在实习总结中,必须注意几个问题:一是要做到公开、透明,尤其实习成绩的评定更要如此。二是在书面总结中,要做到表扬与批评持平,不能只有表扬而无批评,也不能只说缺点而无鼓励。只有双方兼顾,才可以做到公正评价。三是在总结中,不能只对实习生进行评价,要涉及指导教师、管理方以及后勤保障。

1.以讲课比赛确定最终成绩

实习的最终目的是实习生能够独立站上讲台,顺利而较好地完成课堂讲授,所以有的大学会采用讲课比赛的形式进行实习成绩评定。为确保比赛的公正性,评委一般由大学指导教师与中学指导教师代表共同组成。而对参赛的实习生,先采取推荐的方式,就是每一实习点推荐一名参赛者,由大学指导教师与中学指导教师共同协商确定。还要做好赛前的准备工作,如比赛时间、地点须提前一周告知参赛选手,并制作PPT课件,或者使用其他现代化教育技术。规定每位参赛选手的讲课时间为20分钟左右(具体用时由参赛人员多少确定)。在比赛时,一定要做到透明、公开,评委必须现场给出分数,所有成绩当场宣布并确认,在比赛最后要有专业教师点评。

这一比赛形式能够较为真实地反映实习生的水平及能力,对于实习生来说,显得较为公平。弊端是,如果以比赛结果作为实习的最终成绩,或者以此划分成绩档次,定出优秀名额,那么之前的实习过程该如何进行成绩评定?是应该两者平均呢?还是取其一为最终成绩?另外,实习班主任工作也是实习的主要内容,讲课比赛呈现的只是课堂讲授,而实习班主任无法以讲课的形式加以表现,那么比赛就不能完整地体现实习的所有工作。但在权衡各种实习成绩评定方法中,采用这样一种讲课比赛的形式是较为公正、合理的。

2.对于指导教师的总结

在所有的实习总结中,陈述、评价的对象往往以实习生居多,而忽略了实习的另一主体——指导教师。指导教师的工作因个体不同,会有不同的表现,会有不同的成绩,也会出现这样那样的失误,这都应该在实习总结中有所体现。另外,指导教师由中学与大学双方组成,应该各有评价,尤其对合作过程中出现的矛盾、冲突应作一梳理,以便于总结经验,指导工作。对于指导教师的总结,重点在于指导能力方面的评价。有大学教师这样说:

> 由于缺乏政策与待遇等方面的支持与鼓励,指导教师不愿在指导实习方面投入过多精力,从而导致指导实习的能力欠佳。高校的指导教师多为

刚参加工作的新教师或辅导员,缺乏指导经验和技能。即便是老教师,他们不熟悉中小学的实际教学情况,也缺乏教育实习指导方面的培训,对实习教师多是理论的指导,难与实践相结合。中小学的教师,虽然在实践方面有许多经验,但多为感性的个人理解,难以上升到理论高度,他们也急需指导策略方面的培训。①

对于指导教师的总结,可以对中学指导教师与大学指导教师分别进行,但是总结评价的标准应该一致,就是如何指导实习,能否将理论与实践相结合对教学实际进行指导,这其实就是实习最基本的要求。

3. 认真做好总结

在做实习总结的时候,实习工作的各方面应该皆有涉及,既要说到实习的主体——实习生,也要谈到实习的具体组织者——大学与中学,更要对实习的具体指导人员,大学指导教师与中学指导教师的工作进行评述。而且必须注意,实习总结要做到真实、可信,确实能够真实地反映这次的实习情况,不能以官话、套话代替。

> 数学科在来凤镇中实习,实习学校领导对数学教学提出不同要求;慢班要达到练习题水平,中班达到习题水平,快班达到复习题水平。实习生在实习中,在中慢班忠实于教材,按大纲要求,扎实进行"双基"训练,同时注意补课;快班在狠抓"双基"基础上,对开发智力培养能力狠下功夫。化学科在咸丰继红中学实习时,这个学校有个学生叫田桂芝,全校师生认为这个学生太迟钝,成绩太差,经过实习生耐心反复进行个别辅导后,第一次化学考试 34 分,第二次考试得 65 分,第三次考试达 75 分,全校师生十分惊喜。②

---

① 孟令坤:《教育实习指导教师存在的问题与对策》,《中国成人教育》,2013 年第 14 期。
② 教务处:《要求从高 训练从严——教育实习工作总结》,《恩施师专学报》,1984 年第 1 期。

这是一份较为真实的教育实习总结,其中提到的慢班、中班以及快班,形象而生动,还对实习期间的突出事例加以陈述,可以看出实习生所付出的耐心与辛苦。当然在这份总结中,内容不止这些,还有对一些问题的探究较为客观。真实是实习总结最重要的特点,只有真实才可以完整地呈现实习,才会成为下一次实习的经验指导。

(二)实习中发现的问题

在实习中会出现一些问题,有些属于常规性的,如实习生的纪律或者讲课紧张等,有的则较为特殊,如课堂上出现突发事件,或者实习生与指导教师发生矛盾等。我们需要总结实习中出现的各种问题,尤其是有着普遍意义的问题,这样及时总结才会对以后的实习工作有所促进。

1.专业知识

在实习总结中总会发现实习生对专业知识的掌握与应用存在问题,有大学教师认为有以下几点:

> 第一,忽视历史地图对学生思维能力的培养。
> 第二,对历史概念讲解不清或讲解生硬。
> 第三,对知识的整体把握不足。
> 第四,缺乏对学习方法(包括解题方法)的指导。
> 第五,对与相关科目如政治、语文、地理的密切关系讲解不够。
> 第六,教育理论的学习不够。
> 第七,忽视对学情的了解。[①]

引文中所列举的七个方面,皆与专业相关,要么就是对历史概念、历史术语掌握的不牢固,要么就是整体掌握较差,有的则是专业能力的掌握问题,这些表

---

[①] 王继平、李玫:《谈高等师范学校历史专业的教学实习》,《伊犁师范学院学报》,2005年第2期。

现在专业知识方面的问题对实习工作形成了较大的制约,也是实习成败的关键所在。

2.学情的了解

学情是教学的根本所在,所以对实习生和大学实习指导教师而言,在实习点要抓紧熟悉学情。

> 备课时不仅要备教材,而且要备学情。这是基础教育新课程改革的基本理念。不了解学情,不仅搞不好"学",也搞不好"教",学情是学生应如何正确地学,教师应如何正确地教的根据。学情是教学的依据和出发点,但实习学生实习时间太短,很难了解真实的学情,无法做到因材施教。①

学情主要包括三个方面:一是整体的教学情况。如在中学实习,就需要了解中学教育的规律、特点,在小学亦然。把握整体的教学,就是一种宏观的理解,可以作为实习的总体指导方向。二是教材及相关参考书。教材要熟悉,还要熟悉每个学校的特色参考书,如习题集,或者某一种教学宝典,这都是在课堂上实实在在要用到的。三是本实习点教学的基本情况。老师是如何进行教学活动的,有哪些流程与环节,与其他中学相比特色在何处。学生学习情况如何,中考、高考成绩如何,这都需要了解。而这些情况的了解或熟悉,对于实习工作将是重要的帮助。

3.角色的转换

在实习中,实习生需要做到身份定位准确,角色转换及时。到实习点,大学生就成了教师,就要从学生向教师转变,而在指导教师面前,实习生仍然是一名学生,又回到了大学的师生关系中。所以,角色转换在实习中会发挥不可替代的作用,会成为实习的重要推动力,如果处理不好,会成为绊脚石。

实习生首先是一名教师,作为教师,在学生面前要有教师的样子。实习生切

---

① 王继平、李玫:《谈高等师范学校历史专业的教学实习》,《伊犁师范学院学报》,2005年第2期。

记不能与中学生太过亲近。有的实习生因与学生年龄相差不大,所以会有一种亲近感,和学生一起吃饭、娱乐,甚至谈一些知心话,这在情理上无可挑剔,但是作为教师这样做并不可取。与学生过于亲近,会导致另外一种结果,就是学生以你为朋友,不以你为老师,有些学生会因此不遵守纪律,上课不专心听讲,甚至出现了错误也不会听你的批评。这是实习生在角色认识方面需要特别注意的地方。

另外,还得处理与指导教师之间的关系。在指导教师面前态度谦虚,不能认为自己是一名实习教师就可以与指导教师以同事相称。同事之间固然可以请教问题,但实质上一定是平等的,决不会存在指导与被指导、批评与被批评的关系,实习生在这方面一定要有清醒的认识。

4. 教学手段

就教学手段而言,有的中学远比大学先进,采用的也较为广泛,所以当实习生进入实习点之后,就得花时间学会这些现代教学手段,这是摆在实习生面前较为现实的问题。笔者曾经听到中学教师对实习生说,连交互式白板都不会用,还怎么实习?可见中学对教学手段的重视程度。"历史教学与其他学科相比,在利用多媒体技术方面,更具特殊意义,一个历史教师的语言描述能力再强,总不如让学生边看边听动手效果好。"[1]中学历史教师充分认识到了现代教学技术的重要性,并与课堂教学紧密结合。

> 现代信息技术的优势功能,对于历史教学是非常有用的。运用现代信息技术,可以处理好历史教学中的很多难以解决的问题,尤其是有利于在历史教学中创设历史的情境,提供丰富的历史学习材料,促进学生历史思维的发展,加强历史学科的研究性学习活动。这些都是在很大程度上超越了传统的教学媒体。[2]

---

[1] 王承吉主编:《中学历史教学论》,北京师范大学出版社 2010 年版,第 202 页。
[2] 叶小兵:《论中学历史教学中的现代信息技术》,《历史教学》,2003 年第 9 期。

这是实习生必须要掌握的教学技术。但是,另一个问题是,"很多实习生过分依赖多媒体,离开多媒体设备,就不会上课。讲课用书面语言,缺乏生动性,不能吸引学生"①。当过于依赖教学技术时,就会阻碍教师作为个体在课堂上的发挥,会削弱教师人格魅力的感染力。所以,实习生在掌握教育技术的同时,更要练好基本功,使自己在离开多媒体、交互式白板的情况下也能够独立、顺畅地讲好一堂课。要清醒地认识到,教学技术只是课堂讲授的辅助形式,而不是主导,更不能以其代替教师的基本技能。

(三)问题的解决

实习生在实习中一定会出现若干问题,这是实习这一教学环节中必然暴露的现象,其原因应该追究到大学教育上,或许应该从源头解决问题。但同时我们要明白,所有的现象都非孤立存在,亦非单独形成,如要寻求彻底的解决办法,当从社会环境、教育体制,甚至实习生个体入手。但在此囿于身份所限,只能探究与大学教育相关的成因。

1.大学里的教学实习

在大学历史教学中,有一种与教育实习既有联系,又有不同的专业实地考察,称之为"教学实习"。此为大学史学专业中特有的教学环节,与资源环境学院的地形、地貌、植物考察相类似,只不过考察的地点不尽相同。

为了使学生掌握更丰富的知识,更直观地了解历史,贴近历史,开展社会历史调查便成为历史学专业不可或缺的重要教学环节。自古以来"读万卷书,行万里路"是培养史学工作者的必遵之路,只有亲临各种名胜古迹,深入社会调查,广泛搜罗历史材料,才可能了解历史的真貌。没有见过各种考古文物,没有开展过调查,没有亲临祖国的名山大川、关防险塞,没有聆听过民间流传的口碑史料,学生就缺乏基本的训练。历史的真貌无法直观地显现在学生的脑海中,学生就容易对历史产生种种的误解。历史教学,要求教师力所能及地向学生展示历史的真貌,但由于受本地区条件的限制,内地的丰富文献,各博物馆的大量文物未能充分地

---

① 郑林:《提高师范大学历史教育实习效果的探索》,《历史教学》,2012年第12期。

利用,课堂教学必然有许多缺陷和不足,补救关键是开展教学实习。①

教学实习可以开阔史学专业学生视野,更能将书本上的知识通过实地见识鲜活起来,如见过北京人的洞穴就可以向学生形象描述北京人用火遗迹的真实面貌。而教学实习的开展会对教育实习形成强有力的促进,会使得实习生在中学课堂讲授时有可以运用的丰富材料。

2.知识的准确性

上述问题中有一些是由于专业基础知识不牢固所致,具体表现就是史学概念不清楚,如政权的年代起始,或者皇位的更替关系等,如果记忆不准确,就会造成课堂讲授时的失误,这在中学教学中非常重要,因为中学教育特别讲求知识传授的准确性。

鉴于此,大学历史教师需要以此来观照自己的教学,改变教学中一些有误导的方式,将教育实习的要求与大学课堂教学密切结合,会有助于教育实习的改变。

第一,力求史学概念的准确性。"学生学习历史,掌握历史知识,必须由感性认识上升为理性认识。对历史的理性认识,是通过历史概念的掌握,运用历史概念进行推理判断而形成的"②,史学概念是指在历史专业中特有的概念、名词,以及一些基本的历史知识,这是史学的基本构成,也是史学研究的基本条件。史学概念的关键就是要求准确,如年号、谥号、庙号之间的区别,这在中学历史教材中会多次出现,作为教师是不能混淆的。

第二,要充分了解中学历史概念与大学所讲的历史概念的不同。如对于"长城"的理解,在中学教材中长城是"蕴涵着丰富的思想文化内涵,凝聚着古代中国劳动人民的勤劳、勇敢和智慧。如今,长城已成为中华民族精神的象征"③。而大学里会认为长城是农耕与游牧的分界线。实习生要做到将大学与中学的历史概念分清楚,在需要的情况下再给学生进行补充讲解。

---

① 冼剑民:《历史专业教学实习的探索》,《暨南学报(哲学社会科学版)》,1999年增刊。
② 于友西主编:《中学历史教学法(第3版)》,高等教育出版社2009年3版,第212页。
③ 人民教育出版社、课程教材研究所、历史课程教材研究开发中心编著:《普通高中课程标准实验教科书·历史·必修1》,人民教育出版社2007年第3版,第11页。

3.拓展阅读

多有实习生认为中学生知识有限,知道的较少,自己在大学里学的足够实习所需,有的大学教师也有这样的认识误区。这是以自己的中学时代来看待现在的中学时代,殊不知今非昔比。当实习结束之后,就有实习生表示,自己知道的还没有中学生多,所以不能小看中学生,这是笔者在一次实习总结会上听到的肺腑之言。

第一,读原始史料。翻阅现在的中学教材可以发现,随处可见的是《史记》《汉书》,甚至《明实录》,这就给实习生提出了更高的要求。作为教师,可以利用备课之际翻阅教材中提到的一些史料,弄懂意思后讲给学生听。但是如果学生在课堂上提出此条史料的相关问题,你该如何回答。这就是要读原始史料的原因。

第二,要阅读流行的历史书籍。有一类书,有可能在大学里是被边缘化的,但是中学生却趋之若鹜,这就是流行的历史书籍,如《明朝那些事儿》[1]《两宋风云》[2]《战争就是这么回事儿》[3]等。学生会在课堂上就这些书提出问题,也有可能在自习课上找出其中的一段来提问,这都特别正常。但是,学生不希望听到实习教师说没看过,更不想听到自己阅读的书的价值被否定。所以,要想在学生心目中树立威信,要想在课堂上吸引学生,阅读他们所阅读的历史书非常有必要。

第三,熟悉中学生流行的影视和视频资料。实习生在阅读文字、书籍的同时,还得熟悉中学生所看的一些影视、视频资料,如《大国崛起》《档案》等这些视觉性材料,这对中学生理解历史、呈现历史情境会有一定的帮助。作为教师,实习生应该有这方面的资料和知识储备,不要完全否定。笔者曾遇到这样一件事,一位中学生问实习教师:《来自星星的你》开篇说到了史料上对不明飞行物的记载,老师您知道吗?实习教师满头雾水,只好向笔者求助。为了回答这个问题,笔者看了这部电视剧,还翻阅了《李朝实录》,终于找到了这条史料[4],有效回答了学生的提问。

---

[1] 当年明月:《明朝那些事儿》,浙江人民出版社2011年版。
[2] 袁腾飞:《两宋风云》,陕西师范大学出版社2009年版。
[3] 袁腾飞:《战争就是这么回事儿》,湖南人民出版社2013年版。
[4] [日]日本学习院大学东洋文化研究所刊:《李朝实录》第三十二册《光海君日记·元年九月》(鼎足山本)卷二十,昭和37年8月版,第198~199页。

# 第八章　如何成为一名优秀的大学教师

美国南北战争后就任哈佛大学校长的艾略特说过:"大学有三个主要的直接功能,首先是教学,其次是以书籍等形式大量汇集已获得的系统知识,第三是研究,或者说是把目前的知识疆界再向前推进一步,年复一年,日复一日地掌握一些新的真理。大学是教师的集合体,是知识的仓库,是真理的寻求者。"①艾略特不但总结出了大学的三大功能,而且指出了大学发展与大学教师的密切关系。百余年之后,芝加哥大学的希尔斯教授撰写了《教师的道与德》,更是认为一所大学想要跻身世界一流大学之列,首先要做的就是:"必须设法招募和留用那些在研究和教学中取得了最高的成就和具有最大潜力的人员,并且要为他们营造一种良好的学术环境,以便他们能够进行最高级的学术研究,并且使那些最具有培养前途的学生能得到造就和引导。"②希尔斯所说的科研、教学中的出色人员就是优秀的大学教师。

每一所大学都在致力招募、聘任优秀的大学教师,同时学校自己也在培养优秀的大学教师。我们得承认,优秀的大学教师很难依靠经费和包装完成,其形成与社会体制、学术环境,甚至与自身天分,以及与同事关系都有着密不可分的关

---

① William Bentinck-Smith, Harvard Book-350th Anniversary Edition, Harvard University Prsess, 1986. 转引自王英杰:《大学校长与大学的改革和发展——哈佛大学的经验》,《比较教育研究》,1993年第5期。
② [美]爱德华·希尔斯:《教师的道与德》,徐弢、李思凡、姚丹译,北京大学出版社2010年版,第103页。

系。每一位大学教师都有成长为优秀者的可能,不过这种可能隐含在很多的前提之下。笔者在大学任教二十余年,接触了为数不多的优秀者和多数有可能成为优秀者的青年教师,获得了一些不同的感知,现将一些关于此问题的见解加以探究,以求指正。

## 一、大学优秀教师的特征

对大学优秀教师的评价,评判的发出者不同,采用的评价方式也不尽相同。一般来说会有三种模式:一种是学生视角,另一种是同行评价,还有一种是社会看法。其中学生的评价较为感性,一般来说是从崇拜或者仰视的角度进行的,而同行是较为理性的,并且掺杂了一些深思熟虑的东西,较为客观。社会评价则是三者中最为笼统的一种,而且具有一定的时代倾向性。

(一)问卷调查中学生心目中的大学优秀教师

大学里与教师关系最为密切的是大学生,学生既是教育的对象,又是教育的主产品,教育效果的好坏直接在其身上体现,所以最有资格评价大学教师的就是学生,也只有他们能够分辨出其中谁有资格被称为优秀。学生对大学教师的评价可以分为两种类型,一种是在学习期间的问卷调查,另一种是多年之后的回忆。前者的感觉较为新鲜,能够指出优秀的确切特征,极具现场感,而后者则是一种远距离的回味,其中更多的是缅怀,不过经过了岁月的沉淀,自有其独特的视角。

曲阜师大的王志华老师对山东五所高校的 1500 名大学生做了问卷调查,分析结果为:

> 来自 284 名有效被试的开放式调查发现,大学生最期望优秀教师具备的标准是有较高的文化素养、有较深厚的学术功底等能力因素,相对于此,教师的日常行为与处世风格虽然也被大学生认为是其成为优秀教师所必备的因素,但在优秀教师的优秀标准中却居于次重要地位。来自 1379 名有效被试的有效数据分析发现,优秀教师所具备的特征依据贡献率大小依次

为能力、责任心、品德高尚、创新精神、人格魅力、心理健康。①

河北农业大学的刘宝国老师随机抽取了该校不同专业的 2000 名学生就"心目中优秀教师标准"进行问卷调查,在对 1986 份有效问卷分析之后,得出了这样的结论:

> 从内容分析的结果来看,在调查中发现大学生对优秀教师在师德师风、综合素养、教学语言、教学内容四个方面的标准比较集中,说明大学生心目中优秀教师必须首先具备这四条标准,但是在学生互动、教学效果、教学方法、教学手段、职务职称方面的标准大学生的选择呈现多样性。②

山东商业职业技术学院的苏毓婧老师做了"什么样的教师才算优秀教师"的问卷调查(其调查对象为优秀大学教师、具有学生身份的大学教师、本科毕业生和在读研究生,学生类居多,所以可采用),分析结果如下:

> 几乎所有的被试都谈到优秀大学教师应具备的首要的素质是有高尚的人格魅力。只有自己先学会怎么做人,才能做到教学生怎么做人,进而传授知识,其次对教师工作的热爱,驾驭课堂的能力,把学生当成自己孩子般的关爱,良好的沟通能力,保持与学生的平等也是不可缺少的素质。同时,不管是哪种身份的被试都谈到了一些细节,如上课不迟到早退、关闭手机等。要求学生做到的事情自己首先做到才会得到学生的尊重和爱戴。当然,作为大学教师对所研究领域的前瞻性和权威性也是必不可少的。这也是大部分在读研究生很看重的一点。而本科毕业生则还看重教师是否能够指导他们的就业和工作方面的难题和困惑。在心理健康不断得到社会重视的基

---

① 王志华:《大学生心目中优秀大学教师的标准》,《教育学报》,2008 年第 3 期。
② 刘宝国:《大学生心目中优秀教师标准的调查与研究——以河北农业大学为例》,《经营管理者》,2017 年第 6 期。

础上,对于大学教师的心理健康要求也从身体健康发展为身心健康。这也逐渐成为优秀大学教师必备的前提条件。①

扬州大学教育学院的严俊俊、陈立荣两位老师对本校的400名大学生做了"大学生心目中优秀教师所具备的基本特征和条件"的问卷调查,分析结果为:

  在大学生心目中,一名优秀教师首先最重要的是要有能力,这能力主要指的是教学能力。
  来自184份有效数据的分析体现:能力维度是众维度当中得分最高的维度,所有的维度依照重要程度依次为有能力、责任心、创新精神、人格魅力、个人基本素质。另外,平等民主地对待学生、善于为人处世、有健康的心态等等条件特征,也是他们认为一个好老师所应具备的条件,尽管不是最重要的。②

通过以上问卷调查分析研究的结果,我们可以初步、大略地得知在大学生心目中优秀大学教师的特征。

第一,在大学生心目中,好的大学教师或者优秀的大学教师近乎"完人",无所不能,无所不备,如优秀的大学教师品德要高尚、教学能力要强,还要有责任心、人格魅力、创新精神,同时还须具备心理健康和指导学生就业的能力。大学教师能否同时具备这些条件而达到优秀标准可以再行探讨,但这是学生心中真实地反映,也是对大学教师的期望。

第二,在这些评价优秀大学教师的标准里,有三条较为突出,分别是品德、能力、人格魅力,而衡量的基本标准是以与学生的关系为出发点的,品德就是在对待学生中可见的人品,能力以自身的学问、教学能力为重,人格魅力则是看是否可以感染学生。

---

①苏毓婧:《优秀大学教师特点分析》,《中国成人教育》,2009年第23期。
②严俊俊、陈立荣:《大学生对优秀教师评价的调查研究》,《萍乡高等专科学校学报》,2009年第2期。

## (二)学生回忆中的大学优秀教师

大学生毕业离开学校之后,会在某一契机下回忆起大学生活,并借此评价在大学里教过自己的老师,有好的评价,也有一些不好的话语。透过这些时隔多年的回忆,我们可以一窥学生对大学优秀教师的一些评判标准,也能了解优秀教师的一些特征,正如一位大学毕业生所说:

> 个人的记忆也可以看成历史,只是因其缺乏物质性而更加不稳定,更加脆弱和可疑。记忆的背后都有对应着的遗忘,这类似于现代物理学中所说的物质和反物质。同时,记忆作为当下生存状况的一部分,它可能显得非常遥远,就像星光,我们所看到的是多少年前从星体上发出的,依照传统的时间观念,我们是与一个由距离决定的层层相叠的"历史"共处,但这又是今晚的现实。①

吴晔,在毕业了15年之后是这样回忆当时的大学老师的:

> 我去过几位老师的家,他们常是一家人挤住在筒子楼里,楼道堆满了杂物、炉灶、锅碗瓢盆。老师欢迎学生来求教,但却羞涩地道歉,因为找不到一个合适的地方坐,后来有的老师就干脆过些天到学生宿舍走一圈,询问有无学习上的困难,免去在家里接待学生的尴尬。我猜想那时候,我的北大老师们内心里都各有其酸楚的梦影难以摆脱,但他们是很伟大的,无论生活现实给他们强灌进什么滋味,只要一走上讲台,他们都那么尽心竭力,全力以赴,哺出知识的琼浆;即使冬天,内心的热情也能使他们额头上泛起晶莹的汗珠,染白了手、四处飞扬的粉笔末从未引起他们"空气污染"的恐慌与警惕。他们不仅是学问的修行者,也是道德的修行者,讲台上,他们的形象是圣洁的。许多老师的音容笑貌虽历经岁月沧桑,至今仍长留我

---

① 王枫:《记忆的诱惑》,载橡子、谷行主编《北大往事》,中国文学出版社1998年版,第143页。

## 第八章 如何成为一名优秀的大学教师

记忆深处,不能磨去。①

吴晔对于大学教师的回忆具有一定的代表性,从老师的生活以及工作诸方面都做了适当的记述,而且点出了大学教师的"圣洁"在于是"学问与道德的修行者"。在有关大学历史教师的回忆录中,对郑天挺先生的回忆则较为特别,集中体现了学生心目中优秀大学历史教师的形象。其中谈到的最为集中的有三点:一是人品,二是学问,三是郑天挺先生对后学的提携。在关于郑天挺先生的人品回忆中,多有"至于对同志、同事和朋友,他则更是采取了与人为善的态度,谦虚谨慎、真诚待人"②"郑天挺师为人处世谦虚谨慎"③"郑老独特的魅力就是他能团结人,对同人极为尊重"④"郑师以他自己谦虚为学的言行,为学生们树立了楷模"⑤之语。郑天挺先生在西南联大的学生王永兴回忆到:

> 天挺先生乃谦谦君子,从不漫论他人之长短是非,亦从不计较无知小人对先生之妄说以至诽谤。吾辈学生对先生均甚景仰,但亦有狂妄自大之人,在众人中妄论先生之是非,甚至诽谤,同学们不能不劝告他,因而引起争论,同学们感到愤慨。先生听到此事,特意教诲我们,先生自谦地说,他的讲课与工作中难免有错误,此人指出并无恶意;同时,各人的性情不同,所见多有不同,都应互相谅解,不能因争论而使同学们的友谊受到损害。我们当然听从先生的教诲。⑥

---

① 吴晔:《贫穷而且精彩》,载橡子、谷行主编《北大往事》,中国文学出版社1998年版,第43页。
② 张政烺:《忠厚诚笃 诲人不倦——悼郑天挺先生》,载封越健、孙卫国编《郑天挺先生学行录》,中华书局2009年版,第33页。
③ 吴相湘:《郑天挺师百年诞辰纪念——解答六十年一疑团》,载封越健、孙卫国编《郑天挺先生学行录》,中华书局2009年版,第61页。
④ 魏宏运:《忆郑天挺先生》,载《历史学家茶座》(总第6辑),山东人民出版社2006年版,第58页。
⑤ 田余庆:《忆郑师》,载其著《师友杂忆》,海豚出版社2014年版,第38页。
⑥ 王永兴:《忠以尽己,恕以及人——怀念恩师郑天挺先生》,载封越健、孙卫国编《郑天挺先生学行录》,中华书局2009年版,第65~66页。

对郑天挺先生学问的回忆较多,重要者如何兹全的回忆,认为其学问在于创始与突破。

> 郑先生是明清史专家,就以中华书局出版的"南开史学家论丛"郑天挺卷所收明清史论文来说,即可看出他对明清史功力的深厚和见识的高明。
> 在我看来,界定一位史学家的学术地位有两个标准:一是学术见解的创始性;一是突破性。任你写多少本书、多少篇文章,如果人云亦云,还不如一篇有创始性、突破性、有真知灼见的文章。郑师的文章,都是在创始性、突破性方面有贡献的文章。譬如,他关于满族早期历史发展的几篇文章,不提辩证法而有辩证的观点,不提唯物史观而有唯物史观的观点,这让我特别赞佩。①

杨志玖在回忆郑天挺先生的学问时,认为其在史学之外亦有创见。

> 1937年卢沟桥事变,北大南迁长沙,与清华、南开合组临时大学,郑师改任历史系教授,讲授隋唐五代史。其后文学院迁云南蒙自半年,除讲隋唐五代史外,还写了几篇西南边疆史地的文章,其中关于西藏的文章就有三篇,如《发羌之地望与对音》一文,运用古音韵学知识,认为"发"字古音与西藏土名 Bod 相合,发羌即藏族的祖先,证明藏族在隋唐时期已同中原政权有了密切关系,是我国多民族大家庭的一员。此文因其考证之精及意旨之深,遂为当时的中央研究院《历史语言研究所集刊》(八本一分)所刊载,该刊是当时最具学术权威的刊物。②

在一些学生的回忆中,还不时地提及郑天挺先生奖掖后学、提携年轻人的事

---

① 何兹全:《郑天挺师的为人和学问——读〈及时学人谈丛〉》,《光明日报》,2003年4月10日。
② 杨志玖:《重温郑师的治学轨迹》,载《深切缅怀历史学家郑天挺教授》,《南开学报》,1999年第4期。

情,颇为感人。"郑师对学生,哪怕在百忙中也不拒绝求见。他既使你感到师长的尊严,又使你感到父亲般的亲切,这种印象,也是我一辈子不会忘怀的。"①商鸿逵是郑天挺先生在北大的学生,在人生遇到困惑时幸有郑师襄助。

> 一九四六年北大由昆明北还复原,我同先生时相接触。北平解放的第二年,我由中法大学转入北大历史系,先生是系主任,亲炙机会更多,受益良深。我在政治上曾一度受到挫折,意志消沉,在随先生由校同归途中,辄以宽语相慰,希望专力所业勿荒。每忆及此,泪夺眶出。先生是我的业师,也是我的知己师。②

考古学家阎文儒曾在北大文科研究所任教,其间甚得郑天挺先生的帮助。

> 予自研究所毕业后,郑先生等留任予为研究助教,此后予赴西安考古,一九四三年又与向达师、夏鼐先生至河西考古,直至抗日战争胜利归来,均得到郑先生之许诺与经济上得到北大之资助。倘无此段实地发掘,调查学习与经验,予亦不可能在北大考古专业任教三十年。③

(三)大学优秀教师特征之总结

在问卷调查中,一般会使用两种形式:一种是开放式的调查,就是不设计问题,由被调查人自由填写答案,这种方式较为真实,于是在关于"大学生心目中的优秀教师"的调查中会出现一些反映学生真实心声的要求;另一种是在开放式调查的基础上筛选出问题再行调查,得出的结果就会更为集中的结果,这样的结果

---

① 田余庆:《忆郑师》,载其著《师友杂忆》,海豚出版社2014年版,第36页。
② 商鸿逵:《怀念郑天挺师》,载封越健、孙卫国编《郑天挺先生学行录》,中华书局2009年版,第13页。
③ 阎文儒:《怀念毅生师》,载封越健、孙卫国编《郑天挺先生学行录》,中华书局2009年版,第34页。

一般较为客观,而且会代表一定群体的意见。问卷调查中的大学优秀教师特征具有普遍意义,如果与回忆中的优秀教师相比,还是有一定的不同之处。回忆中的大学教师因为岁月的沉淀,滤去了一些不甚重要的细节,而将交往中影响最大、印象最深的事件留存了下来,但留下的片羽或因记忆不确出现失真,因时光久远而缺乏现场感,而当下的感受是最为重要的,也是最真实的。所以,单一的问卷或回忆都不足以完整、鲜明地凸显优秀教师的特征,须两者兼顾,过去与现场同在,才可以将其特征恰当地表现。

1.品德

关于品德的表述较多,有人品、道德、品质等,但需注意的是,评价大学教师的品德一定要多与教学、学问、工作相联系,而不是单一地品评其人品。如将其社会交往或者家庭生活这些与教学无关的方面不加分辨地考虑进去,那么不只是其作为教师光鲜、亮丽的一面被遮蔽,而且对学问与教学也无益。具体来说,优秀教师的品德可以包括做人、做事两个方面,做人要真诚,做事要光明,要有社会责任感,具有这样的品德,就可称为优秀教师,可为人楷模,可影响学生,所以大学生在问卷中就将"'具有高尚的师德、遵守职业操守'作为心目中优秀教师标准排在第一位"[①]。

> 至于给学生以持久、积极的影响,就不仅涉及提高学生科学思维与专业能力,而且要体现在学生获得良好情感、价值观和社会责任感上,这是一种"做人"的教育。所以,卓越的教学既要促进学生的智力发展,又要促进人的发展;或者,按照我们的话来说,卓越教学是包含正确做事和正确做人两方面的教育。这些,可以说是卓越教学的理念和目标。[②]

所以,大学优秀教师在品德上一定要有优势,要具有可以高出他人的地方。

---

① 刘宝国:《大学生心目中优秀教师标准的调查与研究——以河北农业大学为例》,《经营管理者》,2017年第6期。
② 王义道:《教无定法,成为优秀大学教师有道可循》,《中国教育报》,2007年11月29日。

在做人上,足以做大学生的楷模;在工作上,足以做同事的楷模;在责任上,足以成为社会的楷模。

2.学问

说到学问,必须廓清三点疑问:一是学问与职称、学历无必然联系。钱穆无学位、梁漱溟无职称,其学问堪称大家,所以有博士头衔、教授职称者未必有真才实学。二是学问与发表的论著亦无必然联系。大学教师讲课、刊发论文本为常态,但亦有为评职称而发论文者,曲折故事较多,凡大学教师皆明其中事理,不用多言。三是学问与口耳相传的传说无必然联系。大学生会在上一届学生的口碑中认识某一位神一般存在的教师,述说其水平之高、学问之深,殊不知这样的传说一般不太可靠,成为学生的偶像还是需要坚实的学术功底。

归根结底,大学教师的看家本领是学问,如果没有了学问在手,即使你的责任、品德高得可以称为"圣人",在学生心目中也是一尊塑像,毫无意义。学问就是八个字:"专业精深,知识广博。"①从事史学专业教学,最起码得读懂古文,进而熟知史料,还要做到熟悉同一类史料的各个出处,并能分析史料的来龙去脉,这就是真才实学。正如上文中谈及的郑天挺先生一样,谦虚、谨慎是其美德,但一定是与其学问联系在一起的。学生的回忆中定是品德与学问同时谈及,更多却是在评述其学问,因为对学问的追求,或许更能表现老师的一生。

3.教学

教学是优秀教师最关键的环节,也是最出彩的地方。教学要求与品德、学问相融合,要有责任心,要有热情,还要将学问融入课堂,嘉惠学生,这才是优秀教师的教学。教学是硬功夫,需要十数年的磨炼,还需要有一定的天分。"教得好"主要表现在以下几方面:

第一,大学优秀教师的课堂教学一定与学科密切相关,也就是说,优秀教师要熟悉学科知识以及学科研究方法,尤其是对该学科的基本材料以及基本概念

---

① 郭九苓、王肖群:《做一名优秀的大学教师——北京大学名师访谈及探讨》,《中国大学教学》,2009年第3期。

的掌握必须准确而透彻。在熟悉基础知识的同时,还需要知晓学科前沿,在课堂上要将学术前沿介绍给学生,这样就会引导学生进行学术研究。优秀教师不仅要熟悉本学科,还要具备跨学科的知识,不能一知半解,要做到透彻了解,这样才能做到与本学科有机结合,才能融入课堂教学。

第二,教学内容要有见识、有思考,不能照搬别人的观点,更不能照本宣科。课堂讲授中,只有教师讲述自己分析史料、思考问题的过程,才会促使学生思考,进入到深度学习的状态,这就是"授之以渔"。北大数学教师丘维声认为:

> 从培养学生创新意识的角度来看,教学主要是培养学生科学地思考,通过观察生活中的例子或者是数学本身的例子来提出问题,然后再启发学生自然而然引出一基本概念。让学生明白概念是自然而然提出来的,不是从天上掉下来的,也不是从数学家脑子里蹦出来的。这样就让学生经历了一个思考的过程,而不是把知识直接端给学生。这样有利于学生创新意识、创新能力的培养,也鼓励了学生自己去琢磨、思考、研究一些问题。①

第三,教学风格是教学活力的体现,也是对教学内容深刻把握并游刃有余的体现。"每个教师的教学都有各自的特点,越是优秀的教师个性越鲜明。"②优秀的大学教师一定有自己的风格,这一风格主要在课堂上体现,会给学生留下极其深刻的印象,多年之后还会想起。如学生回忆郑天挺先生上课的情景:

> 一个秋风送爽的季节,在战时后方那简陋的平房教室中,走进来郑老师,他有高大的身材和洪亮的嗓音,讲课时,态度显得那样庄严而慈祥,内容生动而有条理。记得他在讲正课之前,照例先介绍这一课程的资料目录学,光用板书写出明史的史料和参考书刊,就足足花去两小时。等到讲正课

---

①②郭九苓、王肖群:《做一名优秀的大学教师——北京大学名师访谈及探讨》,《中国大学教学》,2009年第3期。

时,他就不再带讲稿,只在黑板上写几条重要的提纲,于是逐条凭记忆口述,由浅入深,顺序阐明。讲的速度不快,一字一句,铿锵入耳,有时有重复,使学生易于笔记。他真不愧为一位教育家,一位富有教学经验的好教授。[①]

### 4.师生关系

我们之前讲过,对优秀大学教师的品德评判一定要与学生相联系,与其无关或关涉较少的尽量不要作为评判的因素,否则会影响"教师"角色、职业的凸显,所以师生关系就成为考量是否优秀的重要参数。师生关系中,最为重要的就是教与学的关系,这不仅指课堂教学,还有辅导答疑、论文写作以及教育实习等教学活动也在其中。教与学只是形式上的存在,而真正在其中起作用、有影响的却是一些软的、无法具体的因素,如热情、尊重、用心等,只有这些难以用数据衡量的东西加入,教与学才会由形式走入内容,才会发生影响以至学生产生持久、有效的学习。

优秀的大学教师在处理师生关系上主要有两个方面:一是一定要真正热爱教学,热爱学生。如果说只喜欢教学,而对学生没有热情,那喜欢教学体现在何处呢?所以,优秀大学教师"除了学问好以外,至少还要热爱学生"[②]。热爱教学就是在备课、教书上要充满热情,在课堂上要满怀激情,所以丘维声老师说:"像我讲《高等代数》讲了十二年,如果没有激情的话,就变成照本宣科了……所以每次走到讲台上我都充满激情,老师讲课充满激情,学生听起来才会津津有味。"[③]二是要尊重学生、关注学生。热爱是满腔热情,尊重则是理性、冷静,二者截然不同。关爱学生是学生对优秀教师的期望。"关爱学生在统计中居于科研能力之前,可见关爱学生是教育教学的前提。"[④]同时,要想收到良好的教学效果,尊重学生非常

---

[①]程溯洛:《怀念郑毅生老师》,载封越健、孙卫国编《郑天挺先生学行录》,中华书局2009年版,第41页。
[②]王义遒:《教无定法,成为优秀大学教师有道可循》,《中国教育报》,2007年11月29日。
[③]郭九苓、王肖群:《做一名优秀的大学教师——北京大学名师访谈及探讨》,《中国大学教学》,2009年第3期。
[④]徐桂清、张景焕、徐希铮:《大学优秀教师的心理特征》,《高校教育管理》,2011年第3期。

有必要,正如陈守良、洪子诚老师所言:

> 像好的演员一样,老师上课时要关注全场。教师在课堂上要时刻与学生有呼应,要让学生知道你在关注他。你看学生的反应就知道他明不明白。
>
> 尊重学生,而且把学生有些合理的有益的知识吸收进来,在课堂里和学生一起磋商、消化,也应该看作是教学的一个重要组成部分。①

## 二、基于评教的大学优秀教师特征分析——以美国为例

我们探讨了中国大学优秀教师的基本特征,主要体现在两点:一是专业功夫要深厚,二是对学生要尊重。要想成为优秀教师,无论大学、中学、小学都是同样的要求,只不过"专业"的内涵发生了变化而已。其实中国学生与中国社会对大学教师的要求还有一些,如越有个性越好,名之曰"怪",如辜鸿铭、黄侃等,至今还被津津乐道,其实就是有着极其鲜明的风格,这样才算是大学教师或者大学优秀教师,这是由中国士大夫传统定式决定的。正如本书"引言"中所探究的那样,中国大学教师的形象塑成极为复杂,历史上的多种因素掺杂进来,共同构成了目前社会、学生对大学教师的期许。那么国外如何呢?是否与我们相同,还是略有相同,抑或根本就不同?明了国外对于大学优秀教师的评价标准及特征分析,对中国大学教育的发展有着重要的帮助。

### (一)美国大学学生评教方法

经过长期的发展与探索,美国大学已经形成了较为系统而科学的评教制度,就其制度的制定与实施而言已较为成熟。美国"对大学教师应聘和提升职称所进行的教学工作表现审查评定,必须征求学生的意见;每门课程结束前或每学期的最后两周都要求学生对该课程及授课教师的教学工作进行评价(包括等级问卷和开放式问卷),以便为进一步改进教学提供反馈信息作为人事决策

---

① 郭九苓、王肖群:《做一名优秀的大学教师——北京大学名师访谈及探讨》,《中国大学教学》,2009年第3期。

的依据"①。可见其评教有三点较为重要:一是以学生为中心,二是多种方式结合,三是作为决策的依据。

第一,在大学教学过程中,教师起着决定性的作用,但是效果却体现在学生身上,那么一堂课的质量如何,是从教师的角度加以评价,还是应该以学生的感受为主呢? 这就涉及教学评价。一般来说有两种教学评价方式:一种是从教师入手,看教的如何,具体从备课、讲义、课堂讲授、考试结果评价教学效果;另一种则是从学生入手,从教学的最终效果看教学的质量。相比之下,后者较为科学并被广泛采用,所以评价教学从学生入手观察学习的效果较为合理,这就是以学生为中心的教学评价。此方法看似在评价学生的学,其实在判断教师的教。这是一种较为严格的评价方法,以问卷调查的数据为依据,将其作为唯一的衡量标准对行为的终端进行检测,而不是两端并进,这不仅在实施上具有极强的操作性,而且在理论分析上也较为容易。留美大学教师充分注意到了这一现象:

> 评价不仅关注教师对课程体系和知识内容的处理,而且注重教师在教学中对学生的注意、尊重、关心和帮助。在笔者所研究的著名大学中,绝大多数学校都把学生对于教学的亲身感受作为教师教学考核的重要内容,不单纯评价"教师做得如何"。这种评价取向明显反映出美国大学"以学评教"的理念,试图通过对学生学习情况的检查,来衡量教师教学的有效性。一种在美国大学里广泛持有的评价观点是,只有学生在课程学习中取得了多方面的明显进步,才能判定教师的教学是成功的。②

以学生为中心评价教学,就意味着无论校方还是教师都对学生给予高度的信任,认为学生在评价时意见不会出现反复,也不会出现恶意评价的现象,这也是教学评价者最需要考虑而且认真研究的问题。美国教学评价专家安吉洛、克罗

---

①陈晓端:《美国大学学生评价教学的理论与实践》,《比较教育研究》,2001年第2期。
②蔡敏:《美国著名大学教学评价的内容特征》,《外国教育研究》,2006年第6期。

斯两位教授就有这样的担忧。

发挥学生作为评价者的作用,有几个显而易见的优点:学生能有充分的机会看到教师何时教学表现出色、何时表现不佳;学生是教学行为的直接对象;由学生评价教学对他们学习的影响理所当然。然而,从提高教学、讲义材料、作业、课堂活动的质量,进而促进学习的目的来看,学生的反应是否可靠、有效、能起到帮助作用呢?①

通过长期而严谨的分析、研究,得出了较为信服的结果,"学生个人对于通用等级量表的回应,既具有内部一致性,也具有相当的历时稳定性",并且还"反映了学生对教师和课程的评价在总体上是可信的,一般不会随着学期教学的起伏而改变,甚至多年都不会改变"。②也有研究者根据自己的研究方法得出,"学生的评价结果是可信的和稳定的"③。

第二,多种方式结合的教学评价。国内学者或大学教师在评论美国大学评教方式时,对其学生评教一味地夸大,认为在美国实行以学生为主的评教方式,没有其他评教方式参与。这显然与事实不符。在美国,各个大学会根据自己的实际情况相应地采用较为合适的评教方式,如美国西俄勒冈大学的 TWSM 模式④,或者大学自行开发研制的评价系统,如 MIT 模式⑤。美国大学采用的非单一的学生评教方式,而是多种方式结合,主要有系主任评价(领导评价)、同行评价、学生评价和教师自我评价⑥。学生评价自不待言,现将其他三种逐一讨论如下。

其一,系主任评价。在进行教学评价方面,系主任自有得天独厚的优势,他可

---

①②[美]托马斯·A.安吉洛、K.帕特丽夏·克罗斯:《课堂评价技巧——大学教师手册》,唐艳芳译,浙江大学出版社2006年版,第263页。
③陈晓端:《美国大学学生评价教学的理论与实践》,《比较教育研究》,2001年第2期。
④阎蔚:《评鉴教学评价的6条标准——兼述美国西俄勒冈大学的 TWSM 模式》,《教育理论与实践》,2000年第10期。
⑤李倩:《美国大学教师教学评价研究——以 MIT 为例》,大连理工大学2008年硕士学位论文。
⑥袭雅楠:《美国大学教师教学评价方法研究》,《呼伦贝尔学院学报》,2013年第2期。

以长期获得某一位教师的教学信息,如教学档案、学生的信息反馈、同行的评价以及其他人员的评价等,而且可以将系里所有教师的教学信息综合后,较为合理地得出某一教师的教学地位。此外,系主任可以随意抽查某位教师的任何教学环节,这就是管理者的优势,而其他教师则不具备这样的条件,会因为打扰课堂而被礼貌地拒绝。但是同时系主任的评价又有一定的局限性,如其一定是站在教学管理而非同行的角度进行评价,这样的评价就显得狭隘一些,或许会因为某一细节而对此教师产生偏见并由此影响对其教学的整体评价。所以,系主任的评价一定不会全面、客观。

其二,同行评价。同行一般意义上是指同事,即同一专业的教师。采用同行评价是希望可以从专业的角度进行评价,规避了学生评教中的角度偏颇与专业不强的问题。同行评价一般有两种方式:一种是直接的课堂听课,从中看出其备课是否充分、授课是否用心,其实最能够看出的还是专业功底;另外一种就是卷面测评,填写对一些项目的目标内容,希望借此规避恶意打分,取得标准的一致化。

有研究者在观察了美国加州大学伯克利分校的教学评价机制中的同行评价后,对其有详细的记述。

> 伯克利从20世纪20年代开始就采用同行评价(包括研究生助教)来评价教师。同行评价采用课堂观察和填写评价表的方式进行,在评价开始前,被评价教师要填写预评价表,为评价教师的课堂观察提供必要的准备信息,如学习目标、学生动态;在评价过程中,评价教师不能影响教师的教学,要注重对教学方法、学生反应的观察,并做出具体记录;在评价结束后,要与评价教师展开讨论,讨论的内容包括教学的优缺点,并要指出具体的事例,多使用定量的数据。[①]

其三,教师自我评价。采用教师自我评价是给教师一个自我表达的机会,如

---

[①] 郗海霞、张钰:《美国一流大学本科教学质量内部评价体系探析——以加州大学伯克利分校为例》,《黑龙江高教研究》,2015年第2期。

对于备课、批改作业以及课堂讲授诸环节中一些无法量化的方面进行自我陈述，作为综合评价的参照或者平衡。但是自我评价对于自谦的教师会成为自我贬低的评价，因为碍于情面，不能夸赞自己，更不能有意拔高自己，所以会在自我评价中有意抬高标准，降低自己的授课效果，而这样只能给自己的教学评价带来负面影响，而不会因自谦而得到应有的评价。也有研究者表达了另外一种担心：

> 在教师进行自我评价时，教师往往会对自己做出过高或过低的评价。当评价用于教师的职务晋升、薪水增加时，教师往往会对自己的教学做出高的评价，这样会导致评价材料没有参考价值，同时，由于教师对自己的评价过高，使教师只看到自己教学中的优点而容易忽视自己教学中的不足之处，也使教师不能正确看待学生及同行对自己的评价。而当教师长期对自己的教学做出较低的评价时，教师会对自己的教学失去信心，使教师建立起错误的自我认识，这些都不利于教学的改进，教学质量的提高。[1]

第三，可以作为决策的依据。这样的教学评价不会对教师的教学有所帮助，而是会成为一些大学、教育部门决策的依据，如教师的聘任、职务聘任以及职称的评审等，对一所大学管理政策以及国家的教育政策也会产生影响。如"美国大学教师聘用考核的实践表明，对教师学术能力的评价只能是同行评议和同事认可，而不是校长评价甚至董事会评价"[2]。

> 在聘用教师的工作中，考核是其中的重要内容……申请终身教职的过程是非常漫长和复杂的，它要从教学、科研和服务三个方面来衡量，即教学情况取决于学生对教师教学质量的评估；研究情况主要看教师发表的论

---

[1] 李倩：《美国大学教师教学评价研究——以MIT为例》，大连理工大学2008年硕士学位论文，第21页。
[2] 顾永红：《美国大学教师聘任制度的变迁及启示》，《国家教育行政学院学报》，2012年第10期。

文、著作的数量和质量,以及教师争取科研经费的能力;服务方面在于教师是否为学校和学校所在社区积极提供高质量服务。①

可见在大学教师的聘任中,各项教学评价起着重要的作用,并作为考核的基本依据,而且评估的结果会进入教师档案,与"晋级、去留、工资待遇挂钩"②。

美国大学教师必须承担教学、科研以及社会服务三项职能,并有量化的要求。此外,大学教师还有义务参加大学组织的各种学术性、行政性和社会服务性活动,这些都是考评的依据。很多学校没有统一的考核标准,评价方式一般包括学生评价、自我评价和外部评价几种。学生评价可以反映教师的教学情况;自我评价主要是总结自己的教学、科研、发表论文以及社会服务等情况;外部评价多种多样,如学科评估、课程评估等。③

(二)基于评教的美国大学优秀教师特征分析

以上我们讨论了美国大学学生评教的方法与意义,主要是通过这样的分析让我们认识到,美国大学评教具有较强的科学性,虽然也有一些难以解决的问题,但毕竟已经较为成熟了,甚至可以成为决策的依据。其实在学生的评教中,已经采用了等级评定,那么教师就会在等级评定中高下立现,其评定维度也就成为衡量优秀教师的标准。所以,在美国可以通过学生评教决定一位教师的优秀与否,也可以基本上看出此位大学教师究竟在哪些方面表现较为优秀。接下来我们就分析蕴含在评教中的大学优秀教师的评定标准及特征抽离。

1.美国大学优秀教师的标准

华东师大的曹丽博士通过研究发现,"美国大学中衡量'优秀教师'的一个决定性要素就是看教师的教学在多大程度上帮助和促进了学生的学习,而在对教师这方面的评价上,显然教学的直接受益者——学生,应当最有发言权"④。美国

---

①②赵志鲲:《美国大学教师聘任制度的特点与启示》,《高等理科教育》,2011年第5期。
③张怡真:《美国研究型大学的教师聘任及启示》,《世界教育信息》,2008年第4期。
④曹丽:《美国大学教师的优秀教学品质及其塑造路径——基于学生评价的解析》,《河北师范大学学报(教育科学版)》,2012年第3期。

北卡罗来纳大学的罗曼教授致力大学教学技巧的研究,他认为:

> 最重要的是,一个人如果接受了大学所能给予的最好的教育,无论是文科还是理工学生,他们判断信息的能力就应该得到提高——能够分辨哪些是真知灼见,哪些是空洞言论。在这样的教学中,教师可能会运用各种不同的教学技巧,其教学风格和环境也会各不相同,但都会体现一个共同特点——激励学生积极主动地投入学习。①

可见评定一位大学教师是否优秀,最主要的就是看其是否鼓励了学生积极主动地学习,也就是说在听了他或她的课之后,学生由没有兴趣到产生浓厚的兴趣,由被动接受转变为主动的请益、探究,那么作为教师就可以称之为"优秀",亦可称之为"模范"。激励学生是美国大学优秀教师的主要标准。

**有效教学最重要的十个特征**

| 重要性排序 | 教学维度<br>非结构性反应研究组 | 教学维度<br>结构性反应研究组 |
| --- | --- | --- |
| 1 | 对学生的尊重和关心 | 教师的学科知识 |
| 2 | 教师的学科知识 | 激发兴趣 |
| 3 | 激发兴趣 | 对学生进步的敏感和关注 |
| 4 | 乐于帮助学生 | 授课的清晰度和可理解性 |
| 5 | 鼓励质疑和讨论 | 教学热情 |
| 6 | 授课的清晰度和可理解性 | 教学准备和课程组织 |
| 7 | 教学热情 | 挑战学生智力的能力 |
| 8 | 教学准备和课程组织 | 乐于帮助学生 |
| 9 | 教师的公正性 | 鼓励质疑和讨论 |
| 10 | 讲演技巧 | 对学生的尊重和关心 |

注:表中的"非结构性反应研究组"是指在此类研究中学生可以自由列举他们所认为的对于有效(或理想的)教学最重要的教学特征;"结构性反应研究组"是指在此类研究中要求学生从所给定的含有多种教学维度的列表中选择他们所认为的对于有效教学最重要的教学特征。②

---

① [美]约瑟夫·罗曼:《掌握教学技巧》,洪明译,浙江大学出版社2006年版,第2页。
② 此表及注皆引自曹丽:《美国大学教师的优秀教学品质及其塑造路径——基于学生评价的解析》,《河北师范大学学报(教育科学版)》,2012年第3期。

从上表中所列内容来看,非结构性反应研究组显示,"对学生的尊重和关心"是学生认为优秀教师首要具备的特征,较为次要的是"教师的学科知识"以及"激发兴趣",但仍然在十个维度中位居前三。而结构性反应研究组显示,前三位分别是,"教师的学科知识""激发兴趣"以及"对学生进步的敏感和关注",依然有教师对学生关注的维度。在两个研究组中,"对学生的尊重和关心"落差最大,在非结构性反应研究组中居第一位,而在结构性反应研究组中却居最后一位。在非结构性反应研究组中直接与学生相关的特征有三个,而结构性反应研究组中却有六个,虽有差别,但仍然反映了以学生关注度为中心的特征。

2.对于评教中美国大学优秀教师特征的分析

美国纽约州立大学石溪分校社会学系的费尔德曼教授从事如何利用学生评教来评价大学教师的教学已逾三十年[1],上文中的"有效教学最重要的十个教学特征"就是他的研究成果。在这一表中,综合非结构性反应研究组与结构性反应研究组中所列维度选择结果显示,"教师的学科知识""激发兴趣""对学生的尊重和关心",以及"对学生进步的敏感和关注"最为重要,我们一一加以讨论。

第一,教师的学科知识。优秀大学教师必须拥有较为完整、系统的学科知识,应该成为这一学科领域的翘楚或者领军人物,对此学科的发展以及学科知识、方法较其他教师更为熟悉,这是优秀教师必备的特征,也是甄选优秀教师最重要的条件。芝加哥大学的希尔斯教授的阐述更为深入一些:

> 教学和研究都是为了追求和传播真理、辨别真理和谬误的最佳方法以及区分虚假的和有效的证据与论证的方法。在谈论知识的时候,我们需要承认那些关于如何获得证据和评价证据的方法的有效性,也就是要说出我们的理由及其在运用上的精确性。如果一名教师故意向他的学生介绍错误的、无根据的信念并把这些信念称为经过验证的知识,那么他显然违背了

---

[1] 曹丽:《美国大学教师的优秀教学品质及其塑造路径——基于学生评价的解析》,《河北师范大学学报(教育科学版)》,2012年第3期。

自己的基本职责——无论他的目的是为了迎合或者推翻已有的权威,还是为了取悦自己的听众或者仅仅是出于疏忽大意。①

第二,激发兴趣。如何能够成为优秀的教师,其中最为重要的就是要让学生喜欢听你的课,在听课时不容易产生厌倦情绪,也不会瞌睡,最好的效果就是在认真听课之后还会继续追问,还继续探究相关的知识,这就是兴趣的产生。所以,这就给教师提出了严格的要求,如何激发学生学习兴趣,这自然与先天的兴趣爱好或者其他的外部促动(如求职、考试)有关,但主要的动力还是来自于教师的知识储备以及讲课技巧。只要产生了学习的兴趣,那么就会促使持续、有效的学习状态的产生,或者说,"学生已经培养起与某一课或者某一学习经历相关的特定情感,他们产生了特定的兴趣,有了不同的价值观。在这些情况下,学生对某事物就有了不同于以往的关心,当学生关心的时候,他们就有了不同的情感反应"②。产生兴趣才可以付诸情感,才会真正地爱上学习,这就是激发学生兴趣的意义所在。

第三,"对学生的尊重和关心"以及"对学生进步的敏感和关注"两个特征既有相同,也有一定的不同。前者指的是教师的品德,也就是要在道德层面给予学生应有的平等的尊重,而后者所指与教师的品德关系不明显,更多在于对学生学习上的关注。但是这两个特征刚好构成了学生评教的两大出发点,一方面是品德,另一方面是教学,不过其共同的出发点仍然是以学生为中心。其实,这两大特征诠释的就是师生关系,而师生关系是考量优秀教师的重要维度,优秀教师必须要关注学生,要关注学生学习上的反应,这样才能反省自己的教学,所以从学生出发是反省教学的最好途径。而在教学中想要达到良好的效果,梳理好师生关系是必不可少的,因为只有如此,学生才不会在情感上排斥教师,才会产生亲近感,

---

① [美]爱德华·希尔斯:《教师的道与德》,徐弢、李思凡、姚丹译,北京大学出版社2010年版,第35页。
② [美]L.迪·芬克:《创造有意义的学习经历——综合性大学课程设计原则》,胡美馨、刘颖译,浙江大学出版社2006年版,第37页。

这样就会有利于课堂教学的顺利进行。

以上就是对美国学生评教以及由此产生的大学优秀教师的评价标准及特征的分析,但是需要进一步说明的是,这样的评教本身也有一些不足之处,如因专业不同而产生不同的评价标准,"主修自然学科的学生特别重视教师清晰讲解的能力,而主修社会学科的学生则会更强调教师对教学和课程的准备与组织,人文和艺术专业的学生明显比其他专业的学生更加重视教师对学生独立思想的鼓励和对学生智力上的挑战"[①]。当然其他的表现,如高年级与低年级的不同,男生与女生的评价亦不尽相同,这些都是在采用此种评教方式时需要考虑到的。

**三、如何成为一名优秀的大学教师**

以上我们分别讨论了关于优秀的大学教师,中国与美国都是如何进行评定的,有问卷调查的形式,有学生评教的形式,亦参照了已是优秀的大学教师的现身说法,更有毕业多年的学生对教师优秀品质的追忆,如此种种,都为了说明一个问题,什么样才算是优秀的大学教师!有些答案在讨论中已经非常明晰,但是也还有需要进一步探究的问题,如品德。在前文的分析中,相信诸位已经发现,中国在谈论这一问题时首要关注的是品德,就是先说教师的道德如何,然后才论及其他,而美国对此似乎没有明显的表达,在学生评教中、访谈中都是如此。但这并不意味大洋彼岸不重视教师的品德,其只是将品德化入其他维度中,将品德与教学、与师生关系、与社会服务相结合。品德成为了隐性的存在,但这并不妨碍品德成为评定优秀教师的重要条件。

(一)始终以学生为中心:优秀教师工作的关键

优秀的大学教师一定以学生为中心,将学生看作自己工作的全部,并为之尽心尽力,倾注全部心血。但需要注意的是,以学生为中心并不意味着毫无原则地迁就学生,处处以学生为先,而是将学生置于教学的中心,考虑教学该如何为学

---

① 曹丽:《美国大学教师的优秀教学品质及其塑造路径——基于学生评价的解析》,《河北师范大学学报(教育科学版)》,2012年第3期。

生服务,如何教学才会使学生的学习更有效果,以学习的反馈来改进教学,力求教学以适应学习,即使在备课或者课程设计方面也会充分考虑学生的需要。从教育原理上讲,教师了解学生是教学非常关键的一步。以学生为中心,在这一条件或者路径上,中国与美国完全不同,这也是中国传统教学方式亟待改变的原因。

1.由尊重而信任

美国新泽西州立大学肯·贝恩教授经过多年研究撰写而成的《如何成为卓越的大学教师》一书中,就优秀教师如何对待学生进行了详尽的探讨,认为:"我们研究的卓越教师不是炫耀权力,而是在学生身上倾注心血。他们的做法源于对学生的关心,这种东西有很强的感染力和深入人心的亲和力。"[1]当教师开始关心学生,并使学生感受到了这种发自内心的亲和力后,师生之间的关系就会发生变化,教师不再高高在上,学生也不再低声下气,"摈弃绝对权威之后,取而代之的是同等重要和颇有效力的信任感"[2]。而师生之间重要的就是信任感的建立。

> 最重要的是,我们研究的那些成功老师表现出信任感,因为信任是他们态度和观念的一个不可或缺的部分,他们通过每次与学生的见面,用自己对学生的看法来影响学生。且不管学生与制度的本质如何,这样的信任是很明显的。在开放录取制大学和严格选拔入学的地方,我们在杰出的老师身上看到了这种信任。与之相反,不论我们在什么地方碰到那些平庸的老师,他们总是认为学术之神没有给他们的班级带来一丝灵气,却塞满了敌视知识分子的懒鬼。[3]

信任不只是情感上的表现,会对教学有深刻的影响,"信任和坦率产生了一种互动的氛围,学生可以任意提问,毫无责难和受窘之虞,可以自由讨论各种观点和理解方法"[4]。信任不但可以改变学生的状态,还可以改变教师。

---

[1][2][3][4] [美]肯·贝恩:《如何成为卓越的大学教师》,明廷雄、彭汉良译,北京大学出版社2007年版,第133、134、134~135、135页。

有了信任和坦率，随之而来的是一种泰然自若和经常表达的对生命的敬畏和好奇感，它也会影响业已存在的关系。在对自身和自己学识有谦虚感的人身上这种东西的显露是最常见和最明显的。他们可以意识到他们所知道的一切，甚至他们自己的知识含量远远超过他们的学生，但是他们也明白有多少东西他们还不懂。若把他们自己的成就放在巨大的学问体系中，其成就水平相对接近学生的成就水平。①

## 2.由了解而促进学习

美国哥伦比亚大学的布鲁克菲尔德教授探究了教与学之间的关系。他认为作为教师，应该充分而及时地理解学习中的压力与情感，并在理解的基础上按照学习节奏调整教学，优秀的大学教师更应该做到这一点。同时，他认为学生在学习中会因压力产生一些情感，而当这样的情感不被教师注意或加以关注时，就会成为学习中的阻碍，更会削弱教学带来的效果。

在学习过程中，学生们经常用一些生理上的术语谈论自己偶然得到的某种感悟或获得的某种重要的联想。他们会说自己感到了一阵凉意，或者说脖子后面的头发直立了起来，或者说他们的脉搏由于激动而跳得很快。他们会说自己气得脸都红了，或者尴尬得浑身发热。他们也会描述说由于自己未能达到自己规定的或老师规定的标准而肚子里愁肠百结。在体验学习时，没有情感上的阵痛是很少的。这与教学过程形成对照，学生们常常认为教学令人厌烦到极点，甚至令人心情麻木。显然，教师的教学活动常常与学习者的学习没有多大关系。②

---

① [美]肯·贝恩：《如何成为卓越的大学教师》，明廷雄、彭汉良译，北京大学出版社 2007 年版，第 136 页。
② [美]斯蒂芬·D.布鲁克菲尔德：《大学教师的技巧——论课堂教学中的方法、信任和回应》，周心红、洪宁译，浙江大学出版社 2005 年版，第 45 页。

这就是常说的对"学情"的了解,要了解学生在学习中的感觉,尤其是因学习而产生的"阵痛"。更值得注意的是,当这样的情感、这样的"阵痛"成为学生的普遍表现时,教师的调整就势在必行了。所以,布鲁克菲尔德教授指出了调整教学的意义。

> 一方面,在你的教学中你很有可能能够在某一点上与大多数学生所偏爱的学习风格连接起来。在这一点上,他们会对学习感到舒适,并感到得到了肯定。另一方面,你很可能会让你班上的大多数学生了解对他们来说是全新的学习模式和导向。他们所掌握的学习风格因此得到了扩充,这样,他们就会比不这样做更有机会在学术机构以外更大范围的场合里获得巨大的发展。①

### (二)备课与课堂并重:优秀教师的教学特点

我们之前探究过,优秀大学教师在教学中一定要与学科相关,而且课堂讲授要有见识,并且会有自己的讲课风格,这是较为宏观的认识。如果将所有的教学环节加以权重的话,那么备课与课堂讲授的重要性就愈加凸显了。优秀教师会在上课之前有充分的备课,在备课中会根据学生的学情进行精心的设计,将一般意义的备课演化成课堂知识的构建。只有备课得当,教师才会在课堂上进行精彩演绎。无论如何,课堂讲授是最为重要的环节,教师的一切将在这里展现,学生能否学到东西或者是否会有兴趣去学,都取决于这一环节。

1.将备课变成学习环境构建

在《如何成为卓越的大学教师》中,贝恩教授列举了在备课中教师应该思考的13个问题,在如此多的问题中,有一关键的问题就是:

---

① [美]斯蒂芬·D.布鲁克菲尔德:《大学教师的技巧——论课堂教学中的方法、信任和回应》,周心红、洪宁译,浙江大学出版社2005年版,第45页。

我该怎样创造出一个自然的批判性的学习环境,将我希望教给学生的技能和信息以他们感兴趣的作业(问题和任务)的方式传授给他们?(这些真实的任务将会唤起学生的求知欲,刺激学生重新思考他们原有的假设并审视他们对现实世界的思维模式。)我如何创造一个可以让学生去尝试、失败、接受反馈并且再尝试的安全环境?①

贝恩教授在列举此问题之后,紧接着就用实例说明该如何创建这样的学习环境。泛美大学的理查森教授在教社会学课程时,利用本校较为丰富的人种学资源,进行了课程设计,用积极期待的语气为学生量身定做了研究方法,并在课堂上讲授社会学的有关概念,积极引导学生利用自身经历参与讨论。但是他并不满足于这样的教学模式,六年后理查森教授又为学生寻觅到了在报纸上发表研究报告的机会,这样的做法既对学生的学习有效,又增强了他们的自信心,理查森教授则收获了教学相长的研究理念。"当年,理查森来到该流域,希望一边教书(每年教授8至10个班),一边继续他自己的研究。他没有看到二者之间有什么冲突,而是发现研究和教学都跟学习息息相关,并且探索了老师的学习和学生的学习相互受益的方法。"②

如此创建学习环境,显然在于两方面的考虑:一是积极引导学生参与教学活动,而想要实现这一步就必须在备课上考虑,所以备课就是将学生设计到教学中去。这样,备课就不仅仅是备知识、备问题了,而是备学生该如何学习。这种备课方式较为特别,也是实现优秀教师的必由之道。二是想方设法激发学生学习的兴趣。创设这样的学习环境的根本在于引起学生学习的兴趣。学生厌烦于课堂说教,如能在说教之余再有实践知识的活动,当他们看到所学的知识可以研究某种社会现象时,那此时的知识就是真实的知识,会激发起继续探究的欲望,这就是兴趣的力量。

---

①②[美]肯·贝恩:《如何成为卓越的大学教师》,明廷雄、彭汉良译,北京大学出版社2007年版,第59、62页。

2.原则与技巧:驾驭课堂

贝恩教授认为教学要想取得成功,既要把握一般性的原则,又要讲究教学技巧的运用。在他所说的"统一原则"下,又列举了七条:

> 第一,创造一个自然的批判性的学习环境。
> 第二,引起他们的注意并且保持下去。
> 第三,从学生本身而不是从学科出发。
> 第四,确定责任。
> 第五,帮助学生进行课外学习。
> 第六,激励学生从专业的角度去思考问题。
> 第七,创造多元化的学习体验。①

第一条原则尤为重要,"使学生在学习中参与问题的提出与解决的全过程,产生好奇心和兴趣,从而开启其积极的思维、智慧和潜能。这条原则要运用于各种教学方式,包括讲课、讨论、实地考查、案例和项目研究中"②。就此七条的主次关系来看,其余六条无疑是在第一条原则的绝对统领之下,其中"自然"是指一种状态,无论教师是在备课时刻意、精心的设计,还是课堂时的偶然遇到,对学生来讲最好是一种"当下的""自然的"学习氛围。"自然"所指的当然也有教学,在讲课时问题的衔接当以逻辑的推理或者历史脉络的发展为导向,而不是僵硬的一个问题讲完,再讲下一个问题。而"批判",当指学生在接受知识时的思考模式,须以质疑、批判的态度进行,而非不假思索地全盘接受。贝恩讲授所列举的原则看似非常简单易用,但实际操作起来会非常费时、费力,非常不易。贝恩认为,有完全依赖于讲课的教师,也有将讲课置于非主要地位的教师,但他们的目的都是一个,就是为了吸引学生的注意力,让学生产生学习的兴趣。讲课的

---

① [美]肯·贝恩:《如何成为卓越的大学教师》,明廷雄、彭汉良译,北京大学出版社2007年版,第96~112页。
② 王义道:《教无定法,成为优秀大学教师有道可循》,《中国教育报》,2007年11月29日。

目的还在于关注学生。

在那些最优秀的教师手中，讲课成为澄清和简化复杂材料的一个方法，尤其是在讲解重要的和具有挑战性的问题的时候，或者要引起对重要事件的关注的时候，或者要煽情、强调的时候，讲课并不是用来对某些主题进行百科全书式的覆盖，或作为向学生显摆教师知识如何渊博的方式。①

贝恩教授在阐述了七大基本原则之后，又对一些上课技巧进行了解说。"如果教学基础过于薄弱，这些技巧对于教学改进作用不大；但是对比较好的教师而言，琢磨这些技巧可以使教学艺术锦上添花。"②教学技巧就是两个要素，教师在上课时要特别讲究语言的表达，还要促使学生说话，培养其说话能力。

3.学生进入教学：优秀教师的教学模式

贝恩教授在谈论卓越教师的授课方法时，只有一个中心，就是如何使学生爱上学习，进而能保持继续学习，这就是他在书中最终想要表达的观点。使学生爱上学习，最关键的一步是要让学生参与进去，只有亲身参与，他们才不觉得自己置身事外，才会认为教学与自己密切相关，而非教师的专利。吕林海教授在研究了澳大利亚纽卡斯尔大学8位优秀教师的教学方法后，总结了四条共性特征，其中与学生直接相关的就是，"教学优秀教师的教学活动体现出明显的以学生为中心的指导思想"③。

第一，教师在课堂要及时关注学生的反应，以此调整课堂讲授的方式、策略。学生对教师讲课的内容、方式，甚至表情、穿着都会有一定的及时的反应，会窃窃私语，也会漠不关心，也有的会相互交换意见，教师不可能对这些明显的反应不管不顾，也不会置之不理，相反，需要及时地给予关注，看自己究竟因为什么引起了学

---

①②[美]肯·贝恩：《如何成为卓越的大学教师》，明廷雄、彭汉良译，北京大学出版社2007年版，第103、112页。
③吕林海：《大学优秀教师的教学特征及启示——基于对澳大利亚纽卡斯尔大学8位优秀教师的实证研究》，《中国大学教学》，2010年第3期。

生如此的反应。如果是可以进行调整的,那么就需要及时改变,如语气、态度,或者是自己讲课略显倦怠,这些是讲课中的致命杀手,不仅会影响一堂课的效果,还会给学生留下"不可磨灭"的印象,对教师产生一种厌倦。

第二,"在教学中,小组学习、合作学习等以学生为中心的教学形式穿插在整个课堂活动中,对学生的见解和观点,教师则是即时地给予评价与反馈"[1],这是优秀教师教学方法的变化。在上文中,笔者谈到在适当的时候组织讨论,当学生将课桌摆放成便于面对面讨论的圆桌形式时,你会发现学生因脱离了以前正襟危坐的听课模样而产生的欣喜,这就是教学变化的效果。优秀的大学教师不会拘泥于一种形式授课,学生会在说教的状态中昏昏欲睡,所以授课要采取不同的形式,这也就可以理解苏格拉底在林荫道讲课的原因了。

第三,优秀教师还特别注重教学效果的验证。"教学优秀教师在教学活动中强调对所有学生的及时反馈,并对此极为重视和投入。"[2]这一点看似容易,做起来非常难,其实就回复邮件一项,就非常耗费教师的时间与精力。教师与学生交流,无非两种,一种是面对面,另外一种就是借助各种通讯手段,如电话、微信和邮件。这些手段我们在上文中已经进行了充分的讨论,需要进一步指出的是,对学生的反馈必须做到三点:一是及时,这是尊重学生;二是认真,需要教师用心作答;三是要将反馈的意见及时补充到教学中。

(三)大学优秀教师的养成之道

北京大学王义道教授在读了《如何成为卓越的大学教师》之后认为:"卓越教师不是天生的,是后天造就的。这意味着,要做成功的教师是有道可循的。"[3]当然,贝恩教授在此书中也多次谈到了优秀教师的成功之道,就是自己用心学习以及用心引导学生学习,这是两个无法回避的方法,也是优秀教师始终坚持的教学原则。但是我们又会发现,贝恩在访谈一些教有所成的教师时,往往看似简单做起来却难的事情被他们轻描淡写一带而过,这其中蕴含了更多的意味,真正起作

---

[1][2]吕林海:《大学优秀教师的教学特征及启示——基于对澳大利亚纽卡斯尔大学8位优秀教师的实证研究》,《中国大学教学》,2010年第3期。
[3]王义道:《教无定法,成为优秀大学教师有道可循》,《中国教育报》,2007年11月29日。

用的不一定就是通过努力可以习得的东西,而是与生俱来的天资。我们这样说,并不是要否定教师可以通过后天努力达到优秀,也不是要否定学习的意义,而是要表明,优秀教师的养成显然存在两条途径,先天条件与后天学习,二者结合才能养成真正意义上的优秀教师。在此之外,还有一些限制性的条件也在起着不大不小的作用。

1.任教的大学

多有前贤阐述了大学意义,认为大学一定是为了学术、为了发展知识,更为了学术的自由存在,这也是大学教师毕生追求的目标。但是,现实与理论上的阐述完全不同,实际上大学会为优秀教师的成就创造有利的条件,同时也极有可能会成为其形成中的不利因素。大学环境是教师成为优秀者的第一条件。首先,一所好的大学虽然在发展的道路上不乏杰出的校长为其设计、引导,但真正在于依照教育自身规律的自然长成,既不能揠苗助长,也不能使用行政手段阻碍其生长发育。其次,大学的中心就是教学,而中心的关键就是教师,这一点是毋庸置疑的,其他人员都在为这一中心、这一关键服务。管理其实就是某种意义上的束缚、限制,这会阻碍教师自由教学的发挥,也会限制优秀教师中最有特色的表现——风格的形成。最后,大学不用承担太多的功能,也无须包揽太多的义务,教学之外的功能与义务都是在教学中自然形成的。

2.人际关系

关于人际关系,贝恩教授在书中没有特别涉及,在被采访的优秀教师的口中也没有发现对此问题的特别关注,但这并不能说明这些教师对人际关系的处理有多么得当,而恰恰说明人际关系没有糟糕到可以影响教学的地步。在任教环境中,有些教师会过分关注硬件设施,而真正能够影响教学与研究的不是草地与阳光,而是周围的人情冷暖。大学教师的研究,很大程度上依靠的是大脑的运转,而这一研究方式又会被情绪、心情左右,所以保持良好的心情是做好研究、专门教学的最佳保障。大学教师在处理人际交往时,应该做到:首先,在利益面前不要迷失自己。面对功利的诱惑,大学教师与常人一样会无法抵御,但是职业道德又限制了其获取的手段,应该遵守一定的原则,这就是孔子所说的,"富与贵,是人之所欲也；不以其道得之，不处也"①。其次，就是同事之间来往的原则，当然也会有一些亲密的朋友，但总体上应该遵守"君子之交淡若水"②，会减少因利益之争带来的工作上的阻碍。再次，在工作中会形成一些以教学、研究为目的的协作团体，这是应该提倡而加以保护的。

3.学术追求

金耀基在《大学之理念》中将学术追求分为三层意思：学术自由、学术独立以及学术伦理。其核心是学术自由，非自由不能独立，也不能形成学术伦理。他引述了剑桥大学艾雪培爵士的话：

> 在文明的国家里，学术自由已发展为一种受到特别保护之思想自由的角落。它并不是学术界有些人士所宣称的乃个人的特权。学术自由是一种工作的条件。大学教师之所以享有学术自由乃基于一种信念，即这种自由是学者从事传授与探索他所见到的真理之工作所必需的；也因为学术自由的气氛是研究最有效的环境。③

大学教师要有追求学术自由与学术独立的精神，这必须成为贯穿其工作的根本。可以说，这是有意为之的行为。大学教师如果甘于平庸，将授课与研究仅仅作为谋生的手段，那么他或她的学术研究就会失去特色，也会失去前进的动力。当我们检索学生认为的优秀教师的特征时，最佩服、最惊叹的莫过于其渊博的知识与高超的见解，这就是学术追求上的两大表现。所以，优秀大学教师的养成，必须将专业与学术视为自己的生命，视为精神，只有如此，其教学与研究才会有活的灵魂，才会立得起来。

4.天资与勤奋

贝恩教授在谈到教学技巧时认为，说话的能力最为重要，这是优秀教师必备

---

① 杨伯峻译注：《论语译注》，中华书局 1980 年 2 版，第 36 页。
② 陈鼓应：《庄子今注今译》（下册，最新修订版），商务印书馆 2007 年版，第 594 页。
③ 金耀基：《大学之理念》，生活·读书·新知三联书店 2001 年版，第 173 页。

的能力。但是,口头表达的流畅以及诙谐、幽默,或者委婉动听,其中或许有后天练习的努力,但是从事教育工作的人都明白,这些技巧更多是与生俱来的。不仅仅是教师,在很多行业中能够出类拔萃的人都有天资。天资,于是就成了我们在讨论优秀教师养成时不得不考虑的条件,至少它与三个方面有关。首先,专业的领悟。我们承认,专业的好坏与知识量的储备密切相关,但这并不是决定专业能够超越他人的关键,决定的因素就是天资。量的积累有时候并不会产生质的飞跃,而那种心灵的领悟才是最为重要的拨动。其次,思维能力,这是专业领悟力之外的重要条件,会在备课、讲课、研究中有所表现,而思维能力的养成,很大程度上在于先天的条件,这样我们就会理解为何有人没有上过大学却可以出口成章。当然,天资确实存在,但天资并不能完全决定优秀教师的养成,因为有些本领是先天无法带来的,知识就是最有力的证明。有先天的条件,还须后天的勤奋养成。

  曹丽博士在谈到美国大学优秀教师的塑造路径时,认为需要两途并进,一是自我教育,二是帮助教育,二者缺一不可。她认为"自我教育"是最为重要的,"因为作为高深学问的传授和研究者,大学教师必须承担起在学术职业方面的'自我教育'的职责。优秀的教学品质并非与生俱来,而是后天习得的,特别是教师所具备的'学科知识'、'教学热情'、'对学生尊重和关心'以及'乐于帮助学生'这些体现教师个体专业知识素养和专业人格品质的教学特征是完全可以通过自我教育获得的"[①]。

---

[①] 曹丽:《美国大学教师的优秀教学品质及其塑造路径——基于学生评价的解析》,《河北师范大学学报(教育科学版)》,2012 年第 3 期。

# 后　记

　　书稿完成已经半年有余，马上就要付梓与读者见面了，还有一些话要说出来，以成为此书的余绪。

　　此书的写作是经过了一些艰难历程的。写书要坐得住，于是便坐出了某种小病，说是小病，却也是疼痛难耐，痛苦不堪，此为其一。三个月来，基本每天要坐四个小时以上，活动的便少了，于是另外一种慢性病趁机复发了，膝盖肿胀，行动极其不便，这就是痛风，此为其二。还好，有着妻子的呵护，加上自己的坚强，这些"艰难"也一一挺了过来，没有成为写作的累赘。同时在写作中，我也深切地感受到，没有一件事是顺利的。当你筹划了好久去做一件事的时候，似乎有着"万事俱备只欠东风"的感觉，但是往往就是那第一万零一件事却抵过了东风，起决定作用的不是东风，而是这第一万零一件事。

　　其实我是不太具备写作此类题材专著的资格的，一是教龄较短，二是还不到总结教学经验的时候，三是自己的教学经验似乎还没有好到可以总结出来供他人借鉴的程度。这不是简单的谦虚，而是我在成稿半年间一直在思考的问题。思考归思考，担心归担心，既然已经写出来了，只好静静地期待读者的评判了。

　　此书的出版得到了宁夏大学科研处的大力支持，并列入了2017年宁夏大学优秀学术著作出版基金，在此向李学斌处长、史小娟科长以及参加评审的各位专家致以诚挚的谢意！　另外，宁夏大学人文学院的胡玉冰院长、马正亮书记经常询问书稿的进度，并及时提出一些建设性的意见，使我感到了温暖与关心，在此也表示感谢。宁夏人民出版社办公室的杨海军主任，以及本书责编丁丽萍女士，都为本书的付梓付出了心血,在此真诚地道声谢谢!

此书中所谈到的教学经验有两大来源,一是来自于本人二十余年的教学经验,二又来源于自己三十年的求学经历,这两者缺一不可,相反相成共同构成了此书的基本认识与感觉。于是谨向教过我的老师致以膜拜之礼,向我教过的学生致以遥远的谢意,没有你们对我的教育,没有你们成为我的学生,这本书将无法问世。在此,特别要感谢为此书写作提供本科毕业论文的宁夏大学历史学专业的诸位同学,他们是2004届的袁学荣、张瑶,2009届的刘化强,2012届的张晴,2014届的廖夕婕,2015届的吴婷,2016届的马光荣、黄靓,2017届的杨平贵、魏小雪。需要说明的是,在引用时有的征得了作者本人的同意,但也有同学没有联系上,如看到本书觉有不妥,还望及时与我联系。

在教过我的老师中,有一位很是特殊,既是我学术上的引路人,也是我人生的灯塔,这就是宁夏大学的霍维洮教授。我1992年有幸成为霍老师的学生,至今已是二十余年。我留校任教,他指点我如何才能站稳讲台;我读研读博,他指导我如何撰写学术论文,如何研究一个问题;我工作期间,他指导我如何做课题、如何构建自己的学术未来。点点滴滴,不一而足。回想起这些,是那么的温暖、亲切,仿佛就在昨日发生过。抚稿思往,此刻最应该感谢的就是霍老师,谨以此书献上,祝愿霍老师健康幸福!

张　詠<br>2018年3月15日